高等院校电子商务专业"互联网+"创新规划教材

互联网金融

主编 谭玲玲

内 容 简 介

本书全面融合了互联网金融的原理及实务，比较全面地阐述了互联网金融的基本原理，并在此基础上，通过对国内外典型案例的分析，对互联网金融的主要运营模式、互联网金融对传统金融行业的影响及互联网金融的监管等进行了比较详尽的阐述，从而形成了一套比较完整的互联网金融教学理论体系。

本书既可以作为高等院校电子商务专业、金融学专业及相关专业的教材，也可以作为互联网金融相关领域管理人员的培训或学习参考用书。

图书在版编目（CIP）数据

互联网金融 / 谭玲玲主编. —北京：北京大学出版社，2019.9
高等院校电子商务专业"互联网+"创新规划教材
ISBN 978-7-301-30323-8

Ⅰ. ①互… Ⅱ. ①谭… Ⅲ. ①互联网络—应用—金融—高等学校—教材 Ⅳ. ① F830.49

中国版本图书馆 CIP 数据核字（2019）第 034712 号

书　　　名	互联网金融 HULIANWANG JINRONG
著作责任者	谭玲玲　主编
策划编辑	程志强
责任编辑	李瑞芳
数字编辑	陈颖颖
标准书号	ISBN 978-7-301-30323-8
出版发行	北京大学出版社
地　　　址	北京市海淀区成府路 205 号　100871
网　　　址	http://www.pup.cn　　新浪微博：@北京大学出版社
电子信箱	pup_6@163.com
电　　　话	邮购部 010-62752015　　发行部 010-62750672　　编辑部 010-62750667
印 刷 者	河北滦县鑫华书刊印刷厂
经 销 者	新华书店
	787 毫米 ×1092 毫米　16 开本　14 印张　327 千字 2019 年 9 月第 1 版　2021 年 1 月第 2 次印刷
定　　　价	42.00 元

未经许可，不得以任何方式复制或抄袭本书之部分或全部内容。
版权所有，侵权必究
举报电话：010-62752024　电子信箱：fd@pup.pku.edu.cn
图书如有印装质量问题，请与出版部联系，电话：010-62756370

前 言

互联网金融是传统金融机构与互联网企业利用互联网技术和信息通信技术，实现资金融通、支付、投资和信息中介服务的新型金融业务模式。互联网与金融深度融合是大势所趋，将对金融产品、业务、组织和服务等方面产生更加深刻的影响。互联网金融对促进小微企业的发展和扩大就业发挥了现有金融机构难以替代的积极作用，为大众创业、万众创新打开了大门。促进互联网金融健康发展，有利于提升金融服务质量和效率、深化金融改革、促进金融创新发展、扩大金融业对内对外开放、构建多层次金融体系。互联网金融作为一种新生事物，既需要市场驱动、鼓励创新，也需要政策助力、促进发展。

本书有以下几个特点。

(1) 内容体系科学合理、严谨完整，层次性较强，符合科学的思维逻辑及循序渐进的认知规律。

(2) 把握学科发展的前沿，比较充分地反映了互联网金融领域国内外的最新研究成果及最新进展，具有一定的前瞻性。

(3) 注重理论联系实际，介绍了互联网金融领域的国内外典型案例，更好地诠释了互联网金融原理与方法的实际应用，有利于培养学生的实践探索能力和创新能力。

本书授课总学时为48学时，建议采用理论教学与案例分析相结合的教学模式，各章授课学时安排见下表。

章　节	授课学时
第1章　互联网金融概述	6
第2章　第三方支付	4
第3章　P2P网络借贷	6
第4章　众筹	6
第5章　互联网货币基金	4
第6章　大数据金融	6
第7章　互联网金融门户	4
第8章　互联网金融对传统金融行业的影响	6
第9章　互联网金融的监管	6

本书在编写过程中参阅了大量文献资料，均已在文中及参考文献中标出，因为部分资料为作者根据相关资料整理，故未标出资料来源。编者在此对本书引用的文献资料的原作者表示衷心的感谢！由于编者水平和时间有限，书中难免有不妥和疏漏之处，望广大读者不吝赐教！

编　者

2019 年 3 月

【资源索引】

全书共 66 个二维码，包括拓展视频、拓展案例和拓展知识三类资源

目 录

第1章 互联网金融概述 1
1.1 互联网金融的基本概念 2
1.1.1 互联网金融的内涵 2
1.1.2 互联网金融的主要业务模式 4
1.1.3 互联网金融的特征 8
1.2 互联网金融的产生与发展 10
1.2.1 互联网金融产生的基础和动力 10
1.2.2 国外互联网金融的发展状况 13
1.2.3 国内互联网金融的发展状况 16
1.2.4 国内外互联网金融发展情况总体对比 19
1.3 互联网金融对传统金融的影响 20
1.3.1 改变传统金融机构的运营模式 21
1.3.2 冲击传统的金融理论 21
1.3.3 挑战传统的金融监管体制 21
本章小结 22
复习思考题 22

第2章 第三方支付 23
2.1 第三方支付概述 24
2.1.1 第三方支付的内涵 24
2.1.2 第三方支付平台 25
2.1.3 第三方支付的基本特点 25
2.2 第三方支付的发展历程 26
2.2.1 第三方支付的产生 26
2.2.2 第三方支付的发展 27
2.2.3 第三方支付的发展状况 28
2.2.4 第三方支付的发展趋势 31
2.3 第三方支付的运营模式 32
2.3.1 独立第三方支付模式 32
2.3.2 有交易平台的担保支付模式 34
2.4 第三方支付的盈利模式 35
2.4.1 网络支付业务的盈利模式 36
2.4.2 银行卡收单业务的盈利模式 36
2.4.3 预付卡发行与受理的盈利模式 38
2.5 第三方支付风险 39
2.5.1 信用风险 39
2.5.2 法律风险 40
2.5.3 技术风险 42
本章小结 42
复习思考题 43

第3章 P2P网络借贷 44
3.1 P2P网络借贷概述 45
3.1.1 P2P网络借贷的定义 45
3.1.2 P2P网络借贷的特点 46
3.1.3 P2P网络借贷与传统融资模式的比较 46
3.2 P2P网络借贷的发展历程 47
3.2.1 国外P2P网络借贷的发展 47
3.2.2 国内P2P网络借贷的发展 49
3.3 P2P网络借贷模式 55
3.3.1 纯平台模式与债权转让模式 55

3.3.2 纯线上模式与O2O模式............55
3.3.3 无担保模式与有担保模式............57
3.4 P2P网络借贷风险............58
    3.4.1 信用风险............58
    3.4.2 法律风险............59
    3.4.3 技术风险............60
    3.4.4 操作风险............61
本章小结............62
复习思考题............63

第4章 众筹............64

4.1 众筹概述............65
    4.1.1 众筹的定义............65
    4.1.2 众筹的特点............65
    4.1.3 众筹活动的参与主体............66
    4.1.4 众筹的价值............68
4.2 众筹的发展历程............69
    4.2.1 众筹融资模式的起源............69
    4.2.2 互联网众筹模式的起源............70
    4.2.3 众筹在国际上的发展状况............71
    4.2.4 众筹在中国的发展状况............74
4.3 众筹的模式............76
    4.3.1 奖励式众筹............76
    4.3.2 股权式众筹............76
    4.3.3 债权式众筹............78
    4.3.4 捐赠式众筹............79
    4.3.5 众筹的盈利模式............81
4.4 众筹的风险与防范............81
    4.4.1 众筹面临的风险............81
    4.4.2 众筹风险的防范............85
本章小结............88
复习思考题............89

第5章 互联网货币基金............90

5.1 互联网货币基金概述............91
    5.1.1 互联网货币基金的定义............91
    5.1.2 互联网货币基金与传统货币基金的区别............93
    5.1.3 互联网货币基金的特点............95
    5.1.4 互联网货币基金对金融市场的影响............97
5.2 我国互联网货币基金的发展............98
    5.2.1 我国互联网货币基金的发展历程............98
    5.2.2 我国互联网货币基金的发展状况............99
    5.2.3 我国互联网货币基金的发展趋势............101
5.3 互联网货币基金的主要类型............102
    5.3.1 基金系互联网货币基金............103
    5.3.2 银行系互联网货币基金............104
    5.3.3 第三方支付系互联网货币基金............105
    5.3.4 基金代销系互联网货币基金............106
5.4 互联网货币基金存在的风险与监管............107
    5.4.1 互联网货币基金存在的风险............107
    5.4.2 互联网货币基金的监管措施............110
本章小结............112
复习思考题............113

第6章 大数据金融............114

6.1 大数据金融概述............115
    6.1.1 大数据金融的定义............115
    6.1.2 大数据与金融结合的优势............116
    6.1.3 大数据金融的特点............118
6.2 大数据金融的运营模式............120
    6.2.1 平台金融模式............120
    6.2.2 供应链金融模式............122
    6.2.3 大数据金融征信............128
6.3 大数据金融带来的机遇与挑战............132
    6.3.1 大数据金融带来的机遇............132
    6.3.2 大数据金融带来的挑战............134

6.4 大数据金融的发展机遇与发展趋势......137
  6.4.1 大数据金融的发展机遇......137
  6.4.2 大数据金融的发展趋势......137
本章小结......138
复习思考题......139

第7章 互联网金融门户......140

7.1 互联网金融门户概述......141
  7.1.1 互联网金融门户的定义......141
  7.1.2 互联网金融门户的类别......142
  7.1.3 互联网金融门户的特点......143
7.2 互联网金融门户的运营模式......144
  7.2.1 P2P网贷类门户......145
  7.2.2 信贷类门户......146
  7.2.3 保险类门户......148
  7.2.4 理财类门户......151
  7.2.5 综合类门户......153
7.3 互联网金融门户对金融业的影响......155
  7.3.1 降低金融市场信息不对称程度......156
  7.3.2 改变用户选择金融产品的方式......156
  7.3.3 形成对上游金融机构的反纵向控制......156
7.4 互联网金融门户面临的风险及控制措施......157
  7.4.1 互联网金融门户面临的风险......157
  7.4.2 互联网金融门户控制风险的措施......159
7.5 互联网金融门户的发展趋势......160
  7.5.1 门户发展渠道化......160
  7.5.2 产品类别多元化......161
  7.5.3 业务模式多样化......161
  7.5.4 营销方式移动化......161
本章小结......161
复习思考题......162

第8章 互联网金融对传统金融行业的影响......163

8.1 互联网金融对传统银行业的影响......164
  8.1.1 对商业银行金融地位的影响......164
  8.1.2 对商业银行经营理念的影响......165
  8.1.3 对商业银行经营模式的影响......166
  8.1.4 对商业银行服务模式的影响......166
  8.1.5 对商业银行收入来源的影响......167
8.2 银行业应对互联网金融冲击的策略......168
  8.2.1 确立准确的互联网金融战略定位......168
  8.2.2 调整组织架构并优化管理模式......169
  8.2.3 构建互联网金融战略联盟......169
  8.2.4 运用新技术掌握移动金融......169
  8.2.5 以客户为中心,变革创新产品设计......170
8.3 互联网金融对证券行业的影响......170
  8.3.1 证券通道业务变革、两融业务成大势......170
  8.3.2 互联网金融的"鲶鱼式"搅局......172
  8.3.3 证券行业的应对策略......176
8.4 互联网金融对保险行业的影响......178
  8.4.1 互联网保险的兴起......178
  8.4.2 互联网金融对保险企业经营的影响......184
  8.4.3 保险行业的应对策略......186
本章小结......187
复习思考题......187

第9章 互联网金融的监管......188

9.1 互联网金融的风险类型......189
  9.1.1 非金融风险......189
  9.1.2 金融风险......191
9.2 互联网金融发展的作用......192

9.3 互联网金融的风险特征 193
9.4 互联网金融监管的必要性 194
9.5 美国的互联网金融监管 195
 9.5.1 第三方支付监管 195
 9.5.2 P2P 网贷平台监管 197
 9.5.3 众筹融资平台监管 198
9.6 欧盟的互联网金融监管 199
 9.6.1 第三方支付监管 199
 9.6.2 P2P 网贷平台监管 199
 9.6.3 众筹融资平台监管 200
9.7 对国外互联网金融监管的经验总结 202
 9.7.1 国际上普遍将互联网金融纳入现有监管体系 202
 9.7.2 根据业务性质划分相应监管部门 202
 9.7.3 根据互联网金融发展适时调整监管策略 202
 9.7.4 强调行业自律标准与企业内部控制 202
 9.7.5 结合征信体系，促进信息透明 203

9.8 我国互联网金融监管的发展现状与问题 203
 9.8.1 我国互联网金融监管的发展现状 203
 9.8.2 我国互联网金融监管存在的问题 206
9.9 我国互联网金融监管的发展趋势 207
 9.9.1 互联网金融监管应具备风险容忍度 208
 9.9.2 原则性监管与规则性监管结合 208
 9.9.3 积极防范系统性风险 209
 9.9.4 促进监管一致，维护公平竞争 209
 9.9.5 建立行业自律 210
 9.9.6 加强消费者教育和消费者保护 210
 9.9.7 打击互联网金融违法犯罪行为 211
本章小结 211
复习思考题 212

参考文献 213

第 1 章
互联网金融概述

互联网金融是以互联网为资源，以大数据、云计算为基础的新金融模式。大数据是互联网金融的核心资源，云计算是互联网金融的核心技术。互联网金融第一次把互联网作为金融活动赖以开展的资源平台而非技术平台，它依托云计算、大数据处理等技术，形成了基于互联网大数据的金融信用体系和数据驱动型金融服务模式，降低了信息不对称，深刻地影响和改变了传统金融服务理念和业务方式，从而有效地提升了金融资源配置效率。

了解互联网金融的基本概念、主要业务模式及特征；了解互联网金融的发展沿革，以及互联网金融对传统金融行业产生的重大影响等。

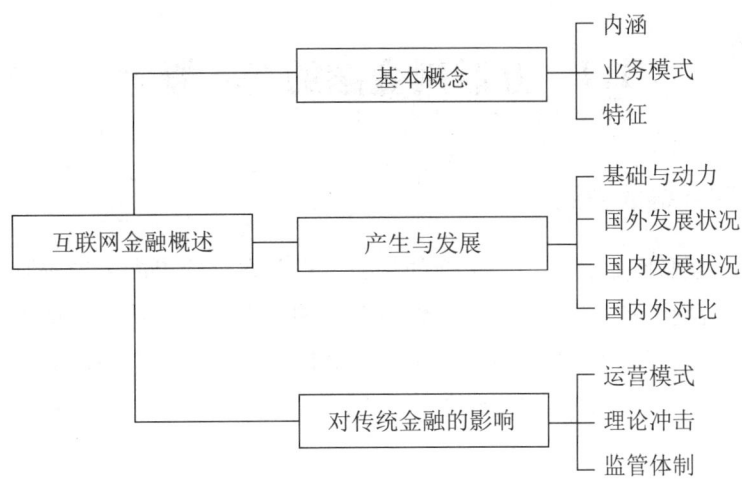

> **导入案例**

网 上 银 行

网上银行又称网络银行、在线银行或电子银行,是各银行在互联网中设立的虚拟柜台,它利用网络技术,通过互联网向客户提供开户、销户、查询、对账、行内转账、跨行转账、信贷、网上证券、投资理财等传统服务项目,使客户足不出户就能够安全、便捷地管理活期和定期存款、支票、信用卡及个人投资等。2017 年 12 月 1 日,国家标准 GB/T 30240《公共服务领域英文译写规范》正式实施,规定网上银行的标准英文名为 Online Banking Service。

网上银行的特点是客户只要拥有账号和密码,便能在世界各地通过互联网进入网络银行进行业务处理和交易。与传统银行业务相比,网上银行的优势体现在以下几点。

(1) 大大降低银行的经营成本,有效地提高了银行的盈利能力。开办网上银行业务,主要利用公共网络资源,不需设置物理的分支机构或营业网点,减少了人员费用,提高了银行后台系统的效率。

(2) 无时空限制,有利于扩大客户群体。网上银行业务打破了传统银行业务的地域、时间限制,具有 3A 特点,即能在任何时候(Anytime)、任何地方(Anywhere),以任何方式(Anyhow)为客户提供金融服务,这既有利于吸引和保留优质客户,又能主动扩大客户群,开辟新的利润来源。

(3) 有利于服务创新,向客户提供多种类、个性化服务。通过银行营业网点销售保险、证券和基金等金融产品,往往受到很大限制,主要是因为一般的营业网点难以为客户提供详细的、低成本的信息咨询服务。利用互联网和银行支付系统,容易满足客户咨询、购买和交易多种金融产品的需求。客户除办理银行业务外,还可以很方便地进行网上买卖股票、债券等,网上银行能够为客户提供更加合适的个性化金融服务。

1.1 互联网金融的基本概念

1.1.1 互联网金融的内涵

【拓展知识】

互联网金融作为一个新的领域,目前在理论界尚未形成非常明确的能够被广泛接受的权威界定。人们对互联网金融内涵的认识和理解仍处于不断发展之中,比较普遍的观点认为,互联网金融是传统金融机构与互联网企业利用互联网技术和信息通信技术实现资金融通、支付、投资和信息中介服务的新型金融业务模式。

互联网金融不是互联网和金融业的简单结合,而是在实现安全、移动等网络技术水平上,被用户熟悉接受后(尤其是对电子商务的接受),自然而然地为适应新的需求而产生的新模式和新业务,是传统金融行业与互联网技术相结合的新兴领域。

从狭义角度来看,资金融通和其他金融服务依托互联网来实现的方式方法可以被称为互联网金融。狭义角度的互联网金融应该界定在与货币的信息化流通相关的层面，即资金的融通无论是通过直接或是间接的方式，只要运用了互联网技术来实现，就是互联网金融。互联网金融的狭义定义更侧重于如何利用互联网技术手段来实现与金融的相互渗透。

从广义角度来看，只要具备互联网精神的金融业态就可以被统称为互联网金融。广义的互联网金融是互联网"开放、平等、协作、共享"的精神与传统金融行业相互渗透形成的新领域，不仅包含狭义互联网金融对互联网技术和媒介的应用，还注重互联网精神的精髓在金融领域中的应用，即任何涉及广义金融的互联网应用都可以被称为互联网金融。

而本质上，互联网金融是互联网技术精神与金融功能业态的结合体，是依托大数据和云计算，在互联网平台上形成的开放式、功能化的金融业态及服务体系，包括但不限于基于网络平台的金融组织体系、金融市场体系、金融产品和服务体系、金融消费者群体及互联网金融监管框架等，并具有普惠金融、平台金融、信息金融和碎片金融等相异于传统金融的金融模式。

拓展链接

互联网金融的内涵

在互联网金融的概念诞生之前，被马云定义的互联网金融（即"金融业的互联网应用"）已经作为传统金融行业的业务创新而出现。金融互联网依托实体金融机构的线下基础，搭载互联网功能和技术手段，对传统金融领域进行技术和效率改进，促使金融业务透明度更强、参与度更高、协作性更好、中间成本更低、操作更便捷。目前的大多数电子银行、网上银行业务就属于这一范畴。

事实上，网络信息技术在金融领域的应用经历了两个不同的阶段：第一个阶段是计算机局域网在金融领域的大规模使用，满足了人们快速、准确地处理金融业务、传递交易信息的需要；第二个阶段是20世纪90年代末以后互联网在金融业务中被逐步应用，银行、券商、基金公司、保险公司和各类交易所平台借此开发网络业务，金融交易商凭其开展网上交易，金融服务的边界从一个私有领域扩展到无限的互联空间。然而，网络信息技术在金融领域的前两次变革中，本质上都只是技术的进步和效率的改进，计算机和网络的使用，对于金融没有突破"算盘"和"电话"的范畴。区别于金融互联网应用等技术层面的变革，互联网金融有着完全不同的逻辑起点和商业模式，将掀起信息技术在金融领域的"第三次革命"。

国内关于互联网金融最有代表性的观点有两类。一类认为，在互联网金融模式下，因为有搜索引擎、大数据、社交网络和云计算，市场信息不对称程度较低，交易双方的资金期限匹配、风险分担等的成本非常低，银行、券商和交易所等中介都不起作用，贷款、股票、债券等的发行和交易及券款支付直接在网上进行，这是充分有效的、接近一般均衡定理描述的无金融中介状态。另一类则认为，未来的金融有两大机会：一个是金融互联网，金融行业走向互联网；另一个是互联网金融，纯粹的外行领导，其实很多行业的创新都是外行进来才引发的，金融行业也需要搅局者，更需要那些外行的人进来进行变革。

(资料来源：《互联网金融蓝皮书》)

1.1.2 互联网金融的主要业务模式

【拓展知识】

互联网金融作为一种新兴的金融模式,其兴起与发展降低了市场信息的不对称程度,通过实现资金供需双方的网络直接对接,大大减少了交易成本。目前互联网金融主要包括第三方支付、P2P网络借贷也称P2P网贷、众筹、互联网货币基金、大数据金融、互联网金融门户及信息化金融机构等主要业务模式。

1. 第三方支付

第三方支付(Third-Party Payment)狭义上是指具备一定实力和信誉保障的非银行机构,借助通信、计算机和信息安全技术,采用与各大银行签约的方式,在用户与银行支付结算系统之间建立连接的电子支付模式。根据中国人民银行2010年在《非金融机构支付服务管理办法》中给出的非金融机构支付服务的定义,从广义上讲,第三方支付是指非金融机构作为收、付款人的支付中介所提供的网络支付、预付卡、银行卡收单及中国人民银行确定的其他支付服务。第三方支付已不仅仅局限于最初的互联网支付,而成为线上与线下全面覆盖、应用场景更为丰富的综合支付工具。

【拓展案例】

第三方支付模式在互联网交易活动中极为重要。网络买家选购后,使用第三方互联网平台提供的账户进行支付,并由第三方通知卖家货款到账、要求发货;买方收货检验并确认后,系统通知第三方向卖家付款,第三方再将款项转至卖家账户。同时,第三方支付还可以承担信用中介和资金监管职责,为无法与银行网关建立接口的小微企业、个体户提供便捷的支付平台,在一定程度上弥补了网上银行支付方式对交易双方约束的局限性,间接为真实交易、货物质量和退换要求提供较为可靠的保证,减少了互联网交易欺诈事件的发生。银行也可以因此扩展业务,节省网关接口的辅设和维护费用。

2. P2P网络借贷

P2P(Peer-to-Peer,点对点)网络借贷是指通过第三方互联网平台进行资金借、贷双方的匹配,网站平台帮助需要借贷的人群寻找到有出借能力并且愿意基于一定条件出借的人群,既帮助了贷款人通过和其他贷款人一起分担一笔借款额度来分散风险,也帮助了借款人在充分比较的信息中选择有吸引力的利率条件。P2P网络借贷平台的盈利主要来源于借款人处的一次性费用及投资者处的评估和管理费用。P2P网络借贷的利率由放贷人竞标确定,或者由平台根据借款人的信誉情况和银行的利率水平提供参考利率来确定。

【拓展知识】

由于P2P网络借贷平台没有准入门槛,也不存在行业标准及相应的监管机构,对P2P网络借贷平台尚无严格意义上的概念界定,其运营模式也未完全定型。目前存在的模式有两种。第一种是纯线上模式,其典型的特点是资金借贷活动完全通过线上进行,不结合线下的审核,这类平台通常采取的审核借款人资质的措施包括视频认证、查看银行流水账单、身份认证等;第二种是线上与线下结合的模式,其特点是借款人在线上提交借款申请后，平台通过所在城市的代理商采取入户调查的方式审核借款人的资信、还款能力等。

从 P2P 网络借贷的特点来看，其在一定程度上降低了市场信息不对称程度，对利率市场化起到一定的推动作用。由于参与门槛低、渠道成本低，因此在一定程度上也拓展了社会的融资渠道。P2P 网络借贷针对的主要客户群是小微企业和普通个人用户。

案例

宜信公司的 P2P 网络借贷平台

宜信公司创建于 2006 年，总部位于北京，是一家集财富管理、信用风险评估与管理、信用数据整合服务于一体的综合性现代服务业企业。

宜信公司率先从国外引进先进的信用管理理念，结合中国的社会信用状况，推出了个人对个人的信用借款服务平台，作为平台管理者为平台两端的客户提供全程的信用管理服务。通过这一平台，具有理财需求的客户可以将手中富余的资金出借给信用良好但缺少资金的工薪阶层、大学生、小微企业主，同时通过利息收入还可以为理财客户带来较高的稳定收益。宜信公司还与众多提供家电产品、电子产品、家装产品、乐器产品、教育培训服务、娱乐健身服务等商品或服务的商家紧密合作，为不同消费群体量身定做了个性化的消费信贷解决方案。

在宜信公司的 P2P 网络借贷平台上，客户是最直接的受益者。个人借款人可获得信用借款资金支持，用以改变自己的生产和生活，实现信用的价值。个人出借人可获得经济收益和精神回报双重收获。宜信公司通过平台上的"精英贷""新薪贷""助业贷""宜学贷""宜农贷""宜车贷""宜房贷"等产品实现助工、助商、助学、助农的巨大社会价值，努力为中国诚信体系的构建尽到自己企业公民的责任。

2010 年 10 月 22 日，在由《IT 经理世界》主办的金融创新高峰论坛上，宜信公司凭借创新的 P2P 模式获得了"金融服务最佳创新奖"。

(资料来源：https://baike.baidu.com/item/%E5%AE%9C%E4%BF%A1/7029408?fr=aladdin)

3. 众筹

众筹，顾名思义，即大众筹资或群众筹资，是指通过互联网方式发布筹款项目并用"团购+预购"的形式向网友募集资金。众筹的本意是利用互联网传播的特性，让创业企业、艺术家或个人向公众展示他们的创意及项目，争取大家的关注和支持，进而获得所需要的资金援助。

【拓展知识】

众筹的运作模式是由需要资金的个人或团队将项目策划交给众筹平台，经过相关审核后，便可以在平台的网站上建立属于自己的页面，用来向公众介绍项目情况。众筹的规则主要有三个：一是每个项目必须设定筹资目标和筹资天数；二是在设定天数内，达到目标金额即成功，发起人即可获得资金，若项目筹资失败，则已获资金全部退还支持者；三是众筹不是捐款，所有支持者一定要有相应的回报。众筹平台会从募资成功的项目中抽取一定比例的服务费用。

众筹平台通常具有四个基本特征：一是低门槛，众筹不限制发起人的身份、地位、职业、年龄、性别，仅关注项目本身是否具有足够的吸引力；二是多样性，众筹项目可包括设计、科技、音乐、影视、食品、漫画、出版、游戏、摄影等；三是依靠大众力量，支持者是普通网民，投资者门槛低，积少成多；四是注重创意，众筹具有公益圆梦意义，但发起人的创意(设计图、成品、策划书、视频讲解等)要达到可展示程度，且不可复制。因此，相对于传统的融资方式，众筹更为开放，能否获得资金也不再以项目的商业价值作为唯一标准。只要是网友喜欢的项目，就可以通过众筹方式获得项目启动的第一笔资金，众筹为很多小本经营者或创作者提供了无限的可能。

案 例

天使汇自众筹——突破国内融资纪录

【拓展知识】

2013年10月30日，天使汇在自己的筹资平台启动众筹，为自己寻求投资，计划融资500万元人民币，上线56小时完成1 000万元预约，30天获705位认证天使投资人预约认购超过1.77亿元。最终确认的认购金额为3 280万元，超出目标金额600%，创下国内最快千万级融资纪录。

天使汇成立于2011年11月，是国内排名第一的中小企业众筹融资平台，为投资人和创业者提供在线融资对接服务，是国内互联网金融的代表企业。天使众筹通过合投方式向中小企业进行天使轮和A轮投资的方式。相比传统的投融资方式，天使汇为创业者提供了一个更规范和方便的展示平台，为创业者提供了一站式的融资服务。

(资料来源：http://tech2ipo.com/62484/)

4．互联网货币基金

互联网货币基金(Internet Money Market Fund，IMMF)是一种新兴的理财服务。用户将资金存入相应账户，即可购买相应的货币基金产品，同时享受诸如收益增值、快速取现、还款购物等附加服务。互联网货币基金是货币基金"T+0"快速赎回业务与互联网有机结合的产物，但它们在本质上都是货币基金。货币基金主要投资于货币市场上的短期有价证券，包括活期存款、通知存款、一年以内的银行定期存款、银行协议存款、大额可转让存单、银行票据、剩余期限在397天之内的债券及期限在一年以内的债券回购等，因此能够满足对资金的低风险和高流动性需求。

互联网货币基金的本质内容主要有两个方面：一方面是货币基金的网上销售，即客户可以通过互联网渠道进行购买、申购、赎回和转换基金等一系列投资操作；另一方面，互联网货币基金可以同时为客户提供产品、市场等各种财经信息的咨询服务。

各类互联网货币基金虽然由不同类型的机构发行，但它们在本质上都是货币基金。将它们统一归为"第三方支付系"；基金代销机构发行的互联网货币基金称为"基金代销系"。

案例

京东小金库

2014年3月28日,京东互联网理财产品——"小金库"上线。京东"小金库"产品与阿里巴巴推出的"余额宝"类似,用户把资金转入"小金库"之后,就可以购买货币基金产品,同时"小金库"里的资金也随时可以用于京东商城购物。"小金库"是基于京东账户体系的承载体——网银钱包推出的,目的在于整合京东用户的购物付款、资金管理、消费信贷和投资理财需求。"小金库"首先服务于京东1亿多用户,并紧紧围绕京东自身的业务展开,网银钱包是类似支付宝的一个平台支付体系,不仅积累了大量个人用户,同时能为用户解决理财需求,这标志着京东将借此大举进军互联网金融领域。

【拓展案例】

作为京东账户体系的承载体,"小金库"的上线,是京东在支付环节的整合。现在,京东用户的购物付款、资金管理、消费信贷、投资理财都已整合在"小金库"里,从电商到金融,京东个人账户体系将由此形成完整闭环。

(资料来源:https://baike.baidu.com/item/%E4%BA%AC%E4%B8%9C%E5%B0%8F%E9%87%91%E5%BA%93/13285922?fr=aladdin)

5. 大数据金融

大数据金融集合海量非结构化数据,通过对其进行实时分析,可以为互联网金融机构提供全方位的客户信息,通过分析和挖掘客户的交易和消费信息掌握客户的消费习惯,并准确预测客户行为,使金融机构和金融服务平台在营销和风控(即风险管控)方面有的放矢。基于大数据的金融服务平台主要指拥有海量数据的电子商务企业开展的金融服务。大数据的关键是从大量数据中快速获取有用信息的能力,或者是从大数据资产中快速变现的能力,因此,大数据的信息处理往往以云计算为基础。大数据能够通过海量数据的核查和评定,增加风险的可控性和管理力度,及时发现并解决可能出现的风险点,对于风险发生的规律性有精准的把握,将推动金融机构进行更深入、更透彻的数据分析活动。

大数据金融模式广泛应用于电商平台,通过对平台用户和供应商进行贷款融资,获得贷款利息及流畅的供应链所带来的企业收益。随着大数据金融的完善,企业将更加注重用户个人的体验,进行个性化金融产品的设计。大数据将推动金融机构创新品牌和服务,做到精细化服务,对客户进行个性化定制,利用数据开发新的预测和分析模型,实现对客户消费模式的分析,以提高客户的转化率。大数据服务平台的运营模式可以分为两种,即平台模式和供应链金融模式。其中,平台模式细分为银行业、证券业、保险业、信托业、直接投资领域和其他领域。

6. 互联网金融门户

互联网金融门户是指利用互联网进行金融产品的销售及为金融产品销售提供第三方服务的平台。它的核心就是"搜索+比价"的模式,采用金融产品垂直比价的方式,将各家金融机构的产品放在平台上,用户通过对比挑选合适的金融产品。互联网金融门户的多元化创新发展，形成了提供高端理财投资服务和理财产品的第三方理财机构，提供保险产品咨询、比价、购买服务的保险门户网站等。

互联网金融门户这种模式没有太多政策风险，因为平台既不负责金融产品的实际销售，也不承担任何风险，同时资金不通过中间平台。互联网金融门户最大的价值就在于它的渠道价值。互联网金融门户分流了银行业、信托业、保险业的客户，加剧了上述行业的竞争。

随着利率市场化的逐步实现和互联网金融时代的来临，资金需求方只要能够在一定的时间内，在可接受的成本范围内筹齐资金即可。融资方到了金融超市，甚至无须逐一浏览商品介绍及详细比较参数和价格，而是提出自己的需求，进行反向搜索比较，就可以方便地找到自己需要的金融产品。因此，当金融超市这些互联网金融渠道发展到一定阶段，拥有一定的品牌口碑及积累了相当大的流量后，就会成为各大金融机构、小贷、信托、基金的重要渠道，掌握互联网金融时代的互联网入口，成为引领金融产品销售的风向标。

7. 信息化金融机构

所谓信息化金融机构，是指通过采用信息技术，对传统运营流程进行改造或重构，实现经营、管理全面电子化的银行、证券和保险等金融机构。金融信息化是金融业的发展趋势之一，而信息化金融机构则是金融创新的产物。从整个金融行业来看，银行的信息化建设一直处于业内领先水平，不仅具有国际领先的金融信息技术平台，建成了由自助银行、电话银行、手机银行和网上银行构成的电子银行立体服务体系，而且以信息化的大手笔——数据集中工程在业内独领风骚。

目前，一些银行也自建了电商平台。从银行的角度来说，电商的核心价值在于增加用户黏性，积累真实可信的用户数据，从而可以依靠自身数据去发掘用户的需求。从经营模式上来说，传统的银行贷款是流程化、固定化的，从节约成本和风险控制的角度更倾向于针对大型机构进行服务。信息技术可以缓解甚至解决信息不对称的问题，为银行和中小企业的直接合作搭建平台，增强了金融机构为实体经济服务的职能。更为重要的是，银行通过建设电商平台，积极打通银行内各部门数据孤岛，形成一个"网银+金融超市+电商"的三位一体的互联网平台，有利于抵挡互联网金融浪潮的冲击。

可以从一个非常直观的角度来理解信息化金融机构，就是通过金融机构的信息化，让客户汇款不用跑银行，炒股不用去营业厅，上网可以买保险。虽然这是大家现在已经习以为常的生活，但这些都是金融机构在互联网技术发展基础上建立并进行信息化改造之后带来的便利。

1.1.3 互联网金融的特征

1. 成本低

在互联网金融模式下，资金供求双方可以通过网络平台自行完成信息甄别、匹配、定价和交易，无传统中介、无交易成本、无垄断利润。一方面，金融机构可以节省开设营业网点的资金投入和运营成本;另一方面,消费者可以在开放透明的平台上快速找到适合自己的金融产品,削弱了信息不对称程度,更加省时省力。相对传统金融行业,平台金融初始成本很低,导致业务相同、服务同质的平台层出不穷,经营边际成本极低、开放程度极高,规模经济显著的平台金融具有赢得市场并整合市场的趋势。

2. 效率高

互联网金融业务主要由计算机处理,操作流程完全标准化,建立了一种全新的金融生态环境,客户不需要排队等候,业务处理速度更快,用户体验更好。在便捷性、安全性、高效性等若干维度均有最佳客户体验的平台极易保持客户黏性,实现可持续发展。例如,阿里小贷依托电商积累的信用数据库,经过数据挖掘和分析,引入风险分析和资信调查模型,商户从申请贷款到发放只需要几秒,日均可以完成贷款1万笔,成为真正的"信贷工厂"。

3. 覆盖面广

在互联网金融模式下,客户能够突破时间和地域的约束,在互联网上寻找需要的金融资源,金融服务更直接,客户基础更广泛。此外,传统金融体制存在的"普惠金融"缺失,"草根"金融需求被大型金融机构忽视,金融市场缺乏竞争性金融供给等弊端,在互联网金融时代可以得到很好的改善,因为互联网金融的客户恰以小微企业为主,覆盖了部分传统金融业的金融服务盲区,有利于提升资源配置效率,促进实体经济发展。作为传统金融中介的替代品,互联网平台实现了资金流、信息流、物流"三流合一"服务,成为客户获取互联网金融服务的入口。带有"开放、平等、协作、分享"精神特质的互联网恰恰拥有普惠金融的资源优势。互联网打破金融行业的高门槛,以灵活性、便捷性等特点,为传统金融行业的"长尾市场"(中小客户群体和小微资金融通需求)寻求突破方式,大大拓展了金融服务的广度和深度。互联网金融通过为长尾客户群服务,很容易培养客户黏性。随着规模的不断扩大,对传统金融活动会造成强有力的冲击。

【拓展知识】

4. 风险高

互联网金融的高风险主要来自互联网金融体系本身的不完善和相应监管体系的缺失两个方面。首先,由于信用体系尚不完善,以及网络安全隐患等互联网金融本身所具有的特征因素,造成了互联网金融违约成本较低,容易诱发恶意骗贷、卷款跑路等风险。其次,对互联网金融相应的监管法律法规及相应监管措施的缺失造成了对互联网金融的管理薄弱。互联网金融还没有接入征信系统,也不存在信用信息共享机制,不具备类似银行的风控、合规和清收机制,容易发生各类风险问题。由于目前互联网金融行业仍缺乏准入门槛和行业规范,因此,也面临诸多政策和法律风险。

【拓展视频】

1.2 互联网金融的产生与发展

互联网金融是传统金融业与互联网相结合的产物,它的出现既出于金融个体对降低成本的强烈渴求,也离不开现代信息技术的迅猛发展提供的有力支撑。因此,它是需求型拉动与供给型推动二者合力的结果。

1.2.1 互联网金融产生的基础和动力

作为互联网技术和思维对传统金融的一场深刻改造,互联网金融正在促进金融行业整体的改革与提升。这股热潮产生于互联网经济、金融脱媒、利率市场化的大背景之下,脱胎于中国长久以来的金融压抑,由技术的进步、客户的改变所驱动,并将在监管的包容下不断探索前行。

1. 金融压抑是互联网金融产生发展的背景

尽管中国的金融体系在数十年中已经取得了显著的发展,然而与其他许多国家一样,中国的金融体系仍面临一些深层次的问题,首要问题就是需求与供给的不匹配,居民财富水平偏低。据波士顿咨询公司全球财富管理数据库的统计,财富水平较低(金融资产少于10万美元)的家庭数量占中国内地家庭总数的比例高达94%,这一比例在美国仅为49%,在中国香港仅为42%,在日本甚至不到15%。这说明中国金融市场的需求主体仍是普通家庭的大众型客户,他们代表了大部分金融需求。但实际情况是,这些客户往往最缺乏金融服务,他们通常达不到5万元人民币的银行理财门槛,缺乏有关股票及基金交易的专业知识和经验,只懂得简单的储蓄业务,同时因为缺乏有效的抵质押物和完善的信用记录,难以获得银行贷款。

中国消费者缺乏小额投资渠道,大量资金用于储蓄。据2013年BCG全球消费者信心调查显示,由于缺乏投资渠道,超过30%的中国消费者会将收入的20%以上进行储蓄,而在其他许多国家往往只有不到10%的消费者会这样做。中国消费者的庞大需求未能在传统金融行业中得到充分满足,从而构成了中国的金融压抑,这种需求和供给之间的不平衡也成为互联网金融发展的原动力。事实上,余额宝等互联网金融产品的成功正是缓解这一突出矛盾的最佳证明。如果将中国7亿多位网民按照收入水平和对网络金融的接受程度进行划分,传统金融机构关注的是家庭月收入在1万元以上的8 000多万位客户,而余额宝目前服务的主要对象是家庭月收入在1万元以下、对网络金融接受度较高的3亿多位客户。那些家庭收入较低、目前对网络金融接受度还不高的绝大部分客户,则是互联网金融未来有待填补的巨大空白。

另外,传统金融机构在针对中小客户金融服务上开发力度不足,作为营利性机构,以银行为代表的传统金融机构以追求自身利益最大化为运营目的,单位业务规模较大的客户能够帮助金融机构在实现相同收入的情况下有效摊低人力、物业和设备等运营成本及风控成本，利润贡献占比更高，这必然会使金融机构的各类资源向大客户倾斜，由此导致针对中小客户的产品种类、服务深度不足。传统金融机构的主要业务是中高额贷款，对小额贷款涉及的较少，而小额贷款在民间的需求量是巨大的。根据阿里巴巴平台调研数据，约89%的企业客户需要融资，53.7%的客户需要无抵押贷款，融资需求在50万元以下的企业约占55.3%，200万元以下的约占87.3%。

2. 技术进步是互联网金融产生发展的基础

(1) 云计算与大数据

互联网技术的发展，尤其是社交网络、移动互联网把人类社会带入了一个庞大的结构化与非结构化数据信息的新时代。传统的个人计算机作为日常工作生活中的核心工具，其存储量、计算能力及硬件的损坏，都可能带来不可避免的麻烦，云计算应运而生。

云计算的兴起与大数据的广泛运用息息相关，正是因为数据量的爆炸式增长，才引起了这样一种新兴的计算模式的产生。在互联网金融中，云计算和大数据结合模式能够获取大量的客户资信数据和交易数据，使互联网金融的交易成本和摩擦成本都大幅下降。大数据必须以云计算作为基础架构，并通过云计算的平台进行分析、预测，才能让决策更为精准，释放出更多数据的隐藏价值。

拓展链接

云 计 算

云计算是一种按使用量付费的模式，这种模式提供可用的、便捷的、按需的网络访问，进入可配置的计算资源共享池(资源包括网络、服务器、存储、应用软件、服务)，这些资源能够被快速提供，只需投入很少的管理工作，或与服务供应商进行很少的交互。

云计算是将计算分布在大量的分布式计算机上，而非本地计算机或远程服务器中，企业数据中心的运行将与互联网更相似。这使企业能够将资源切换到需要的应用上，根据需求访问计算机和存储系统。好比从古老的单台发电机模式转向了电厂集中供电的模式。这意味着计算能力也可以作为一种商品进行流通，就像煤气、水、电，取用方便，费用低廉。最大的不同在于，它是通过互联网进行传输的。云计算有以下特点。

(1) 超大规模。"云"具有相当的规模，Google 云计算已经拥有100多万台服务器，Amazon、IBM、微软、Yahoo 等的"云"均拥有几十万台服务器。企业私有云一般拥有数百台或上千台服务器。"云"能赋予用户前所未有的计算能力。

(2) 虚拟化。云计算支持用户在任意位置、使用各种终端获取应用服务。所请求的资源来自"云"，而不是固定的、有形的实体。应用在"云"中某处运行，但实际上用户无须了解，也不用担心应用运行的具体位置。只需要一台笔记本电脑或者一部手机，就可以通过网络服务来实现我们需要的一切，甚至包括超级计算这样的任务。

(3) 高可靠性。"云"使用了数据多副本容错、计算节点同构可互换等措施来保障服务的高可靠性，使用云计算比使用本地计算机更可靠。

(4) 通用性。云计算不针对特定的应用，在"云"的支撑下可以构造出千变万化的应用，同一个"云"可以同时支撑不同的应用运行。

(5) 高可扩展性。"云"的规模可以动态伸缩，满足应用和用户规模增长的需要。

(6) 按需服务。"云"是一个庞大的资源池，用户可按需购买；"云"可以像自来水、电、煤气那样计费。

(7) 极其廉价。由于"云"的特殊容错措施，可以采用极其廉价的节点来构成"云"，"云"的自动化集中式管理使大量企业无须负担日益高昂的数据中心管理成本；"云"的通用性使资源的利用率比传统系统大幅提升。因此，用户可以充分享受"云"的低成本优势。

云计算可以彻底改变人们未来的生活，但也要重视环境问题，这样才能真正为人类进步做贡献，而不是简单的技术提升。

(8) 潜在的危险性。云计算服务除了提供计算服务外，还提供存储服务。但是云计算服务当前垄断在私人机构(企业)手中，而它们仅仅能够提供商业信用。对于政府机构、商业机构(特别像银行这样持有敏感数据的商业机构)对于选择云计算服务应保持足够的警惕。一旦商业用户大规模使用私人机构提供的云计算服务，无论其技术优势有多强，都可能会让这些私人机构以"数据(信息)"的重要性挟制整个社会。对于信息社会而言，"信息"是至关重要的。另外，云计算中的数据对于数据所有者以外的其他云计算用户是保密的，但是对于提供云计算的商业机构而言毫无秘密可言。所有这些潜在的危险，是商业机构和政府机构选择云计算服务特别是国外机构提供的云计算服务时不得不考虑的一个重要的前提。

(资料来源：https://baike.baidu.com/item/%E4%BA%91%E8%AE%A1%E7%AE%97/9969353?fr=aladdin)

(2) 移动互联网

随着宽带无线接入技术和移动终端技术的快速发展，随时随地都能方便地从互联网获取信息和服务，成为人们迫切追求的目标，移动互联网应运而生。移动互联网让互联网进入新的产业周期，互联网的接入终端形态发生变化，并成为产业的基本要素。不仅如此，基于移动互联网技术，互联网金融的支付方式也发生了巨大改变——以移动支付为基础，个人或企业可以通过移动终端进行货币支付、费用缴纳等活动。从这个角度看，移动支付是整合了移动终端、互联网、供求双方和金融机构的全新支付方式，利用移动通信技术让企业和个人能够随时随地进行交易。

3. 客户改变是互联网金融产生发展的动力

互联网、移动互联网的普及和数字化新时代的兴起已经深刻改变了客户的金融意识和行为。互联网改变了用户的消费习惯。在环境优化和终端技术进步的推动下，互联网的渗透率不断提升。截至2017年年底，中国互联网用户的规模为7.72亿个，互联网普及率达到53.2%。互联网已经成为人们生活的一部分，手机定位 [如基于位置的服务(Location

Based Service，LBS）]、移动支付、二维码等技术的应用，让人们可以随时随地完成消费行为，极大的便利性使人们开始将消费场所由线下转移至线上。

过去，消费者习惯于被动地得到信息推送，他们愿意相信官方和权威专家，并且满足于被告知可获得的金融服务。如今，传统金融机构在信息与产品上的"权威性"及"特许供应"的地位已经相对弱化，消费者已日益习惯于主动获取信息，他们更愿意相信自己的判断或朋友的推荐，并且希望决定和主导自己获得的金融服务及投资决策。

过去，传统金融机构单向规定了金融服务的提供时间，绝大部分金融交易只能在银行等金融机构的工作时间完成。但互联网渠道打破了实体网点对金融服务的垄断，将金融服务的时间延长至24小时，客户能够主导和决定他们希望进行交易的时间段。以余额宝为例，超过50%的互联网基金交易发生在金融机构工作时间以外，甚至有将近20%的交易发生在0：00—5：00这一时间段，这正是客户金融自主的最好体现。

客户行为的上述改变必将倒逼整个金融行业发生改变，包括金融服务的生活化、金融服务覆盖客群的下沉及金融服务地域的拓展等。

(1) 金融服务的生活化

它是指金融服务和产品深度嵌入人们日常生活的方方面面，在客户既有的消费体验中无缝提供金融服务，如使用手机应用打车并通过手机支付、查看电影排期并直接购买电影票、购买大型耐用消费品并直接分期支付等。

(2) 金融服务覆盖客群的下沉

传统商业银行最关注的客户群包括家庭金融资产在600万～800万元的私人银行客户、家庭金融资产在50万元以上的财富管理客户(或称贵宾)，以及至少达到5万元银行理财门槛的理财客户。传统的银行网点和客户经理体系均围绕这些客户展开。但互联网金融的出现使金融服务所覆盖的客户群真正下沉到那些广泛存在却长期受到忽视的普通大众家庭。例如，余额宝户均余额只有约2 000元，真正体现出"草根"经济的特征。

(3) 金融服务地域的拓展

一般来说，传统基金公司在渠道拓展方面通常只关注北京、上海、广州、深圳及部分东部沿海发达省份，基金理财在三、四线城市及农村地区几乎是一片空白。而新兴的网络货币基金产品则完全打破了传统的地域布局限制。余额宝统计数据显示，截至2015年年底，从省级行政区域分布来看，广东的"宝粉"最多，占全国余额宝用户的13.2%；江苏位列第二，占全国余额宝用户的7.9%；浙江排名第三。排名前十位的城市分别是北京、上海、广州、深圳、成都、杭州、重庆、苏州、武汉和东莞。更多的余额宝用户增长则来自经济相对落后的地区。其中，四、五线城市的余额宝用户规模增长速度最快，分别达到48.1%和45.5%。农村地区的用户规模同比2014年激增65%，数量占到总用户的15.1%，相当于每7个余额宝用户中就有一个来自农村。

1.2.2 国外互联网金融的发展状况

在金融业较为发达的欧美等国家，互联网金融理念较为普及，传统银行的网络化程度较为完善，以P2P网络借贷、纯网络银行、众筹、第三方支付为代表的新兴网络金融行业在规模上也有较大发展。尽管如此，新兴互联网金融对传统金融行业的影响还较为有限，并未产生颠覆性冲击。在亚洲一些金融业欠发达地区，由于创新意识及监管法规欠缺，目前尚处于模仿欧美互联网金融发展模式阶段。

1. 美国的互联网金融发展状况

(1) 互联网银行

美国互联网银行的发展主要存在三种模式：一是纯网络银行发展模式，也称虚拟银行，是完全基于互联网发展起来的电子银行；二是依附于传统银行的发展模式，包括传统银行向网络银行延伸式发展的模式、并购模式和目标聚集模式；三是依附于非银行机构的发展模式。随着互联网银行在美国逐渐发展完善，其在传统银行业务的基础上增加了多种渠道，客户群以年轻的高收入阶层为主，越来越多提供单一金融服务的互联网银行开始崭露头角。尽管发展迅速，互联网银行仍存在一些无法忽视的障碍。例如，美国纯网上银行所吸收的存款出路狭窄，一般仅为买进一些以按揭抵押贷款为基础的证券类产品，或者直接拆借给银行，并不具备与传统商业银行竞争的实力。

(2) 网络证券

网络证券主要是证券公司利用互联网等通信技术，为投资者提供证券交易的实时报价、各类与投资者相关的金融和市场行情分析等服务，并通过互联网帮助投资者进行网上的开户、委托、交易、交割和清算等证券交易的全过程。网络证券与传统证券交易业务程序基本相同，但实现交易的手段不同。

美国是最早开展网络证券交易的国家，也是网络证券交易经纪业最为发达的国家。美国网络证券交易始于20世纪90年代初，当时主要向机构投资者实时提供行情。1995年，嘉信(Charles Schwab)公司成立专门的电子商务公司从事互联网经纪业务，成为第一家开展证券电子商务的经纪商。1996年，电子贸易(E*TRADE)公司成立，美国无传统经营场所的新型经纪公司诞生。1996年4月，Yahoo公司上市，引发相当一批证券经纪商开始重视并涉足证券电子商务。1999年，美林证券开始为投资者提供网络证券交易服务，标志着美国传统证券经纪商的交易方式发生根本性转变，美国网络证券交易快速发展。到2010年，所有证券投资者都通过网络进行证券交易。进入21世纪后，随着美国新经济和网络热的消退，美国证券市场步入全面调整时期，市场交易额大大减少。网络证券交易经纪商的新客户数量也随之急剧减少，交易额逐步下降。

(3) 网络保险

美国是全球保险业规模最大的国家，也是最早出现互联网保险的国家。20世纪90年代，美国国民第一证券银行最早推出在互联网上销售的保险产品。2007年，美国所有的保险企业都开展了互联网业务，在网站上为客户提供全面的保险市场和保险产品信息，并可以针对客户的独特需要进行保险方案内容设计，运用信息技术提供人性化产品购买流程。在网络服务内容上，涉及信息咨询、询价谈判、交易、解决争议、赔付等；在保险品种上，包括健康、医疗人寿、汽车、财险等。

美国互联网保险业务主要包括代理模式和网上直销模式，这两种模式都是独立网络公司与保险公司在一定范围内的合作。二者也有一些区别：代理模式主要是通过和保险公司形成紧密合作关系，实现网络保险交易并获得规模经济效益，优点在于其庞大的网络辐射能力可以获得大批潜在客户；相比之下，网上直销模式更有助于提升企业的形象效益，能够帮助保险公司开拓新的营销渠道和客户服务方式。

(4) P2P 网络借贷

在过去的 10 多年间，Web 2.0 的兴起为实现 P2P 网络借贷创造了可能性。2008 年，全球金融危机爆发迫使传统金融机构收缩信贷，客观上为 P2P 网络借贷快速发展提供了重要契机。P2P 网络借贷能有效地将借贷双方置于同一平台，既为投资者提供潜在投资机会，获取高于传统储蓄工具的收益，又为借款人提供了获得贷款的新渠道，因此深受社会关注。在美国，P2P 网络借贷模式自 2005 年诞生以来，营利性和非营利性 P2P 网络借贷平台在互联网金融市场上共存，为世界各地的个人和团体提供商业或公益贷款。营利性 P2P 网络借贷平台以 Prosper 公司和 Lending Club 公司为代表，非营利性 P2P 网络借贷平台以 Kiva 公司为代表。

(5) 众筹

2009 年，美国的一家创业众筹网站 Kickstarter 用捐赠资助或是预购产品的形式为中小企业或者小微企业在线募集资金，开启了大众化的融资方式。此后，众筹模式呈爆发式增长，成功募资的项目和募资额屡创新高。调查数据显示，2012 年，北美地区众筹平台募资总额为 16 亿美元，较 2011 年增长 105%。以 Indiegogo、Kickstarter 两大众筹平台为代表的美国众筹融资占据全球众筹融资的主要份额。从单笔募资额看，2013 年 5 月，创意手表项目 Pebble Watch 是 Kickstarter 众筹融资最为成功的案例之一，在发布 28 小时内筹得 100 万美元，1 个月时间内得到近 7 万人的支持，筹得 1 000 万美元。

(6) 第三方支付

1998 年 12 月建立的 PayPal 网络服务商是目前全球最大的网上支付公司，总部在美国加利福尼亚州圣荷西市。PayPal 使个人或企业通过电子邮件，安全、简便、快捷地实现在线付款和收款，避免了邮寄支票或汇款等传统支付方式所带来的不便。1999 年年底，PayPal 创建货币市场基金，将在线支付和金融业务结合起来，基金由 PayPal 自身的资产管理公司通过连接基金的方式交由巴克莱银行及其之后的贝莱德集团的母账户管理。PayPal 用户只需简单地进行设置，存放在 PayPal 支付账户中不计利息的余额就会自动转入货币市场基金，从而获得利息收益。

2006 年 4 月，PayPal 正式进入移动支付领域，并于同年 10 月收购 VerSign 公司支付网关，使 PayPal 用户可通过手机在任何时间、任何地点进行移动支付。除 PayPal 外，美国还有三个较大的支付平台，分别是 Google 旗下的 Google Wanet、重点开发移动支付的电信公司联合体 ISIS 及零售商联盟 MCS。

2. 欧洲的互联网金融发展状况

(1) 网上银行

欧洲网上银行由早期的自助银行发展而来，业务相对比较发达。挪威、冰岛、芬兰、荷兰、瑞典、丹麦等北欧国家的互联网用户网上银行的使用率远高于其他欧洲国家；爱尔兰、西班牙、波兰、捷克、葡萄牙、意大利、希腊等国家的网上银行使用率则低于欧洲联盟(以下简称欧盟)平均水平；从整体及欧盟均值角度来看，欧洲网上银行使用率逐年上升，但在2010年之后增速逐渐放缓。

(2) 互联网资本市场

德意志交易所集团是世界领先的交易所，为投资者、金融机构和公司提供进入全球金融市场的通道，其业务覆盖了包括现货及期货交易、交易后结算、托管、市场信息提供、电子交易平台在内的全部有价证券的交易链。其他平台与服务提供商包括法兰克福证券交易所、全球交易量最大的平台之一 Xetra、运营衍生品交易的欧洲期货交易所 Eurex、后交易提供商明讯银行 Clearstream、主营网上交易的新型券商 X-Trade Brokers(XTB)集团等。

(3) 网络保险

在欧洲，一段时期内网络保险发展速度非常迅猛。1996年，全球最大保险集团之一的法国安盛在德国试行网上直销。截至2017年年底，安盛公司经营寿险、个人财产和意外伤害险、企业财产和意外伤害险、再保险等多项保险业务，占其业务总额的74%，拥有约1亿名客户。尽管安盛公司将包括网络保险在内的多渠道销售与服务作为其经营战略，但是互联网仍然仅是一种销售渠道或信息公告方式，不具有更多意义。传统销售渠道更多地提供了公司高附加值的个性化服务，而互联网和直销渠道更适合诸如个人车辆保险等更为简单和标准化的保险产品。

对于欧洲其他国家，意大利 RAS 保险公司建立了一个网络保险销售服务系统，在网上提供最新报价、信息咨询和网上投保服务；瑞士再保险公司宣布，网上保险帮助该公司每年节约7.5亿瑞士法郎；英国保险组织劳合社为适应网络经济新客户要求，改变了300多年的传统程序，推出全新的互动性货物运输和仓储保险计划，以实现网上销售目标。

(4) P2P 网络借贷

英国的 Zopa 公司和德国的 Smava 公司是欧洲目前影响最大的两个 P2P 网络借贷平台，但业务侧重点与经营模式略有不同。其中，Zopa 是世界上第一家 P2P 网站，2005年创建于英国，通过向借贷双方收取佣金盈利。而 Smava 的特点在于通过将具有相同信用等级的贷款项目分组，组内违约导致的本金损失将等比例分摊给组中所有投资者，此类制度鼓励放款人承担更多的风险。

(5) 众筹

欧洲众筹融资市场发展很快，约占全球市场规模的1/3。欧洲市场约50%的众筹活动属于报酬类，捐助类与权益类各占不足25%，剩余份额属于借贷类。其中德国众筹发展较快，众筹市场初具规模，但是德国众筹融资只向本土居民、企业开放，市场过窄导致平台佣金下降，因此平台之间的合并将不可避免。

1.2.3 国内互联网金融的发展状况

我国互联网金融的迅猛发展开始于2012年，规模日渐扩大，同时，在创新理念、创新技术的作用下，我国互联网金融的创新性不断增强，新型的支付平台不断涌现。目前，互联网金融已经成为人们生活的一部分，自2014年起，微信红包、滴滴打车、P2P 网络借贷及各种"宝宝"类产品等,为人们提供了便利的、高收益的第三方支付。对于大众而言,虚拟账户与实体账户共存,线下应用与线上即时支付被打通,各种互联网平台蚕食着银行的客户,分流着银行的小额支付、理财与信贷等业务。

1. 传统金融业务的网络化发展

互联网给传统金融机构造成了新的冲击,传统金融机构纷纷设立电商部门,建设电商网站来销售金融产品,银行广泛通过互联网开展品牌宣传、产品推广、客户服务;保险公司、证券公司、基金公司都进行网上直销。目前,网络营销已经成为金融机构必不可少的营销方式,从早期的初级应用发展到全面利用互联网技术,通过优化整合内部业务流程及网络销售渠道,建立基于互联网技术的核心竞争优势。

(1) 商业银行网络化

我国银行业的互联网金融创新开始于20世纪90年代末,股份制商业银行率先敏锐地认识到互联网带来的发展机会和拓展空间。招商银行于1997年率先推出我国第一家网上银行,目前已经拥有包括网上企业银行、网上个人银行、网上支付系统、网上证券系统等系列网站在内的网上银行产品。作为国内首家经批准开展个人网上银行业务的商业银行,招商银行在互联网领域的战略定位、营销手段、产品创新和服务等方面都进行了效果显著的创新。

尽管大型商业银行凭借其客户规模优势保持着市场份额领先的地位,但在应对互联网的冲击时,行动相对迟缓,互联网业务增速要低于创新型中小银行。从实践中来看,中小银行在产品与服务创新方面速度更快,反应更加灵敏,市场份额不断提高,一方面蚕食大银行传统客户市场,另一方面又不断扩大新增客户市场。整体上,银行业的互联网业务规模仍远大于支付宝等非银行机构。2017年第二季度,我国网上银行市场交易额达到503.1万亿元,接近第三方支付互联网支付市场交易规模5.8万亿元的87倍,但从细分领域看,在新兴的互联网金融领域(如个人电子商务支付领域)网上银行的发展速度慢于第三方支付,客户占有率也低于支付宝。

(2) 证券业网络化

由于券商不同业务的门槛不一,对应的监管要求也不一样,互联网金融对证券业的影响程度及时间先后有所不同。同质化、低技术含量、低利润率、监管者有意放开的业务会率先受到冲击,而对知识、技术、资本及风控要求高的业务则可能在互联网金融向更高层次发展之后受到影响。大型券商业务结构更加多元化,对传统业务依赖度更低,即使一些通道类业务受到冲击,对整体的影响也并不大。大型券商拥有雄厚的资本实力、强大的人才储备和较高的品牌美誉度,是参与互联网金融创新的坚实基础,大型券商在争取互联网合作资源、引入第三方产品等方面也比小型券商更具优势,少数中型券商也具有借助互联网金融实现"弯道超车"的机会。

(3) 保险业网络化

近年来,保险企业在渠道发展方面面临严峻挑战。经纪公司、银行、4S店等专业和兼业代理存在的成本较高、营销员增长乏力、代理人产能受限、过度营销广受诟病等问题,促使保险企业加大互联网、电话等新渠道的开发力度。从2009年开始,保险业电子商务年均复合增长率超过100%，截至2017年6月底，80家财险公司中，已有62家开设了互联网销售业务。

早在2002年10月，中国人民保险电子商务平台(e-PICC)就正式上线。用户不仅可以通过e-PICC投保中国人民保险的车险、家财险、货运险等保险产品，还可以享受保单验真、保费试算、理赔状态查询、咨询投诉报案、风险评估、保单批改、保险箱等一系列实时服务。2012年，中国人寿保险公司增加了包括电销、网销等在内的新渠道业务，保费收入超过300亿元。中国人寿保险公司于2012年6月推出新版互联网电子平台，服务范围涵盖寿险、财险、企业年金等。平安直销车险的官网日均访问量超过20万人次，日均保费收入超过千万元。平安网销平台创新实践移动客户端平台，首家推出车险iPhone客户端投保应用。平安网销支付平台已建立快速与外部合作直通的标准接口及模式，与淘宝、拍拍、网易、汽车之家、苏宁易购等电子商务网站开展合作，推出纯数据接口的简易报价及获取客户信息功能。

2．非传统金融机构互联网业务模式发展状况

非传统金融机构的互联网金融运营模式主要体现为以第三方支付为代表的互联网金融支付模式，以及以P2P网络借贷、众筹为代表的互联网金融融资模式。

(1) 第三方支付

自2005年网络支付在我国正式起步以来，第三方支付已取得了长足的发展。2016年，我国第三方支付市场规模超过19万亿元。其中，支付机构互联网支付业务快速增长，移动支付业务处于蓄力发展阶段。从地区分布上来看，第三方支付企业已覆盖28个省市，其中上海市53家、北京市47家、广东省21家、江苏省15家、浙江省14家，这5个省市第三方支付企业数量占总数的2/3。

2012年1月，中国人民银行发布了《关于中国支付体系发展(2011—2015年)的指导意见》，指出我国支付体系发展前景广阔，要抓住第三方支付建设面临的历史机遇。第三方支付既是电子商务发展的重要基础，也是互联网金融服务的主要模式之一，需要在支付技术和业务模式创新、支付业务规则和风险控制措施、电子支付标准建设、产业发展规划、市场有序竞争及支付机构规范运作，以及行业自律、保护客户资金安全和合法权益等方面不断改进。总之，第三方支付产业的发展速度远超经济发展速度，而且第三方支付产业仍处于市场扩张期。不过，随着金融机构加入行业竞争，第三方支付产业已经从高速发展阶段进入规范发展阶段。

(2) P2P网络借贷

P2P网络借贷的特点：一是P2P网络借贷双方参与的广泛性，借贷双方呈散点网络状的多对多形式，且针对特定主题；二是交易条件具有灵活性和高效性，极大地满足了借贷双方的多样化需求。此外，P2P网络借贷平台省去了烦琐的层层审核模式。在信用合格的情况下，手续简单直接。在该模式中，存在一个重要的中介服务者——P2P网络借贷平台。平台主要为P2P网络借贷的双方提供信息流通交互、信息价值确认和其他促成交易完成的服务，但不作为借贷资金的债权债务方。

国内P2P网络借贷平台最早出现于2006年。据统计，国内P2P网络借贷平台从2009年的9家增加到2013年的132家，其中影响较大的约有20家。截至2016年5月底，网贷行业正常运营平台数量为2 396家，相比2016年4月底减少了35家，但与2015年同期相比仍然增加了450家。正常运营平台中，新上线平台有51家，而2015年同期新上线平台数量达到186家，同比下降了72.58%。停业及问题平台共有86家，其中问题平台30家、停业平台56家。截至2016年5月底，累计停业及问题平台达到1 684家，P2P网络借贷行业累计平台数量达到4 080家(含停业及问题平台)。

(3) 众筹

众筹模式的特点在于使社交网络与"多数人资助少数人"的募资方式相互交叉，并带有利用互联网资助圆梦的色彩。由于较低的准入门槛和广泛的融资渠道，众筹模式在我国深受青睐，国内众筹平台大致分为凭证式、会籍式、天使式三类。我国的众筹模式和国外的发展水平相差较大，主要是因为缺乏支持这种融资模式的制度环境，这种弱关系下的融资活动在信任机制、权利保障和退出机制上存在许多现实问题。投资主体的多元化、零散化可能导致众多投资者之间的利益无法协调一致，影响到筹资者项目的运营进程。这就需要对众筹参与者实行资格限定，确保只有满足一定要求的投资者才能对具体运营项目进行投资。此外，众筹参与群体之间的信任关系也需要强化，如果参与群体价值观比较相近，将有利于固化利益纽带，实现众筹目的。由于知识产权缺乏制度保障，一旦进入众筹平台，项目创意可能被竞争对手抄袭，因此，优质项目大多不愿选择众筹模式筹资，众筹网站只能吸引一些刚刚起步的创业者，项目的质量较低，投资周期也不固定，相对而言是一个较为漫长的过程，退出机制更是没有固定范式。基于种种原因，我国众筹平台上的项目在数量、质量、筹资金额、用户规模方面还处于较低水平，无法形成规模效应，在金融市场上的影响力有待进一步提高。

1.2.4 国内外互联网金融发展情况总体对比

互联网与金融的结合源于欧美发达国家，20世纪90年代互联网技术的高速发展渗入了金融业，欧美的金融企业开始广泛利用现代信息技术开展金融业务。步入21世纪，伴随着金融创新，大量新型的互联网金融企业逐渐出现并取得了较大发展。从互联网金融的实现模式来看，欧美发达国家的互联网金融可以用四个模式概括：新型的互联网融资模式(如P2P网络借贷、众筹等)，互联网服务方式(如第三方支付、移动支付等)，虚拟货币(如比特币和"脸谱"网站提供的虚拟货币等)和互联网在传统金融业的应用。但与我国蓬勃发展的互联网金融相比，发达国家并未出现互联网金融对传统金融模式的颠覆，实际上，互联网金融对欧美发达国家传统融资体系和金融服务方式的冲击并不大。

从传统金融业和互联网金融的关系来看，互联网金融虽然对传统金融业造成了一定冲击，但传统金融业的地位并未被撼动，伴随着传统金融业广泛应用互联网技术，传统业务的信息化水平大大提高，网上银行、移动支付、手机银行等业务近几年发展较为迅速。从新兴的互联网金融业务看，首先是互联网融资业务，虽然P2P网络借贷最早出现在英国并在美国得到了更大的发展，但并没有像在我国这样，在短时间内涌现出大量的

P2P网络借贷公司,同时又有大量的平台退出市场;在互联网支付等领域,根据相关研究,移动支付及第三方支付确实将会弱化传统支付体系的功能,但要达到取代传统支付体系的程度估计需要很长时间。

中外互联网金融发展的差异源于金融环境的差异,我国大量的金融需求得不到满足,这为互联网金融的快速发展提供了强大的动力。与我国的金融体系不同,欧美发达国家有一个完善的、多层次的金融体系,以银行业为例,美国有将近8 000家银行,既有全国性的大银行(如花旗银行、美国银行、摩根大通银行等),也有大量的地区性银行、社区银行、信用社等,由于社会信用体系完善,利率市场化程度高,这些机构能够按照市场规则与存贷款客户展开激烈竞争,绝大部分个人或者企业的金融需求会在相应的价格上被相关金融机构满足。

与美国相反,我国的金融业以国有或国有控股企业为主,在利率未完全市场化的情况下,银行的市场压力较小,享有政府赋予的特权及相关的垄断利益,倾向于为大型国有经济主体提供融资。此外,我国信用体系尚有很多不完善、不规范的地方,在这种情况下,相当一部分企业(尤其是小微企业)和个人的金融需求得不到满足,成为一个很大的市场空白点,他们对金融服务和资金的需求成为推动互联网金融在我国快速发展和不断创新的基础。

在这样的背景下,金融与互联网在我国的结合将比在美国的结合发展得更快、更好。以我国的余额宝和美国的PayPal为例,1999年11月,PayPal创建了货币市场基金,将在线支付和金融业务结合起来,推出了美国版"余额宝"产品即PayPal基金,由于PayPal基金具有操作方便、进入门槛低、实时汇报等特点,以及当时良好的利率政策环境,所以发展迅猛,其规模在2007年达到巅峰。但在金融危机后,美国货币市场基金数量减少,PayPal用户在基金账户里的资金不断下降。2011年6月,PayPal宣布关闭管理的货币市场基金。美国版"余额宝"退出市场的根本原因在于美国金融市场是高度开放的,管制程度非常低,利率实现了市场化,金融市场特别是价格信息传递无迟滞、对等及时,对金融创新要求较高,套利空间很小。阿里巴巴在2013年推出的余额宝与PayPal的基金产品有很多相似点,但我国的余额宝与PayPal基金有一个本质区别,即基金诞生的基础不同。阿里巴巴余额宝诞生的基础是支付宝,支付宝的基础是天猫和淘宝等电商购物平台。支付宝、天猫、淘宝上的5亿名客户基础是余额宝赖以生存的根基。余额宝使阿里巴巴平台上的客户购物、增利两不耽误。这样的客户群体比美国版"余额宝"单纯以增利为目的的客户群体要稳定得多。

1.3 互联网金融对传统金融的影响

互联网金融从无到有,从不为大众所知到如今的迅速发展,这一历程显示了互联网给予世界的创新,不仅体现在科学技术层面的飞跃,还体现在互联网精神的延续上。互联网金融颠覆了人们对传统金融的认识，不仅为传统金融增添了新的生命力和前所未有的挑战，也为金融监管带来了改革动力，以及为市场催生出新的合作模式。

1.3.1 改变传统金融机构的运营模式

互联网金融的出现，重新定义了金融机构和客户之间的关系，任何客户都可以通过互联网随时加入网络中来，成为互联网金融的一员，改变了原来柜台交易办理业务的结构。同时，互联网金融不需要大量的分支机构，营业机构已被虚拟的网络世界和计算机所取代，金融机构不再有规模上的大小之分，互联网金融机构无时不在、无处不在，建立了一种全新的金融生态环境。

互联网金融的出现大大缩短了人们在时间和空间上的距离，改变了传统金融机构在服务时空上的限制和经营方式，可以为用户提供全天候、全方位的实时服务，在任何时间、任何地点，以任何方式向客户提供服务。互联网金融在为客户提供传统金融业务的同时，还可以不断增加新的金融业务，特别是可向客户提供一对一的个性化、差异化的服务。

1.3.2 冲击传统的金融理论

互联网金融的产生和发展，必将对传统的货币银行理论带来众多的影响。电子货币的出现，以及逐渐由有限法偿货币转化为无限法偿货币，都会对传统的货币概念、货币制度及货币职能等产生冲击，同时对货币供给理论带来较大影响。另外，互联网金融也将对商业银行的规模经济，以及中央银行货币发行等带来不小的影响。在互联网金融的背景下，规模经济已不再是商业银行提高效益和竞争力的唯一手段，中央银行原有的货币发行的垄断地位也日益受到挑战。

1.3.3 挑战传统的金融监管体制

互联网金融使不同金融机构之间、金融机构与非金融机构之间的界限趋于模糊，金融业务综合化的发展趋势不断加强，这就使传统的按业务标准将金融业划分为银行业、证券业、保险业等的做法失去实际意义。因此，传统的"分业经营、分业监管"制度将被"全能经营、混业监管"制度所取代，金融监管体制将由机构监管型向功能监管型转换。互联网金融的高科技性，在为互联网金融机构不断进行业务创新和为客户提供全方位金融服务的同时，也有利于金融机构通过技术手段来规避金融监管，这就大大增加了金融监管的难度。另外，面对层出不穷的互联网金融创新，传统金融监管法规的有效性已大打折扣，应用于互联网金融发展的金融监管法规体系尚待建立与完善，加上金融监管的滞后性，金融监管部门对金融机构的监管面临严峻的挑战。

本章小结

目前，互联网金融主要包括第三方支付、P2P网络借贷、众筹、互联网货币基金、大数据金融、互联网金融门户、信息化金融机构等主要模式。在互联网金融模式下，资金供求双方可以通过网络平台自行完成信息甄别、匹配、定价和交易，无传统中介、无交易成本、无垄断利润，具有低成本性。并且，互联网金融业务主要由计算机处理，操作流程完全标准化，建立了一种全新的金融生态环境，具有高效率性，实现可持续发展。同时，互联网金融模式能够让客户突破时间和地域约束，使金融服务更为直接，客户基础更为广泛，形成了互联网金融的广泛覆盖性。

互联网金融的诞生以技术基础和动力基础作为支撑，在美国和欧洲率先兴起和发展，影响了我国传统金融业务的网络化和非传统金融机构互联网模式的发展。经过国内外互联网金融发展情况的对比，我们可以观察到中外互联网金融发展的差异来源于金融环境的差异，互联网金融对于欧美发达国家传统金融的冲击并不大；而我国金融与互联网的结合发展得更快、更好，使我国互联网新金融站立在了世界潮头。互联网金融对传统金融的影响改变了传统金融机构的经营模式，冲击着传统的金融理论，也对传统的金融监管体制提出了挑战。

复习思考题

(1) 什么是互联网金融？
(2) 简述互联网金融的特点。
(3) 互联网金融的主要业务模式有哪些？试举例说明。
(4) 分析互联网金融产生的基础和动力。
(5) 比较分析国内外互联网金融的发展状况。
(6) 讨论互联网金融对传统金融的影响。

第 2 章
第三方支付

第三方支付作为发展最早的互联网金融模式,始终处于互联网金融的基础和核心位置。第三方支付可以很好地解决贸易结算中货物流与资金流不同步所带来的信用风险问题,具有成本低廉、快捷高效等优势,因而在线上与线下的贸易结算中得到了广泛应用,对传统金融行业形成全方位渗透,并带来了很大的冲击。第三方支付作为互联网金融的入口,可以为其他互联网金融业务带来客户及其账户信息,为其他业务提供广阔的营销和发展平台。

学习目标

掌握第三方支付的内涵、优势及基本特点;了解第三方支付的运营模式和盈利模式;了解第三方支付存在的各种风险;了解第三方支付的发展历程和发展状况,以及未来的发展趋势。

知识架构

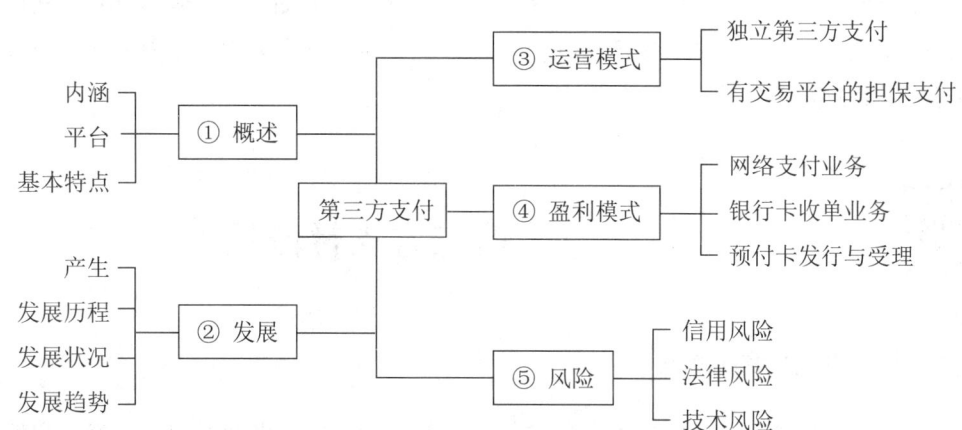

> 导入案例

财 付 通

财付通是腾讯公司于 2005 年 9 月正式推出的专业在线支付平台,致力于为互联网用户和企业提供安全、便捷、专业的在线支付服务。财付通与拍拍网、腾讯 QQ 有着很好的融合。按交易额来算,财付通排名第二,仅次于阿里巴巴公司的支付宝。

作为中国领先的在线支付服务提供商,财付通自上线以来,在支付系统安全性方面做出了诸多努力,其安全建设一直走在行业的前列。例如,财付通采用先进的 128 位安全套接层(Security Socket Layer,SSL)加密技术,避免用户信息在网络传输过程中被窃取;财付通账户特别设置双重密码,分别执行一般操作和支付操作;使用财付通提现时,系统会自动检查认证姓名与银行登记在案的账户姓名是否相符;财付通还设置了手机短信通知的功能,任何支付操作都会同步发送提示短信供用户检查。其在安全方面的努力受到个人用户和商业用户的高度肯定。

(1) 战略目标。财付通的目标市场针对 QQ 用户群体个人对个人(Consumer to Consumer,C2C)和商对客(Business to Consumer,B2C)的电子商务交易。网上金融业务是财付通关注的目标,财付通从基金支付、保险代销等微小业态进入,在打造良好用户体验的基础上,逐步发展新的业务模式。财付通的目标是打造一个集资讯、理财、交易为一体的平台,让即使从未接触过网上理财的人,也能轻松、快捷地在网上进行理财。

(2) 目标用户。腾讯的典型用户群体是年轻且追求时尚的用户,他们有向别人展示自我及自我娱乐的需求。财付通的用户可分为个人用户和商务用户两类。个人用户主要使用财付通进行网上支付、充值、票务预订、网上缴费等业务;商务用户主要使用财付通产品满足交易需要或购买财付通解决方案。

(3) 产品与服务。财付通是一个专业的在线支付平台,其核心业务是帮助在互联网上进行交易的双方完成支付和收款。财付通的主要产品分为支付产品和服务产品两类。其中,支付产品主要包括网上银行支付、财付通账户支付、一点通支付、信用卡支付、商家对商家(Business to Business,B2B)大额支付、快捷支付、手机支付等;服务产品主要包括中介担保交易、即时到账交易、交易自动分账、网银直连交易、批量付款服务等。

【拓展知识】

2.1 第三方支付概述

2.1.1 第三方支付的内涵

第三方支付是指具备一定实力和信誉保障的非银行机构,借助通信、计算机和信息安全技术,与各大银行签约,在用户与银行支付结算系统之间建立连接的电子支付模式。在第三方支付机构或平台参与的交易当中,买方选购商品之后,使用第三方平台提供的账户来进行货款支付,并由第三方通知卖家货款到达和进行发货;买方检验物品之后,就可以通知第三方付款给卖家,第三方再将款项转至卖家。之所以称"第三方",是因为这些平台并不涉及资金的所有权,只是提供资金转移的中介服务,充当信用担保的角色。

2.1.2 第三方支付平台

第三方支付平台是指平台提供商通过通信、计算机和信息安全技术,在商家和银行之间建立连接,从而实现消费者、金融机构,以及商家之间货币支付、现金流转、资金清算、查询统计等功能的平台。

第三方支付与第三方支付平台虽然不是同一个概念,但存在密切的联系。一方面,第三方支付是一种支付方式,或者说是一种支付渠道,在这种支付方式中,由第三方机构担当买卖双方的"信用中介"。而第三方支付平台则是由后台网络、技术、软件、服务等构成的实现第三方支付的平台系统。另一方面,第三方支付平台是第三方支付这种支付方式得以实现所必需的媒介,没有第三方支付平台,第三方支付也就只能停留在理论层面,而不能真正实现。

2.1.3 第三方支付的基本特点

1. 简单便捷

第三方支付平台采用与众多银行合作的方式,同时提供多种银行卡的网关接口,极大地提高了网上交易的便利性。从商家的角度来看,可以避免安装各个银行的认证软件,从一定程度上简化了操作,尤其为无法与银行网关建立接口的中小企业提供了便捷的支付平台。

2. 成本低廉

第三方支付平台提供一系列的应用接口程序,将多种银行卡支付方式整合到一个界面上,负责交易结算中与银行的对接,客户和商家就不需要去每家银行专门开设账户,所有的交易直接通过第三方支付就可以实现,这样就可以降低消费者的网络支付成本,同时也可以提升网络运营商的利润。另外,支付中介集中了大量的电子小额交易,由此形成的规模效应也会使支付成本降低。第三方支付还可以帮助银行节省网关开发费用,并为银行带来一定的潜在利润。

3. 交易安全

一方面,第三方支付平台可以提供资金和货物的风险防范机制,确保交易双方的利益。对于商家,通过第三方支付平台,可以规避无法收到客户货款的风险;对于客户,可以规避无法收到货物的风险,货物质量在一定程度上也得到了保障,增强了客户网上交易的信心。另一方面,第三方支付平台借助一系列安全技术(数字证书、数字签名等)与银行的网关相连接,实现互联网上银行系统之间数据的加密传输,以确保客户账户安全。信用卡信息或账户信息仅需要告知支付中介，而无须告知收款人，大大降低了信用卡信息和账户信息失密的风险。

4. 信息整合

第三方支付平台将参与交易的各方信息进行整合，为解决电子商务活动中的资金流、信息流、物流三大瓶颈问题提供了统一方案。通过第三方支付平台，商家就能完成网上交易信息的实时查询和系统分析，还可使用及时退款和终止支付服务，便于客户查询交易动态信息、物流状态、交易处理状态等第三方支付平台上的详细交易记录信息，可以降低道德风险，防止买卖双方在交易中的抵赖行为，也能为售后可能出现的纠纷提供相应的证据，维护交易各方的权益。

【拓展视频】

2.2 第三方支付的发展历程

2.2.1 第三方支付的产生

互联网技术的快速发展为电子商务的兴起提供了重要支持，电子商务业务形式的多样化也促进了我国电子金融行业的繁荣。网上银行、手机电子银行等电子商务服务已经融入人们的日常生活中。

第三方支付服务的兴起有效提升了网络交易的便捷性与安全性，其中最早提出网络支付业务的 PayPal 成为现代电子商务发展的里程碑，弥补了在零售业务领域商业银行无法全面覆盖的不足。PayPal 真正进入发展的快车道是在 21 世纪初期，被 eBay 收购后，推出全球范围的电子商务业务平台，可以提供多种网上金融服务。以前网上商品的交易过程由买卖双方直接进行，银行并不为交易过程提供金融服务，因此，卖家只能采用银行转账或邮政汇款，交易周期较长。PayPal 被 eBay 收购后推出的在线支付服务改变了这一现状，不仅促进了电子交易服务的发展，也为公司带来了可观的利润。2003 年，PayPal 的交易额突破 4.4 亿美元，增幅近 400%。PayPal 运营着世界范围内使用最为广泛的在线支付平台，成为最著名的第三方支付公司之一。由于 PayPal 在第三方支付领域的鼻祖地位和标杆形象，许多国家的用户选择 PayPal 作为主要的第三方支付产品。但是在中国，PayPal 的发展并不顺利，更多被用作国际支付工具，这就为国内的第三方支付工具留下了广阔的发展空间。

伴随着电子商务在全球范围内的发展大潮，国内许多商家开始进入第三方支付领域。1999 年，北京首信与上海环迅组建国内第一家第三方支付公司——首信易支付，开启了我国第三方支付工具的先河。但是首信易支付实现的仅仅是指令传递功能，即把用户的支付需求告知银行，最后转接到银行的网上支付页面。

2003 年，网络购物还处于萌芽阶段，支付形式单一，买卖双方互不信任成为网络购物发展的主要障碍。为了吸引更多的网购人群，做大规模，淘宝于2003年10月设立支付宝业务部，开始推行"担保交易"。2004年12月，支付宝正式独立上线运营，标志着阿里巴巴的电子商务圈中，信息流、资金流和物流开始明晰。2005年，腾讯旗下的支付公司"财付通"成立。马云在瑞士达沃斯世界经济论坛上首次提出了"第三方支付平台"的概念。

随后，为了在第三方支付领域获得可观的市场占有率，出现了多家网络支付服务公司，如银联在线支付、快钱在线支付等。第三方支付业务的发展是现代电子商务繁荣的重要体现，也是网络支付技术的创新性变革，为传统银行金融服务的发展提供了新思路。

2.2.2 第三方支付的发展

我国第三方支付的发展主要分为两个阶段：第一阶段是2010年之前，第三方支付业务兴起，多家第三方支付公司利用电子商务不断发展的良好时机，积极拓展业务范围，国内第三方支付市场形成初步规模；第二阶段是2010年之后，第三方支付公司开始广泛地介入细分支付市场，第三方支付的业务领域已深入人们生活的方方面面。

第三方支付技术的发展是电子商务繁荣的重要体现，作为一种在线支付业务，是依托于网上银行的开发而实现的。21世纪初期，我国多家银行开发了网络银行业务，为商家提供多种模式的金融服务。为了扩展网络银行的业务范围，多家银行联合推出了银联服务，从而实现跨行在线金融交易服务功能，也就是说在进行网上支付时，客户可以直接通过在网页输入银行卡账号和密码即可完成交易。

2005年，中国第三方支付业务总额突破150亿元，这不仅是我国电子商务加速繁荣的重要体现，也是相关管理政策日趋完善的结果。第三方支付业务的发展需要借助于互联网的普及。截至2017年6月底，我国网民总数突破7.5亿，互联网普及率超过55.8%。我国电子商务市场处于快速发展时期，监管政策也在不断完善，《中华人民共和国电子签名法》(以下简称《电子签名法》)等一系列互联网法律法规的颁布也为电子商务的发展提供了重要的制度保障。

我国电子商务市场正处于快速繁荣时期，网络支付技术却长期处于边缘状态，这主要是由于监管部门并未正式认可第三方支付公司。2010年年底，网络支付技术实现突破性发展，中国人民银行推出网络支付业务管理制度，为我国网络支付业务的发展提供了有效的制度保障，并为网络支付企业办理支付业务许可证(即支付牌照)。2011年5月，中国人民银行正式向29家第三方支付公司颁发了支付业务许可证，第三方支付进入了"有牌照时代"。当年一共分三批颁发了101家牌照，这意味着第三方支付行业已经得到了国家的正式认可，并开始在法律的监督下办理业务。自此第三方支付公司进入了一个新的发展阶段，并且必然会对传统支付业务市场产生巨大而深远的影响。

首先，中国人民银行《非金融机构支付服务管理办法》(以下简称《管理办法》)的出台标志着第三方支付业务走向合法化，这极大地促进了整个行业的健康发展，同时也明确定位了其业务发展方向，使第三方支付可以在公开、公平的市场环境中与我国传统商业银行进行竞争。其次,《管理办法》对有实力的第三方支付公司将产生十分积极的影响,也对支付业务许可证的申请门槛做出了明确规定,部分小型第三方支付公司受到规模和竞争劣势的限制,将很难获取牌照,只能退出市场;而大规模的第三方支付公司,由于其拥有较好的资信水平和较强的盈利能力,将从中长期获益。如占据最大市场份额的支付宝无疑将在健康、规范的市场环境中获得更大的发展空间和更强的竞争实力。最后,《管理办法》的颁布及实施为第三方支付公司和商业银行的深度合作提供了重要的契机。例如,为防范第三方支付公司挪用客户备用金,中国人民银行规定支付机构只能根据客户的支付指令转移备付金,还需要在商业银行开立备付金专用存款账户,并且只能选择一家商业银行作为备付金存管银行。这就为商业银行和第三方支付平台在多领域的合作带来了良好的机遇。

2.2.3　第三方支付的发展状况

【拓展知识】

第三方支付是现代金融服务业的重要组成部分,也是中国互联网经济高速发展的底层支撑力量和进一步发展的推动力。随着国内电子商务的兴起,一些信息服务企业兴办的支付平台也已经开始崭露头角。第三方支付作为新技术、新业态、新模式的新兴产业,具有广阔的市场需求前景。

2009 年以来,第三方支付市场的交易规模保持 50% 以上的年均增速迅速扩大,并在 2013 年成功突破 17 万亿元,达到 17.2 万亿元,同比增长 38.71%;2014 年交易规模达到 23.3 万亿元;2015 年交易规模达到 31.2 万亿元。根据比达咨询(Bigdata-Research)发布的《2016 中国第三方移动支付市场研究报告》,2016 年中国第三方支付总交易额为 57.9 万亿元,相比 2015 年增长率为 85.60%,如图 2.1 所示。中国的第三方支付已经成为全球的领跑者。

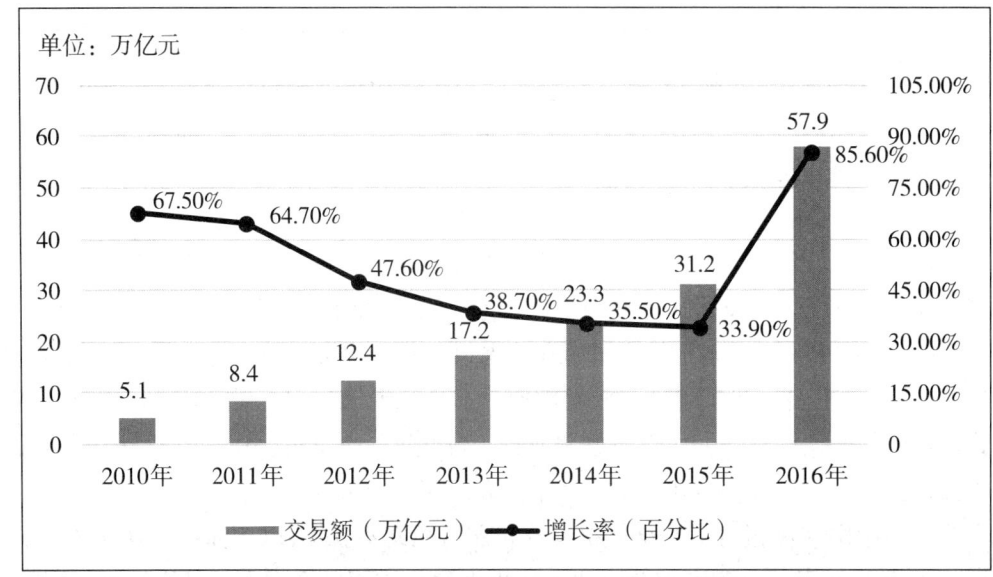

图 2.1　2010—2016 年中国第三方支付市场规模

从支付形式来看，第三方支付结构可以分为线下收单、互联网支付、移动支付和预付费卡等。2015年第三季度的支付交易结构中，线下收单业务的交易规模占比最高，为47.1%，但占比相较之前继续减少，线下收单的传统支付方式正逐步被网络支付所代替；互联网支付的占比进一步扩大至33.6%，但是增幅较小；最大的亮点来自移动支付，占比暴增至18.8%。

移动支付是第三方支付的发展方向。第三方支付明确了机构的属性是非金融机构，而移动支付明确了支付的实现工具是以智能手机为代表的移动设备。除了第三方支付机构提供的移动支付，银行的手机银行及手机厂商、移动运营商、银行和卡组织主推的NFC（Near Field Communication，近距离无线通信）近场支付，也属于移动支付的范畴。就目前市场来说，以支付宝和微信为主要提供方的第三方扫码支付是主流。在移动支付兴起之前，借助电商平台的发展势头，互联网支付占据主要市场，但随着移动设备的普及，电商推出各种手机购物APP，将原本互联网支付的群体导入移动支付，加之线下支付的应用场景越来越丰富，逐步实现的线上与线下联动，移动支付已是大势所趋。2016年中国第三方移动支付市场份额如图2.2所示。移动支付的场景包括线上消费、线下商户、转账、红包及跨境支付等。

自2013年以来，各季度移动支付的市场规模一直呈爆发式的高速增长。艾瑞数据显示，2015年中国第三方移动支付市场的交易规模达52 570.6亿元，同比增长78.7%。其中，转账、还款等个人应用成为主要的交易规模来源，移动网购已不再是支撑行业发展的主要场景。艾瑞咨询认为，伴随移动支付技术的发展，线下将成为互联网巨头、收单机构、运营商、银行等多方竞争的核心战场，而伴随线上市场的逐步成熟，互联网支付企业将聚焦于线下到线上的反向O2O市场，以期在线下市场中取得突破。

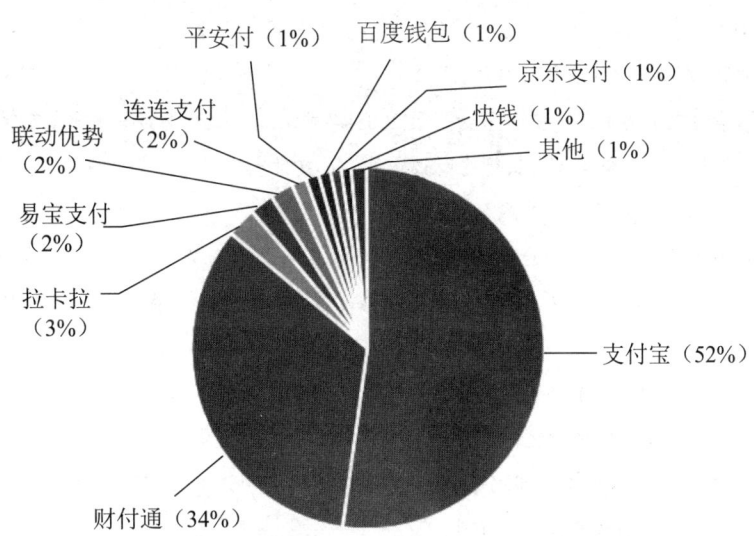

图2.2　2016年中国第三方移动支付市场份额

第三方支付市场规模快速扩张,其结构越来越复杂。在各种支付形式中,移动支付呈现快速增长的态势,越来越多的企业加入第三方支付市场以期分得一杯羹。截至2015年3月26日,有270家企业获得第三方支付牌照,根据区域分布划分,中国第三方支付企业主要位于华东地区和华北地区,占比分别为43.33%和26.30%;其次是华南地区,占比为13.33%。综合看来,这三个地区是我国经济较发达的地区,电子商务发展较快,在线支付较活跃。从牌照企业的省份分布来看,数量最高的是北京市,获得牌照的企业达到了57家,占比为21.11%;其次是上海市,数量为54家,占比为20.00%。所有省份中获得牌照的企业数量超过十家的还包括广东省、浙江省、江苏省和山东省,分别为32家、16家、16家和12家。

拓展链接

2017年第三方支付公司前十名

第三方支付业务属于行政审批准入行业,必须持有支付牌照才能开展业务。获得支付牌照的第三方支付公司有着不同的业务类型,合计共406种。

第一名:支付宝(浙江蚂蚁小微金融服务集团有限公司)

支付宝公司于2004年建立,是国内领先的第三方支付平台,致力于提供"简单、安全、快速"的支付解决方案。作为国内的第三方支付霸主,支付宝在天猫、淘宝等B2B、B2C电商支付场景中几乎处于垄断地位。

第二名:银联商务(银联商务有限公司)

银联商务由中国银联控股,是中国人民银行确定的21家重点支付机构之一,也是首批获得人民银行支付业务许可证的支付机构。作为老牌线下银行支付提供商,银联商务可以说是线下第三方支付霸主,涵盖POS收单、预付卡受理等线下支付业务,同时也在大力发展线上支付业务。

第三名:财付通(深圳市财付通科技有限公司)

财付通是腾讯集团旗下的第三方支付平台,于2005年成立,其核心业务是帮助在互联网上进行交易的双方完成支付和收款,支持全国各大银行的网银支付,是支付宝的强力竞争对手。

第四名:快钱(快钱支付清算信息有限公司)

快钱是万达控股的第三方支付平台,成立时间较早,服务领域涵盖零售、商旅、保险、电子商务、物流、制造、医药、服装等各个领域。作为全国性的第三方支付平台,快钱可以进行全国性的收单和资金归集。

第五名:汇付天下(汇付天下有限公司)

汇付天下为十大第三方支付平台之一,是中国支付清算协会网络支付工作委员会副理事长单位,也是首批获得中国人民银行颁发的支付业务许可证、首家获得中国证券监督管理委员会(以下简称证监会)批准开展网上基金销售支付结算业务的企业。

第六名:京东金融(京东集团)

京东金融可以分为京东钱包、京东支付和京东快捷支付三大业务。京东收购了网银在线后,改名为京东钱包,独立于京东账号体系。京东以网银在线提供底层技术支持,衍生出京东支付。京东支付具有无须注册、内嵌、跳转、费率低、跨平台支付等特点，是针对中小企业客户开发的支付产品。

第七名：银联在线(中国银联股份有限公司旗下品牌)

在银联下，银联商务偏重线下支付，而银联在线则主攻在线支付。银联在线的主要功能是提供在线支付、营销推广与客户服务，同时提供银联在线支付的支付场景，如信用卡还款、水电煤缴费、手机充值等功能，以及银联钱包、银联卡权益等支付产品。

第八名：易付宝(南京苏宁网络科技有限公司)

易付宝是苏宁金融旗下的一家公司。苏宁作为国内目前最大的零售商之一，旗下的苏宁金融有多张互联网金融相关的支付牌照，涉猎了支付账户、投资理财、消费金融、企业贷款、商业保理、众筹、保险、预付卡等业务模块。

第九名：拉卡拉(拉卡拉支付股份有限公司)

作为首批获得中国人民银行颁发支付业务许可证的第三方支付企业，线下支付是拉卡拉的优势所在。据了解，拉卡拉线下终端数量有5万多个，基本覆盖了一线城市，同时与多个便利店达成合作关系。

第十名：智付支付(智付电子支付有限公司)

智付支付除了有中国人民银行颁发的支付业务许可证，支持电子钱包、网银支付、网上支付、移动支付、电子收款、扫码支付、信用卡支付等各种电子支付方式外，还开展如国际信用卡结算、跨境结算等跨境服务，是全国27家有跨境支付资质的金融机构之一。

[资料来源：希财新金融(2017年10月27日)]

2.2.4 第三方支付的发展趋势

从中国第三方支付市场整体发展趋势来看，经过了十几年的发展壮大，第三方支付市场已成为互联网金融领域比较成熟的行业，并作为基础服务广泛应用于各行业。目前，第三方支付市场已形成由支付宝、中国银联、财付通三大巨头占主导的市场竞争格局。据Analysys易观智库发布的《2016—2018年中国第三方支付市场趋势预测专题报告》显示，中国第三方互联网在线支付市场保持相对稳定的增速，第三方互联网在线支付市场交易规模涨幅将有所放缓。

未来第三方支付市场将呈现以下趋势特点。

① 互联网在线支付市场进入成熟期，未来市场规模增速趋于平缓，市场格局保持稳定。互联网在线支付市场经过多年发展已较为成熟，增幅逐步放缓，市场规模进入稳定增长状态。此外，互联网在线市场竞争格局也将保持相对稳定，支付宝、中国银联、财付通很可能仍占据第三方互联网在线支付交易规模市场份额前三名。

② 移动支付市场规模将继续保持爆发式增长，市场将有更多的参与者加入，但对于整体竞争格局影响不大。对于移动支付来说，线下市场比线上市场更富有潜力。随着移动支付接入的线下消费场景变得丰富，移动支付市场规模将继续扩大。此外，线下支付市场的巨大前景正吸引着众多商家不断涌入，除传统的第三方支付机构相继入场外，手机厂商、通信运营商、传统商业银行也在努力布局。由于支付宝、微信支付有大量的活跃用户，未来第三方移动支付市场很可能仍由支付宝和财付通占据主导地位，其他支付机构分食剩余市场份额。

③ 基于交易数据展开征信增值服务将成为支付机构发力方向。支付具有金融、数据双重属性，第三方支付机构经过多年积累已拥有大量的数据资源，这些数据经过处理与分析后具有相当大的价值，可提供如精准营销、客户管理、信用评级等增值服务。支付机构基于数据提供的增值服务业务尚处在探索期，其中征信服务的前景更为可观。

2.3 第三方支付的运营模式

从第三方公司的功能特色来看，第三方支付可以分为支付网关模式和支付账户模式。从发展路径与用户积累途径来看，第三方支付公司的运营模式可以归为两大类，一类是独立第三方支付模式，如快钱、易宝支付；另一类是依托于自有的 B2C、C2C 电子商务网站，提供担保功能的第三方支付模式，如财付通、支付宝。两种模式的不同之处在于：第一类主要对接企业客户端，通过服务企业客户间接覆盖客户的用户群；第二类则主要对接个人客户端，利用用户资源的优势渗入行业之中。

2.3.1 独立第三方支付模式

独立第三方支付模式是指第三方支付平台完全独立于电子商务网站，不负有担保功能，仅仅为用户提供支付服务和支付系统解决方案。平台前端联系着各种支付方法供网上商户和消费者选择；同时，平台后端连着众多的银行，平台负责与各银行之间的账务清算。独立的第三方支付平台实质上充当了支付网关的角色，但不同于早期的纯网关型公司，它们开设了类似于支付宝的虚拟账户，从而可以收集其所服务的商家的信息，用来作为为客户提供支付结算功能之外的增值服务的依据。

独立第三方支付企业最初凭借支付网关模式立足。支付网关模式发展较早，是指其有独立的运营平台，为系统前端的网上商户和签约用户提供以订单支付为目的的增值服务运营平台，系统后端连着不同银行的专用网络，所以被称为"支付网关"。从整个过程来看，支付网关模式是一个把银行的签约用户连起来的虚拟通道，消费者通过第三方支付平台付款给商家，第三方支付为签约用户提供了一个可以兼容多家银行支付接口的平台。在支付网关模式中，支付平台是银行金融网络系统和互联网络之间的接口，为需要的商家提供网上支付通道，但不接触商家，这种模式起源于全球最大的支付公司 PayPal。支付网关模式所提供的服务相似度极高，只要攻破技术门槛，模式就很容易被复制，行业同质化竞争相当严重。第三方支付要树立起竞争壁垒，领先于行业需要依靠"增值服务"——为用户提供信用中介、客户关系管理(Customer Relationship Management，CRM)及营销推广等服务。这种增值服务的基础是用户信息，于是可以获得用户注册与登录信息的支付账户模式应运而生。另外，传统行业向电子商务的转变也是促使独立第三方支付企业转型的重要原因，因为只有从提供无差别支付服务转为提供根据具体行业、具体情境量身定制的有针对性的、多样化的电子支付方案，第三方支付企业才能在行业细分领域中找到自己生存的空间。

独立第三方支付运营平台主要面向B2B、B2C市场，为有结算需求的商户和政企单位提供支付解决方案。它们的直接客户是企业，通过企业间接吸引消费者。独立第三方支付企业与依托电商网站的支付宝相比更为灵活，能够积极地响应不同企业、不同行业的个性化要求，面向大客户推出个性化的定制支付方案，从而方便行业上下游的资金周转，也使其客户的消费者能够便捷付款。独立第三方支付平台的线上业务规模虽然不如支付宝和财付通，但其线下业务规模不容小觑。独立第三方支付平台的收益来自银行的手续费分成和为客户提供定制产品的收入。

案例

快钱的行业综合解决方案

2011年5月26日，快钱获得中国人民银行颁发的支付业务许可证，所获批的业务类型涵盖货币汇兑、互联网支付、固定及移动电话支付、预付卡受理、银行卡收单。在业务范围上，业内只有支付宝可与之匹敌。因为没有支付宝占据网络购物市场的先天优势，快钱另辟蹊径，将自身定义为独立第三方电子支付平台。与非独立第三方支付平台支付宝有所不同，快钱是一个完全中立的支付平台，本身并不售卖商品，因而不会与电商平台上的合作商户发生利益冲突。由于提供了与支付宝完全不同的服务和支付方式，快钱在盈利模式上与支付宝的"完全免费"有所区别，其向客户收取一定的佣金费用。

作为独立第三方支付企业的领军者，快钱的成功证明了独立第三方支付平台的价值。快钱充分发掘企业的线下支付需求，整合线上与线下支付方式，为企业提供综合解决方案。线上可覆盖几乎所有银行的银行卡，并提供大额支付服务；线下则提供销售终端机及信用卡无卡支付等丰富便捷的方式。目前，快钱线下业务规模占据整体业务规模的一半以上。

快钱的大部分业务来自企业客户应用，航空、保险、教育、物流、金融软件等十几个行业是快钱最主要的应用领域。电子商务企业在接入快钱支付网关后，可以分享快钱庞大的注册用户群。同时，快钱提供的营销工具和方案，以及多种支付方式可为商户带来更多的潜在消费者和交易量。通过快钱为母婴用品零售商丽家宝贝提供的电子支付解决方案(表2-1)，可以看出像快钱这种独立第三方支付企业在提高资金流转效率上发挥的重要作用。作为连锁企业，丽家宝贝的零售门店分布广泛且数量庞大，其银行开户情况复杂，不仅在资金调拨方面比较棘手，而且资金回笼过程烦琐、漫长，难以进行整体收支的监控。面对资金管理难题，丽家宝贝使用了快钱推出的一站式连锁企业电子支付解决方案，先后接入包含大额网银支付、POS机支付、第三方预付费在内的多种支付产品，全面满足丽家宝贝门店销售、网站销售等多样化的收款需求。而在网上商城销售渠道，丽家宝贝从2009年起就接入快钱大额支付产品，帮助消费者突破普通网银支付额度的限制，满足丽家宝贝消费者的个性化支付需求，从而提升订单成功率，同时提升预订业务交易量。在连锁门店，快钱POS机支付帮助丽家宝贝突破了跨地申请及管理的瓶颈，只需集团总部统一申请并签署服务费率，各地门店直接安装且不受区域限制。在解决通过POS机刷卡收款问题的同时，还增加了对现金收款交易的管理和结算功能，并通过快钱提供的完善的财务管理后台，无缝集成收单与管理系统,实现了信息流与资金流的完整匹配,提高了财务效率。

表 2-1　快钱零售连锁行业综合解决方案

解 决 方 案	说　　明
连锁门店 POS 机刷卡支付解决方案	统一申请、统一管理,帮助企业快速开拓销售渠道
网站销售支付解决方案	帮助商家全面覆盖用户,提高用户转化率,留住更多用户
资金管理解决方案	统一管理各收款渠道,跨地区资金快速归集,批量付款,完善的权限管理,提高资金管理效率
财务管理解决方案	快钱财务管理后台,具有实时查账、对账功能,订单与资金相匹配,提高商家财务管理效率

快钱的理念是提供跨行业的通用解决方案,可以运用到连锁经营业态的各细分领域,如服装、教育、医疗、酒店、美容等。通过行业解决方案的设定,第三方支付公司可以获得稳定的收入,这也是第三方支付行业切入互联网金融的最重要的收益来源。

(资料来源:罗明雄,唐颖,刘勇,2013.互联网金融[M].北京:中国财政经济出版社.)

2.3.2　有交易平台的担保支付模式

【拓展知识】

有交易平台的担保支付模式是指第三方支付平台捆绑大型电子商务网站,并同各大银行建立合作关系,凭借其公司的实力与信誉充当交易双方的支付和信用中介,在商家与客户间搭建安全、便捷、低成本的资金划拨通道。

在此类支付模式中,买方在电商网站选购商品后,使用第三方支付平台提供的账户进行货款支付,此时货款暂由平台托管并由平台通知卖家货款到达、进行发货;待买方对检验物品进行确认后,通知平台付款给卖家,此时第三方支付平台再将款项转至卖方账户。这种模式的实质是第三方支付平台作为买卖双方的信用中介,在买家收到商品前,代替买卖双方暂时保管货款,以防止欺诈和拒付行为出现。

支付宝和财付通由各自母公司的电商业务孕育而出,本是作为自有支付工具出现的。在淘宝、拍拍等 C2C 电子商务网站上聚集的个人商户和小微企业商户没有技术实力来解决网络购物的支付问题,双方通过网络直接交易对消费者而言也缺乏信任感的情况下,就需要中立于买卖双方、有技术实力又有担保信用的第三方来搭建这座桥梁,支付宝和财付通即在这种需求下应运而生。担保支付模式极大地促进了其所依附的电商网站的交易量,电子商务网站上的消费者也成为支付平台的使用者。担保交易模式所打造的信任环境为这类第三方支付平台带来了庞大的用户群,这些海量的用户资源为其创造了强大的优势地位,这是独立第三方支付平台难以企及的。

案 例

支付宝的担保支付模式

在担保支付模式中，虚拟账户是核心。因为此类第三方支付平台需要暂时保存买卖双方的交易资金，而交易双方的交易资金记录是通过第三方支付的虚拟账户来实现的。第三方支付平台的每个用户都有一个虚拟账户，记录自己的资金余额，其背后对应的是该第三方支付平台的银行账户。当达成付款的意向后，由买方将款项划至其在第三方支付平台的虚拟账户中，其实是将自己在银行的资金转到第三方支付平台在同一银行的账户，从而形成自己在虚拟账户中的资金。此时卖家并不能拿到这笔钱，只有等买家收到所购买的商品或者服务，确认无误后，买方再次向第三方支付平台发出支付指令，第三方支付平台扣减买方虚拟账户资金，增加卖方的虚拟账户资金。等第三方支付平台将自己在银行账户中的资金向商户的银行账户划转以后，卖家才可以从账户中拿到这笔钱。

通过利用虚拟账户对买卖双方的支付行为进行记录，支付宝已经积累了海量的数据。支付宝发布电子对账单就是对买方信息的记录。而对卖方，支付宝除了掌握其营业执照、经营许可证、商品授权等静态信息，还有其在支付宝上产生的大量动态信息，包括各种交易情况和支付情况。事实上，建立在这些海量数据基础上的以支付宝交易记录为基础的淘宝卖家信用度已经成为淘宝卖家非常宝贵的资本和买家做出购物决定重要的参考因素。

目前，支付宝拥有通过虚拟账户记录的信息，以及与外部商户、外部机构互换得到的大量信息，三个方面的数据相结合为支付宝打造信用体系奠定了基础。例如，中国建设银行与支付宝合作推出的卖家信贷就以这些海量数据作为判断信用、决定贷款发放的重要因素。与传统的银行借贷还贷记录所积累的信用相比，这样的交易记录无疑详尽且准确得多。

此外，目前的虚拟账户只是记录用户的资金动向，而用户的实际资金还是存管在银行里。但是，如果未来政策允许虚拟账户转为实体账户，第三方支付平台事实上就具有了银行才能拥有的存储功能，并可以开展类银行业务。虽然在支付行业，开放虚拟账户看似还很遥远，但在券商行业，国泰君安已经申请加入中国人民银行支付系统的业务试点，由其直接开发独立的支付应用系统，直接与银行结算。这意味着券商可以跳过第三方银行托管，其证券资金账户将由虚拟账户转变为类银行账户，开展消费、转账、储蓄、理财等类银行业务。

(资料来源：罗明雄，唐颖，刘勇，2013. 互联网金融 [M]. 北京：中国财政经济出版社 .)

2.4 第三方支付的盈利模式

在中国人民银行公布的《管理办法》中规定了三类第三方支付牌照，分别是网络支付、预付卡的发行与受理、银行卡收单。该《管理办法》不仅对第三方支付牌照种类进行了界定，也为第三方支付企业指明了三种主要的盈利模式：一是网络支付业务不仅可以赚取交易佣金，更可以获取用户的支付数据，分析用户的消费行为，进而以此为切入点开展互联网金融产业链各环节的衍生业务；二是持卡人通过 POS 机进行交易，收单业务的参与方可以收取手续费方式盈利；三是预付卡业务不仅可以赚取手续费，更重要的在于赚取沉淀资金的利息，以及将死卡剩余资金划为己有的特别收入。

2.4.1 网络支付业务的盈利模式

网络支付是指依托公共网络或专用网络在收付款人之间转移货币资金的行为，包括货币汇兑、互联网支付、移动电话支付、固定电话支付、数字电视支付等。网络支付牌照经营范围为通过互联网在收付款人之间转移资金。

网络支付的盈利主要来自支付手续费和备付金账户利息收入。中国人民银行在2013年公布的《第三方支付机构客户备付金存管办法》中规定，允许第三方支付机构在满足日常流动性的基础上，将多余的备付金以12个月以下非活期存款的方式存放在合作银行。一般的第三方支付平台只能靠支付手续费盈利，但是支付宝和财付通此类第三方支付平台由于交易量巨大，会有较大规模的沉淀资金，除了获得利息收入外，还可以通过资金优势(存款)向银行议价，获得更加便宜的银行支付转账通道，进一步强化支付宝、财付通的盈利能力。因此，互联网支付具有极强的规模效应。这不但体现在边际成本递减上，还体现在客户聚集后平台价值提升、边际效率快速提升上。值得注意的是，支付业务对于互联网公司而言并不仅仅是用来赚取交易佣金和备付金利息，更是为了获取用户的支付数据，进而分析用户的消费行为，为互联网其他业务模式提供重要信息和入口。

2.4.2 银行卡收单业务的盈利模式

银行卡收单是指通过销售点终端等为银行卡特约商户代收货币资金的行为，本质上是一种资金结算服务。收单机构分为两类：一类是金融机构；另一类则是拥有银行卡收单业务牌照的非金融机构，如银联商务、拉卡拉等。

《管理办法》规定，收单牌照经营范围为POS终端收单业务，即通过POS机的刷卡服务。收单服务中的参与方，分别是发卡行、收单机构、银行卡组织(国内为银联独家，国外为VISA、MasterCard等)。收单业务的商业模式在于，当持卡人通过POS机进行一笔交易时，收单业务的参与方收取一定的手续费。收单的手续费根据行业不同而变化，变化区间在0.38%～1.25%；发卡行、收单机构和银行卡组织参与分成，分成比例为7：2：1。例如，持卡人消费1万元，手续费为1%，则上述参与方收入合计为100元，其中发卡行收入70元，收单机构收入20元，银行卡组织收入10元。这里的收单机构不一定是第三方支付公司，也可以是银行本身。银行自营的POS机占到整个POS机市场40%的份额，但是不属于第三方支付范畴。除了收取交易佣金以外，收单机构由于积累了大量商户资源，因此通常会自然延伸经营一些与支付相关的增值业务。第三方支付POS机、银行POS机、银联POS机消费结算流程如图2.3～图2.5所示。

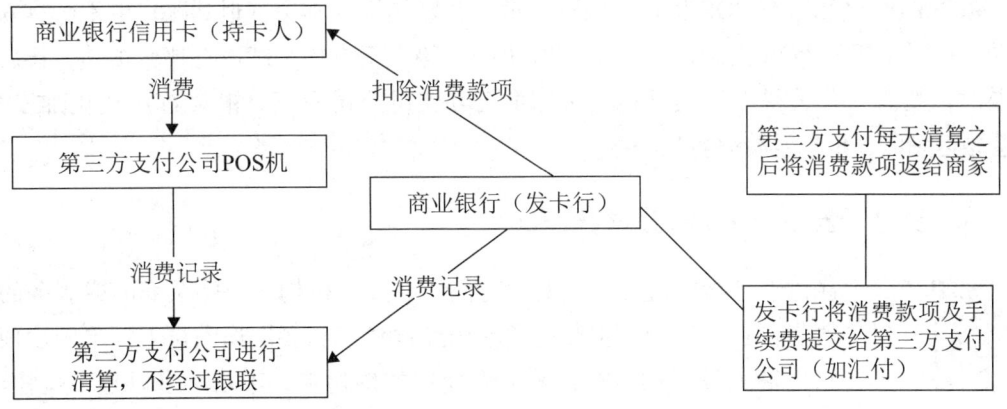

图 2.3 第三方支付 POS 机消费结算流程图

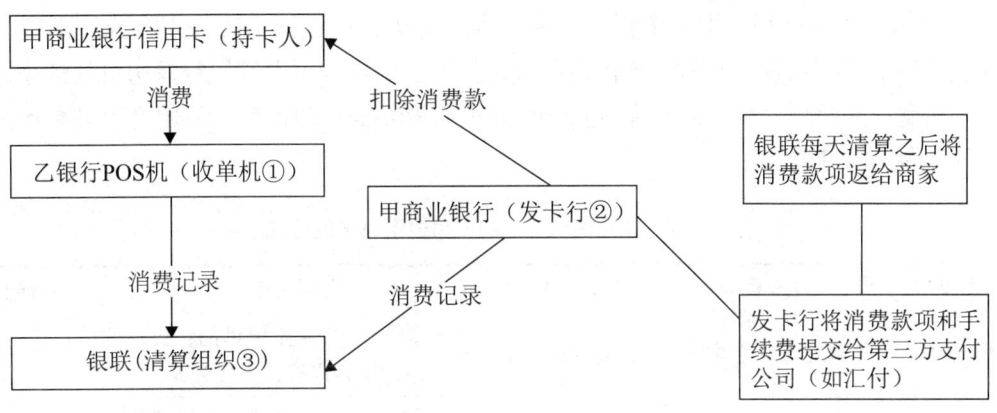

图 2.4 银行 POS 机消费结算流程图

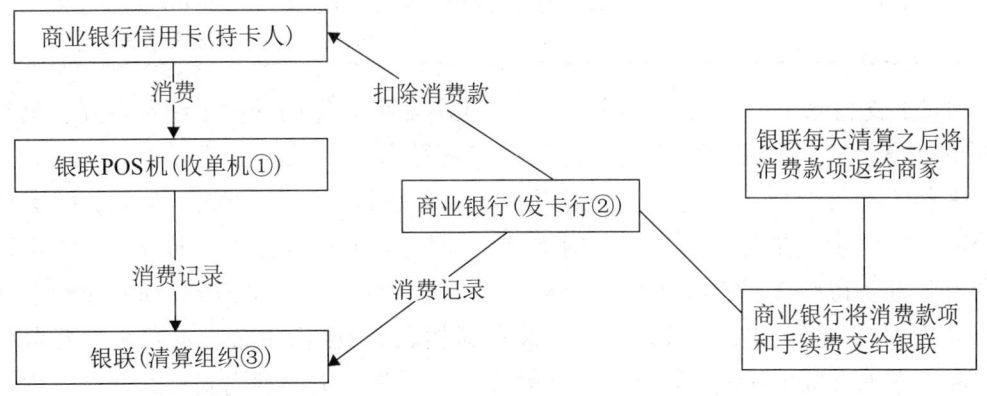

图 2.5 银联 POS 机消费结算流程图

第三方支付 POS 机消费结算的优点是审核手续简单,三天左右就可以下机,售后维护及时;缺点是存在风险,到账不及时,POS 机价格偏高,由于不走银联清算,因此账户存在安全隐患。

银行 POS 机消费结算的优点是资金绝对安全,走银联通道;缺点是申请 POS 机的手续麻烦,售后服务不及时,费率死板,严格按照银联标准执行,不能通融。

银联 POS 机和银行 POS 机都是银联通道，银联结算，不会推迟到账，更不会有安全问题。相对于银行 POS 机而言，银联 POS 机的优势在于审核手续没有那么烦琐，售后服务及时，没有年费及税率等问题；相对于第三方支付公司而言，银联 POS 机更加安全，不会推迟到账，价格及费率更低一些。

2.4.3 预付卡发行与受理的盈利模式

【拓展知识】

预付卡是指以盈利为目的发行的、在发行机构之外购买商品或服务的预付价值。目前，市场上主要流通单用途预付卡和多用途预付卡：单用途预付卡特指由商家发行的、在自有渠道使用的预付卡，市场上多以超市购物卡、商场购物卡、通信运营商缴费卡形式存在，在目前国内卡市场中占有绝对比重；多用途预付卡指由特定支付机构发行的、可在第三方商业渠道消费的预付卡。多用途预付卡的基本业务流程：由发卡机构发卡，客户购买，通过网上交易平台或线下商户的 POS 机进行消费，由发卡机构对卡内金额进行扣除后向第三方存管银行发送付款指令，存管银行向商户交付结算款，商户在收到结算款项后向发卡机构返佣。单用途预付卡和多用途预付卡的比较见表 2-2。

表 2-2　单用途预付卡和多用途预付卡的比较

预付卡种类	发卡机构	使用范围	主要特点	监管部门
单用途预付卡	商业流通企业	发卡企业内部	发卡机构的辅助性业务目的：提前收回成本，稳定客户群，进行融资	商务部
多用途预付卡	第三方发卡机构	跨地区、跨行业、跨法人	双边市场；渠道拓展和售卡；规模效应；发卡量、市场保有量和受理渠道规模决定盈利能力；发卡机构唯一的主营业务；多法人之间实施资金清算	中国人民银行

预付卡支付除了可以收到与网上支付和收单业务同样的支付手续费以外，最大的不同就是预付卡可以实现资金沉淀，预付卡发行商可以赚到沉淀资金的利息。一个运营平稳的预付卡公司的资金沉淀是当年发卡金额的 70%～80%。例如，一家预付卡公司一年的发卡量是 100 亿元，则沉淀资金就是 80 亿元左右，按照 3% 的协议存款利率则可获得约 2.4 亿元净收入。然而，100 亿元资金消费完毕收到的交易手续费按照 0.78% 来计算(参照《特约商户手续费惯例表》，生活中常见消费手续费费率为 0.78%)，只有 7 800 万元。可见，同样的交易额，预付卡的利润要远远高于其他两种支付牌照。除此之外，预付卡还有一个比较隐秘的收入来源——死卡。死卡是指在预付卡规定的有效消费期内没有被使用的金额，这些金额会变成预付卡公司的收入。从全国范围来看，北京是死卡率最高的地区，大概有 5%，上海、深圳有 2%～3%。可见，如果加上死卡的收入，预付卡业务利润率十分惊人。但是，预付卡牌照一直不被市场重视，预付卡业务相关的交易额在三种第三方支付牌照中占比最小。根据智研咨询的统计数据，在 2016 年的 57.9 万亿元第三方支付金额中，预付卡业务的交易金额为 0.082

万亿元，不足 0.14%。随着第三方支付行业监管的加强，预付卡牌照在第三方支付中的作用会越来越重要。

案例

享卡——支付宝预付卡

支付宝预付卡即享卡，是预先储存一定金额，可以在网络商户和合作伙伴的特约商户购买商品或服务的预付卡。目前，市场上大多数预付卡只能在线下商户消费，无法直接在网上商户消费。支付宝发行可以通过在线上直接使用的预付卡，将互联网电子商务服务与企业福利采购紧密结合，为用户提供更丰富便利的消费选择。享卡为企事业单位、机构团体或组织量身定制，具有员工福利发放、商务往来等用途和服务。享卡具有以下六大功能。

(1) 享·跨界，消费环境全方位。享卡可在支付宝网上商户使用，也可在合作伙伴的特约商户使用。全国通用，全国多个城市的近万家商户可受理；网上支付，近 50 万家网站接受享卡付款。

(2) 享·丰富，网络购物应有尽有。依托亚洲领先的购物平台——淘宝网，拥有数百万商家，购物选择应有尽有。享卡还能在众多知名网站使用，包括亚马逊、新蛋等。

(3) 享·轻松，一站式支付体验。享卡可以结合支付宝提供的生活缴费平台，为用户方便、快捷、安全地提供生活服务应用，用户还可以在网上购买机票、预订酒店等。

(4) 享·礼遇，优惠商户遍全国。享卡可以让用户畅享全国各地优惠商户。用户可以在遍布全国多个城市的众多特约商户消费，享受常年的折扣礼遇，让购物变得更实惠。

(5) 享·回馈，精彩活动月月新。享卡的用户能享受支付宝及合作伙伴提供的各种精彩活动。"非常美食月""超值购物季""服饰抢购季""年末大回馈"等，围绕着衣食住行，为用户提供各种主题优惠活动。

(6) 享·服务，安全周到又贴心。即时通信，阿里旺旺即时通信工具，为网购提供安全保障和实时沟通，让交易更便捷、让购物更放心、更贴心；客户服务，7×24 小时客户服务电话 95188；安全保障，手机护航，安全支付更有保障，在线监控，帮助用户防御用卡风险；电子对账单，交易信息全可查，可直接发送到邮箱，随时查看。

(资料来源：罗明雄，唐颖，刘勇，2013.互联网金融[M].北京：中国财政经济出版社.)

2.5 第三方支付风险

2.5.1 信用风险

信用风险(Credit Risk)，也称违约风险，是指第三方网上支付中的买方、第三方支付服务商、卖方和银行等参与方，无法或未能履行约定契约中的义务而造成经济损失的风险。

1. 买方的信用风险

买方的信用风险是指买方由于各种原因而造成违约的情况。从资金上看，买方不履约不一定会造成卖方和第三方网上支付企业的资金损失，但是这样会使第三方支付企业的运营成本和征信成本提升，不良用户占有比率增加，同时带来其他相关风险。买方的信用风险还涉及资金来源是否合法、买方否认自己操作或授权他人操作的交易、利用虚假身份进行交易、洗钱、骗取积分、返现、信用卡套现、虚假开户骗取佣金、企业将资金结算给个人偷逃税款及骗取平台信用等风险。

2. 第三方支付服务商的信用风险

第三方支付服务商的信用风险是指第三方支付服务商经营不善、风险管理不充分，甚至违规操作，不能履行中介支付和担保作用而产生的风险。第三方网上支付企业掌握了大量买方和卖方的基本信息和交易数据，如果这些数据和信息被其泄露、挪作他用或进行交易，则会给买卖双方带来潜在的风险，甚至造成经济损失。顾客与商家都对第三方表示信任，是通过第三方支付平台顺利完成交易的前提。第三方的信用支持不仅仅来源于银行的参与和相关政府部门的监管，更为重要的在于平台所依附的企业"靠山"，如支付宝和阿里巴巴、PayPal 和 eBay、财付通和腾讯，对于独立第三方支付企业来说，没有可依靠的知名平台做信用背书，信用风险控制则存在一定的缺陷。

3. 卖方的信用风险

卖方的信用风险是指卖方无法提供与买家约定的商品，不能按时将交易标的送达客户手中，造成买方的相关损失，如退货费用、与第三方支付商交涉的费用及时间成本等。不仅如此，第三方支付服务商也会受到牵连，造成运营成本和征信成本增加、信誉损失等。

4. 银行的信用风险

银行的信用风险主要是指银行迟延结算造成的流动性风险。

2.5.2 法律风险

法律风险通常是指没有任何法律调整，或者使用现有法律不明确造成的风险。在金融领域，法律风险的含义具有特殊性。金融风险是指货币资金运行过程中，任何有可能导致企业或机构财务损失的风险，根据产生原因的不同，有政策风险、法律风险、经营风险、市场风险、流动性风险等。狭义的法律风险主要是指违反法律而导致的风险，广义上的法律风险则包括狭义风险及法律制度和政策性风险。

第三方支付服务商是货币资金运行涉及的主体之一，作为金融创新的产物，会不可避免地遭遇法律风险。第三方支付的法律风险是指第三方支付因没有任何法律和政策调整，或者使用现有法律和政策不明确而造成的风险。

1. 沉淀资金及利息的保管和处置

信用担保型第三方支付提供代理收付款项和担保中介的服务，用户可向第三方支付平台设立的虚拟账户进行充值，从而在第三方支付平台形成沉淀资金；另外，支付流程的规定(支付款项在第三方支付平台停留直至买方同意付款)决定了必然会产生沉淀资金。因此，沉淀资金包括两部分：一部分是交易前后暂存在平台里的资金，包括平台虚拟账户内的预存资金，以及交易纠纷产生后在未解决前暂存在平台内的资金；另一部分是交易过程中由于价款收付时间差产生的在途资金。

关于沉淀资金的法律性质与所有权目前尚无明确规定，除支付宝将沉淀资金托管于中国工商银行的专门账户外，其他第三方支付服务商对沉淀资金有着绝对的控制权，出现大量的挪用等处置行为。第三方支付平台是否具有沉淀资金的处置权限，而这种处置行为是否超越了其经营范围，都存在合法性的质疑。而沉淀资金的保管是否形成存款也尚未定性，若属于存款，则属于银行的业务范围，在中国人民银行将其定位为非金融机构这样的背景下，其经营范围同样面临着合法性的质疑。

另外，第三方支付服务商在支付规则中都会规定一个结算周期，从一周到一月不等，无形地延长了沉淀资金的暂存时间，而资金的时间价值体现为利息，这意味着第三方支付平台可以得到一笔定期或短期存款的利息。法律没有关于沉淀资金利息归属的规定。现实中，如阿里巴巴旗下的支付宝在支付规则中规定："本公司无须向您支付此等款项的利息。"第三方支付平台在无处分权利的前提下对这部分利息进行处分，法律正当性有待考量。

2. 参与主体法律关系混乱

目前，第三方支付参与主体间法律关系混乱，使参与主体间的权利义务不明确，一方面给第三方支付服务商利用其优势地位、滥用格式条款损害用户利益提供了可乘之机；另一方面也使第三方支付纠纷中的法律责任追究陷入无法可依或者显失公平的困境。

第三方支付中的参与主体主要包括买方(付款人)、第三方支付服务商、网上银行、卖方(收款人)。其中，买卖双方的法律关系依然为买卖合同关系，是第三方支付法律关系中的基础法律关系，但是在支付完成时间的确定上有别于一般买卖合同。买卖双方与网上银行的法律关系仍为存款及借贷服务合同关系，其权利义务关系在原有的网上银行相关法律中已经界定清楚。第三方支付中，尚无法律明确规定第三方支付服务商与买卖双方、网上银行之间法律关系的性质。在第三方支付服务商制定的服务协议中，关于与买卖双方的法律关系，一般定位为中介服务组织，提供担保功能的则还承担了保证人的角色。在出现纠纷承担责任时，第三方支付服务商要么承担责任过轻对用户权益保护不利，要么就是没有承担与其角色相对应的法律责任。

3. 非法交易活动监控机制缺失

第三方支付的支付流程设计为套现、洗钱等非法交易活动提供了可乘之机，这使第三方支付平台极易成为资金非法转移和套现的工具。以支付宝为例，平台用户可以实现资金的自由转移，转移账款没有受到相关监管部门的监管，网络交易采取匿名制，而且目前支付宝对于个体商户而言是免费的，非法交易的成本极低。用户可以在平台上同时充当买方与卖方，制造虚假交易，进行非法套现，或者将赌博等非法活动取得的资金变为合法财产(洗钱)，对此类活动的监控，我国法律规定尚不完善。

2.5.3 技术风险

技术风险是指电子信息系统(如通信设施、计算机设备、供电等)在网上交易支付过程中发生技术故障，或容量、运作不能保障支付业务高效、有序、顺利地进行，使交易不能正常进行，进而带来的损失。技术风险主要涉及网上银行系统、第三方支付平台，以及商家的业务处理系统的稳定性、可靠性和安全性。这些风险主要来自硬件设备和软件两个方面。硬件设备方面的风险主要是指由于硬件设备的机型、容量、数量、运营状况及在业务高峰时的处理能力等方面不能适应正常网上支付需要，不能有效、及时地应付突发事件而造成的经济损失。软件方面的风险主要是指软件的运行效率、业务处理速度及可靠性不能满足业务需要而给第三方支付公司带来损失。

第三方支付平台的安全性始终是网上支付的首要课题。第三方支付平台以互联网为依托，通过网络进行数据传输和存储，因此容易遭受病毒和黑客恶意攻击。第三方支付平台保留的客户个人资料(姓名、身份证号码、银行卡号等)一旦被泄露并被不法分子利用，有可能造成严重的经济损失。

本章小结

第三方支付具有简单便捷、成本低廉、信息整合、交易安全等优势。我国的第三方支付经历了两个发展阶段。第一阶段是2010年之前，第三方支付业务兴起。多家第三方支付公司利用电子商务不断发展的良好时机，积极拓展业务范围，国内第三方支付市场形成初步规模。第二阶段是2010年之后，第三方支付公司开始广泛地介入细分支付市场，第三方支付的业务领域已深入人们生活的方方面面。

第三方支付的运营模式包括独立第三方支付模式和有交易平台的担保支付模式。独立第三方支付运营平台主要面向B2B、B2C市场，为有结算需求的商户和政企单位提供支付解决方案。有交易平台的担保支付模式，是指第三方支付平台捆绑着大型电子商务网站，并同各大银行建立合作关系，凭借其公司的实力与信誉充当交易双方的支付和信用中介，在商家与客户间搭建安全、便捷、低成本的资金划拨通道。

第三方支付盈利主要来自支付手续费和备付金账户利息收入，主要盈利模式有两种：银行卡收单业务的盈利模式和预付卡发行与受理的盈利模式。第三方支付给交易带来便利的同时，可能引发风险，主要包括：信用风险、买方的信用风险、第三方支付服务商的信用风险、卖方的信用风险、银行的信用风险；法律风险，沉淀资金及利息的保管和处置、参与主体法律关系混乱、非法交易活动监控机制缺失；技术风险。

复习思考题

(1) 什么是第三方支付？简述我国第三方支付的发展历程。
(2) 简述第三方支付的典型特征。
(3) 第三方支付主要具有哪些运营模式？试举例说明。
(4) 第三方支付具有哪些盈利模式？试结合实际情况说明。
(5) 第三方支付存在哪些风险？试分类说明。
(6) 讨论第三方支付未来的发展趋势及可能面临的问题。

第 3 章 P2P 网络借贷

　　P2P 网络借贷起源于 P2P 小额借贷，P2P 小额借贷由 2006 年"诺贝尔和平奖"得主尤努斯教授(孟加拉国)首创，是一种将非常小的额度的资金聚集起来借贷给资金需求者的一种商业模式，其社会价值主要体现在满足个人资金需求、发展个人信用体系和提高社会闲散资金利用率等方面。随着互联网技术的快速发展和普及，P2P 小额借贷逐渐由单一的"线下"模式转变为"线下"与"线上"并行，P2P 网络借贷平台应运而生。P2P 网络借贷平台是个人通过第三方平台在收取一定利息的前提下向其他个人提供小额借贷的金融模式，通过这种借贷方式，P2P 网络借贷平台可以缓解人们因为在不同阶段收入不均匀而导致的消费力不平衡问题，使更多人群享受到 P2P 小额借贷服务。

学习目标

　　理解并掌握 P2P 网络借贷的概念及特点；了解网络借贷与传统融资模式的异同点；了解国内外 P2P 网络借贷的发展历程和发展状况；了解 P2P 网络借贷的各种运作模式；了解 P2P 网络借贷面临的信用风险、法律风险、技术风险、操作风险等。

知识架构

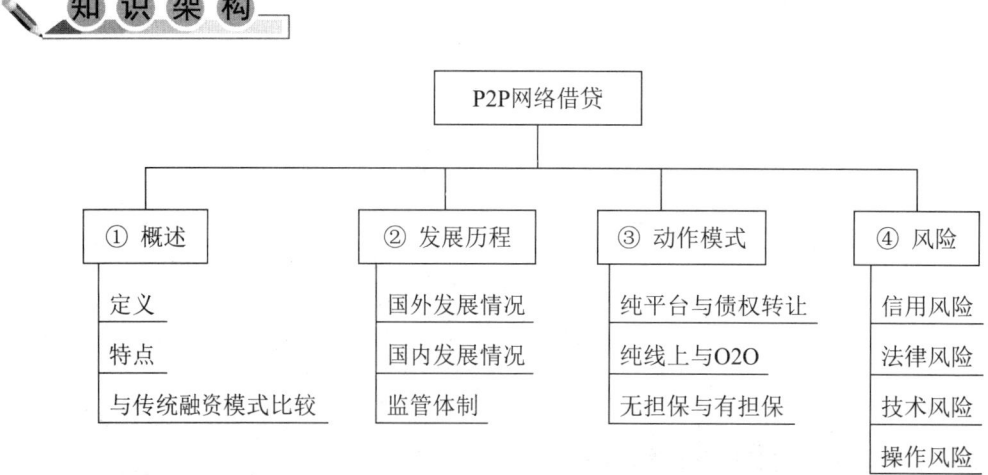

> **导入案例**

宜 人 贷

宜人贷是中国在线金融服务平台，由宜信公司于 2012 年 3 月推出。宜人贷通过互联网、大数据等科技手段，为中国城市白领人群提供信用借款咨询服务，并通过"宜人理财"在线平台为投资者提供理财咨询服务。2015 年 12 月 18 日，宜人贷在美国纽交所成功上市，成为中国互联网金融海外上市第一股。

宜人贷基于移动互联网及大数据技术进行风控创新，广泛采集多维度信息及用户授权数据进行交叉比对，通过自动化征信体系和反欺诈系统，实现智能决策，并以云技术数据处理中心提供强大数据支撑。宜人贷智能抓取解析海量用户授权数据作为授信基础，多维度矩阵全面剖析数据，以智能技术指导产品优化及运营，底层技术支撑安全高效，布局多个监控服务，实现 360 度安全保障。

2015 年 6 月，宜人贷联合广发银行达成 P2P 资金托管业务合作。宜人贷在广发银行开立了交易资金托管账户、风险备用金托管账户和服务费账户三类账户，由广发银行对用户在宜信宜人贷平台上的每一笔交易进行全面托管，实现用户资金与平台资金的有效隔离。广发银行监控、核对宜信宜人贷平台的用户实名开户、合同签署备案、交易与合同的匹配审核、交易资金的划转、风险备用金监控的全部流程。广发银行与宜信宜人贷同步核对借款信息与合同的匹配度，并根据合同信息触发资金划转，保障交易的真实性和安全性。广发银行会定期出具资金托管报告，用户可在宜信宜人贷官方网站上查询资金托管情况。

宜人贷为拥有信用维护意识的城市白领，提供个人信用借款咨询服务。目前宜人贷借款有多种模式可以选择。极速模式是宜人贷推出的基于互联网大数据风控的个人信用借款咨询服务。与传统信用审核机制相比，极速模式采用大数据决策引擎来对用户的还款能力和信用资质进行判定，无须用户提交财产证明和信用报告，只需通过宜人贷借款 APP 简单三步，对用户授权的互联网数据进行分析，即可在 1 分钟之内反馈预估额度，在 10 分钟内完成审核。

2017 年 3 月 16 日，宜人贷发布的 2016 年财务报告显示，宜人贷 2016 年全年净利润 11.16 亿元，较 2015 年全年增长 305%。业绩飘红的同时，坏账率持续攀升的问题依然存在，四类借款人坏账率均超过 5%；此外，D 类借款人(信用级别最低)占比达到 87.8%。

3.1　P2P 网络借贷概述

3.1.1　P2P 网络借贷的定义

P2P 网络借贷，是指利用网络中介平台实现直接借贷的行为，即借款人在平台发放借款标，出借人进行投标向借款人放贷。其中，中介平台被称为 P2P 网络借贷平台。P2P 网络借贷平台负责对借款方的经济效益、经营管理水平、发展前景等情况进行详细的考察，并收取账户管理费和服务费等作为收益。实质上，P2P 网络借贷是一种基于互联网的民间借贷方式。

3.1.2 P2P 网络借贷的特点

借款人通过在网络借贷平台上发布自己的借款需求，网络借贷平台根据借款人资料对其进行信用评级，出借人可以根据借款人的信用等级、借款金额、借款期限以贷款利率竞标，利率低者胜出。P2P 网络借贷平台主要起到信息展示、供需对接、信用评估等服务作用，但并不参与双方的交易。

P2P 网络借贷有如下特点。

(1) 信息公开透明

出借人与借款人是直接交易方，能够互相了解对方的身份信息、信用信息，网络借贷平台也会公布借款人的相关信息，出借人可以及时获知借款人的还款进度和生活状况的改善。

(2) 借贷双方的广泛性

由于互联网的传播功能，P2P 网络借贷针对广泛的非特定的主体，借贷方可以是个体，也可以是中小企业，具有一定闲散资金的用户都可以成为投资者。

(3) 风险分散

在平台上可以把贷款分别贷给很多人，避免单个投资人把大量资金借给一个或少数借款人所带来的投资风险。

(4) 信用甄别

在 P2P 网络借贷模式中，出借人可以对借款人的资信进行评估和选择，平台也会对用户进行信用评级并进行风险控制。信用级别高的借款人将得到优先满足，其得到的贷款利率也可能更优惠。

(5) 门槛低、渠道成本低

P2P 网络借贷可以使每个人都成为信用的传播者和使用者，信用交易可以很便捷地进行，每个人都能很轻松地参与进来。

(6) 交易直观、效率高

P2P 网络借贷信用交易流程相对银行等金融机构简单便捷，借贷双方可直观地看到整个交易过程和资金流动情况，从需求发布到借贷实现可在几天内完成。

3.1.3 P2P 网络借贷与传统融资模式的比较

1. 与民间金融的比较

P2P 网络借贷如果不为投资者提供担保，从信用风险角度看，投资者和借款人之间如同有直接的债权债务关系，P2P 网络借贷就可以视为个人之间的直接借贷。这类似于一种古老且在现代社会大量存在的民间金融组织——标会。标会是指当某人急需资金时，作为标会的发起人，召集人员组成的一个临时的松散型经济利益团体，每隔一段时间集会一次，每次缴纳一定数量的会费，以投标竞争方式，轮流交由一名会员使用，从而达到互助的目的。

P2P 网络借贷和标会在本质上都是个人之间的借贷，借贷完全基于信用，不依赖抵押品或担保，同时利率是市场化的。在 P2P 网络借贷中，利率由风险定价机制决定。

P2P 网络借贷与标会的区别在于：首先，标会本质上是基于社会网络的人格化交易，参与者之间大多是亲友关系，陌生人很难组织起标会，这就限制了标会的作用范围。P2P 网络借贷是非人格化交易，通过网络借贷平台提供的风险控制机制，陌生人之间也可以发生借贷，因此作用范围很广。在利率确定方面，P2P 网络借贷相对于标会而言，采取了科学的风险定价机制，排除了由经验规则引发的非理性因素。其次，包含标会在内的民间金融，存在内部不稳定性。民间金融因为要嵌在一定的社会网络中，一般表现为一系列相互分割的局部市场，各市场间拥有不同的参与群体和风险控制机制，不同的民间金融市场存在利率差异，当跨区域套利行为普遍存在时，民间金融市场的各个局部市场就会被联系起来，相互之间出现风险传导渠道。一旦民间借贷规模膨胀，一些原本有效的风险控制机制失效，民间金融的风险集聚，当风险集聚到一定程度并爆发后，局部市场风险会通过风险传导渠道产生全局性影响，大量坏账出现，社会网络中信任关系减弱，民间借贷会急剧减少，出现信贷紧缩。这种信贷紧缩会直接影响地方的实体经济，而实体经济的疲软反过来又使民间金融市场更难恢复，只有坏账被处理、民间金融参与者资产负债表被修复及民间信任关系被重建后，紧缩过程才能结束。与标会等民间金融相比，P2P 网络借贷对社会网络的依附性不强，投资者的风险足够分散，因此存在内在稳定性。

2. P2P 网络借贷与银行融资模式的比较

P2P 网络借贷与银行融资模式的相同点在于：首先，二者均为金融媒介，满足借贷双方对资金的需求；其次，发生借贷业务时都具有风险性；最后，P2P 网络借贷和银行融资模式在洽谈每一笔业务时，都会对借款人的信用进行分析。

P2P 网络借贷与银行融资模式存在很大的差异，主要表现如下：首先，在进入门槛方面，P2P 网络借贷进入门槛低、信息量大，金融渠道较为畅通，小额借贷满足率高，传统投融资渠道门槛高，较难满足个人和中小企业的资金需求；其次，在操作过程方面，P2P 网络借贷操作过程简单、成本低，而传统金融模式操作过程复杂、成本较高；最后，在信息对称方面，P2P 网络借贷透明度高，出借人和借款人互相了解对方的身份信息、信用信息，出借人可以及时了解借款人的还款进度，而银行融资模式单方面规定利息，信息透明度较低。

3.2　P2P 网络借贷的发展历程

3.2.1　国外 P2P 网络借贷的发展

【拓展知识】

1. 国外 P2P 网络借贷的发展状况

2005 年，世界上第一个 P2P 网络借贷平台 Zopa 在英国诞生，随后美国的 Prosper、Lending Club 等 P2P 网络借贷平台也迅速建立。其中 Prosper 成立于 2005 年，Lending Club 成立于 2007 年。2008 年金融危机的爆发，使大型金融机构收缩信贷，而很多消费者开始转向 P2P 网络借贷。可以说，互联网技术提供了 P2P 网络借贷产生的可能性，而金融危机的爆发则是 P2P 网络借贷成长的助推器。

Zopa、Prosper 和 Lending Club 的创始人有相似的创业理念。这几家机构的创始人都不认同银行用同样的方式和要求来对待有着不同需求的金融消费者，无论是借款人还是投资者(即放款人)。Zopa 的创始人理查德·杜瓦尔(Richard Duvall)希望创造一种自由的方式，让消费者在使用资金时有更大的话语权；Prosper 的创始人克里斯·拉森(Chris Larsen)希望"推进借贷过程的民主化"；Lending Club 的创始人雷诺·拉普朗什(Renaud Laplanche)希望利用消费者的"同质性"来为借款人和放款人提供更好的交易。虽然 P2P 网络借贷平台的模式在发生一些变化，但是 P2P 网络借贷平台却一直很忠实地执行着成立之初为消费者提供价值的目标。

美国 P2P 网络借贷行业的发展被业界视为典范。美国 P2P 网络借贷行业发展的重要因素包括先进的金融理念、商业管理模式，大量的资金投入尤其是经验丰富的风投公司的支持，以及拥有合适的创始人。此外，还有两大原因值得重视：一是其证券化模式；二是成长过程中，监管重视并及早介入，立下规范。正因为这两点，美国 P2P 网络借贷行业保持很高的活跃度却没有乱象丛生；证券化所需的商业和监管成本，使一般的 P2P 网络借贷公司不容易做大(但并不意味着不能生存)，却为有能力和创造力的公司提供了较为规范的路径和较好的环境。至少到目前为止，投资界的领先者还在用自己的资金和声誉为其"背书"。

P2P 网络借贷平台依靠互联网的力量将借款人和放款人有效地联系在一起，为借贷双方创造显著的价值，P2P 网络借贷服务行业在世界各地蓬勃发展。已有十多年历史的 Zopa 仍在迅速发展，其 2014 年的总贷款规模为 2.68 亿英镑。据统计，2013 年美国 P2P 网络借贷平台的贷款成交量超过 44 亿美元，年增长率近 200%，Prosper 和 Lending Club 两大平台约占美国市场份额的 98%，其中 Lending Club 截至 2014 年 6 月底，累计贷款达到 50.4 亿美元。此外，在不包括英国的欧洲地区，德国、法国和北欧国家的 P2P 网络借贷业务发展程度较高。据统计，2014 年德国、瑞典和法国占据欧洲主要 P2P 网络借贷平台的总贷款量(不含英国)的 3/4 以上。

2007 年，德国的 P2P 网络借贷行业诞生，其发展规模和速度在欧洲仅次于 P2P 网络借贷发源地——英国。目前德国主要有三大 P2P 网络借贷平台：Auxmoney、Lendico 和 Zencap。其中 Auxmoney，是英国以外欧洲最大的 P2P 网络借贷平台。Auxmoney 从 2007 年上线到 2015 年 1 月底，累计贷款量达到 1.62 亿欧元。Lendico 于 2013 年 12 月成立，向消费者提供高达 2.5 万欧元的贷款，贷款期限从 6 个月到 5 年不等，客户遍及六国(德国、奥地利、波兰、荷兰、西班牙和南非)市场。Zencap 于 2014 年 3 月成立，向企业提供高达 15 万欧元的贷款，贷款期限从 6 个月到 5 年不等。Lendico 和 Zencap 都是由母公司 Rocket Internet 建立的，分别是个人信贷平台和中小企业贷款平台。

法国的 P2P 网络借贷行业发展也比较迅猛，其中最有代表性的平台是 Pret d'union。Pret d'union 于 2011 年正式上线，是第一家获得法国央行授予的信用机构许可证和法国金融管理局许可的经纪人执照的 P2P 网络借贷平台，也是法国最大的 P2P 网络借贷平台。上线以来，发放贷款量增速惊人，从 2012 年的 1 100 万欧元，到 2013 年的 4 300 万欧元，再到 2014 年近 9 000 万欧元，年复合增长率超过 200%。截至 2016 年 2 月底，累计贷款总额为 2.5 亿欧元。

2. 国外 P2P 网络借贷的发展趋势

(1) 跨境贷款是未来 P2P 网络借贷行业潜在方向

随着 P2P 网络借贷行业的增长，传统金融行业对 P2P 网络借贷的关注度也日益提升。P2P 网络借贷行业目前高度集中在美国、英国、中国等国家。在其他很多国家，由于受当地借贷法律及监管机构的限制和公众对 P2P 网络借贷缺乏足够的认识，P2P 网络借贷的发展仍较缓慢。西班牙国内平台的贷款规模较小，但是随着爱沙尼亚共和国的平台 Isepankur 和德国平台 Lendico 进军西班牙市场，借款人的需求却增长强劲。跨境贷款的悄然兴起，自然也伴随很多问题。各国贷款的监管体系不同，目前也不存在通用的集资监管体系，跨境贷款的资金监管体系只能在发展中逐步建立并通过测验得到完善，这是一个相对缓慢而又复杂的过程，不同国家社会信用体系的建设存在巨大差异，也增加了监管的难度，跨境贷款的范围也受到了限制。

(2) 机构投资者开始涉足与 P2P 网络借贷平台合作

英国最大的 P2P 网络借贷平台之一 Funding Circle 与美国一家投资集团合作，美国集团承诺通过 Funding Circle 向英国小企业出借 1.32 亿英镑。KLS Diversified Asset Management(简称 KLS 公司)声称这些债券将以英镑交易，并已开始接洽信用评级机构予以这些债券正式许可。P2P 网络借贷行业获得了诸如对冲基金、银行和其他机构投资者的注意，大力吸收机构投资者的投资，为更广泛的机构投资者(包括养老基金和保险公司等)创造了更多的投资机遇。

(3) P2P 网络借贷证券化

随着 P2P 网络借贷行业交易额的快速增长，P2P 网络借贷行业成为参照银行资产证券化的试点，对于符合要求的借款项目也进行相应的尝试，从而加快资金流通速度，提升资金的使用效率。2013 年，位于纽约的对冲基金公司 Eaglewood Capital 第一次将 P2P 贷款证券化，而专注于 P2P 学生贷款的平台 SoFi 则在 2014 年第一次成功出售评级化的 P2P 贷款，此后类似的交易经常出现。Santander 银行和 BlackRock 集团正努力将最大的两家 P2P 网络借贷平台(Lending Club 和 Prosper)的 P2P 贷款获得评级机构的正式评级并证券化出售，这也标志着华尔街对 P2P 网络借贷行业的认可。

3.2.2　国内 P2P 网络借贷的发展

1. P2P 网络借贷在国内的发展历程

自 2007 年国外网络借贷平台模式引入中国以来，国内 P2P 网络借贷平台经历了探索、扩张、调整等阶段，迅速形成了一定规模。同时，P2P 网络借贷业务模式不断创新和分化。P2P 网络借贷在我国的发展进程大致可以分为四个阶段。

(1) 2007—2011 年(探索期)

鉴于国外 P2P 网络借贷发展的成功，P2P 网络借贷被迅速引入国内。2007 年拍拍贷上线，标志着我国P2P网络借贷业务的开端，并让很多敢于尝试互联网投资的投资者认识了P2P网络借贷模式。在P2P网络借贷起步期，绝大部分创业人员是互联网出身，没有民间借贷和相关金融经验，因此早期模式主要是复制国外模式，以信用借款为主。只要借款人在平台上提供个人资料，平台进行审核后就给予一定授信额度，借款人基于授信额度在平台发布借款标。在这一阶段，说网络借贷最终投资者的收益是最高的，同时风险也是最高的。由于当时我国的信用体系并不健全，到2011年年底我国的P2P网络借贷行业出现了第一波违约风险。

(2) 2011—2012年(扩张期)

这一阶段，P2P网络借贷平台开始发生变化，一些既具有民间线下放贷经验又关注网络的创业者开始尝试开设P2P网络借贷平台。由于这一阶段开办平台的创业者具备民间借贷经验，了解民间借贷风险，因此，他们吸取了P2P网络借贷发展前期的教训，采取线上融资、线下放贷的模式，以寻找本地借款人为主，对借款人进行有关资金用途、还款来源及抵押物等方面的实地考察，有效降低了借款风险。这个阶段的P2P网络借贷平台业务基本真实，但个别平台在经营上管理粗放、欠缺风控，导致平台出现挤兑倒闭情况。

(3) 2013—2014年(扩张与风险爆发并存期)

2013年年初，中央电视台多次报道P2P网络借贷，标志主流媒体开始把P2P网络借贷当成一个行业看待。2013年9月17日，招商银行试水P2P网络借贷，一天即吸金5 000万元。2013年10月，P2P网络借贷成交额突破100亿元，标志着P2P网络借贷行业进入高速发展阶段。

这一阶段平台数量剧增，P2P网络借贷的竞争日渐激烈，相关风险也在不断积聚。2013年10月开始，几十家网站陆续倒闭，10亿元资金被套，倒闭潮引发投资人恐慌。同时网贷之家传出多起收黑钱、"老鼠仓"等事件，给所谓"第三方"公信力蒙上一层迷雾，第三方网站公信力受到极大挑战。2013年11月，中央电视台大篇幅报道P2P网络借贷跑路潮，并开始呼吁P2P网络借贷监管问题。

(4) 2014年至今(监管政策调整期)

【拓展知识】

这一阶段，国家表明了鼓励互联网金融创新的态度，并在政策上对P2P网络借贷给予大力支持，至今已有北京、上海、深圳、天津、南京、贵阳等地出台政策支持互联网金融发展。同时，互联网金融监管政策框架正在完善。2015年1月20日，中国银行业监督管理委员会(以下简称银监会)宣布进行机构调整，这是银监会自2003年成立以来的首次架构大调整。此次新设立了普惠金融工作部，融资性担保机构、网络借贷、小额借贷等被划归至该部门监管协调。

2016年8月24日，银监会等四部委发布了《网络借贷信息中介机构业务活动管理暂行办法》，之后监管部门又陆续出台了更多实施细则。2017年可谓是P2P网络借贷合规年，整个网络借贷行业进行了大洗牌，淘汰了一些不合格的平台。2017年6月，监管部门发布了《关于进一步做好互联网金融风险专项整治清理整顿工作的通知》，将整改时间延迟到2018年6月底，留出了更多时间让P2P网络借贷平台合规化。

2. 国内 P2P 网络借贷的发展状况

经过十年多的探索发展和迅猛增长，国内 P2P 网络借贷行业已经初具规模，多种平台模式竞相发展。目前 P2P 网络借贷行业仍处于创新发展期。不过，由于 2014 年以来不断有拥有强大实力的金融机构支撑的平台加入，未来 P2P 网络借贷行业或将加速分化和整合。

(1) P2P 网络借贷平台发展迅速

2015 年 6 月，我国的 P2P 网络借贷平台是 1 987 家，2015 年年底网络借贷平台数达到 2 595 家，相对于 2013 年、2014 年的爆发式增长，正常运营的 P2P 网络借贷平台的增长速度有所放缓，这是问题平台的不断涌现导致的。2015 年上半年，新增问题平台 448 家，较 2014 年下半年的 224 家上升了 100%，截至 2016 年 6 月底，正常运营的平台数量已经下降至 2 349 家，半年时间又减少了 246 家(2010—2017 年 P2P 网络借贷平台数量如图 3.1 所示)。目前，P2P 网络借贷平台的注册资金大多为 1 000 万～5 000 万元，多达 48 家平台的注册资金在 1 亿元以上，这表明了行业隐形门槛在不断提高和竞争在逐渐加剧。2010—2017 年 P2P 网络借贷成交额如图 3.2 所示。

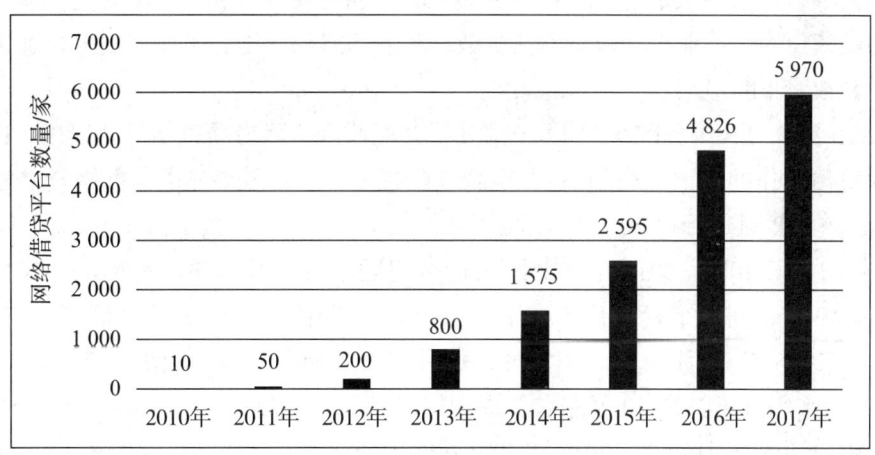

图 3.1　2010—2017 年 P2P 网络借贷平台数量

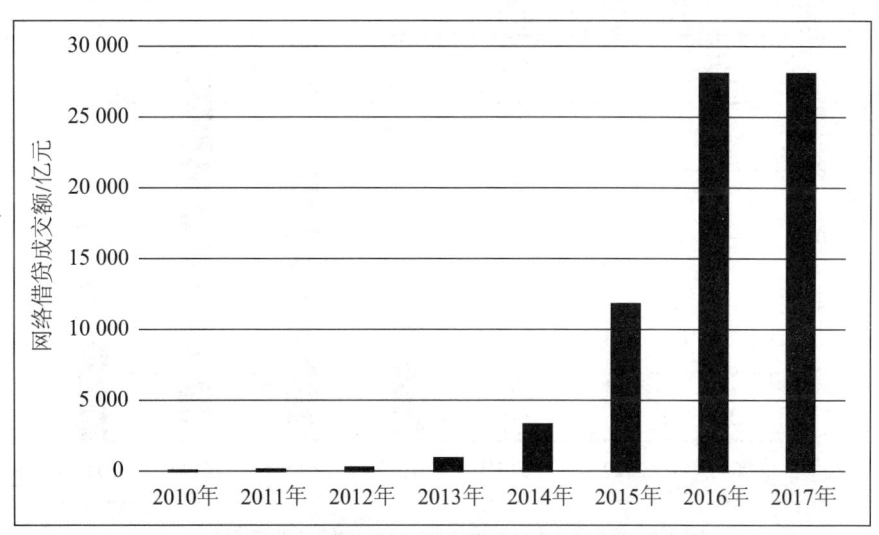

图 3.2　2010—2017 年 P2P 网络借贷成交额

(2) 风险资金进入步伐加快

2013年以前，P2P网络借贷公司的成功融资案例很少，比较著名的只有2011年4月和2011年9月宜信接受的两次风险投资，以及2012年10月拍拍贷的A轮融资。从2013年下半年开始，风险资金进入P2P网络借贷行业的步伐加快。人人贷于2014年1月9日宣布完成总额为1.3亿美元的A轮融资，这不仅是当时我国该行业的最大单笔融资，也是世界上最大的一笔P2P网络借贷行业风险投资。而后P2P网络借贷行业融资热潮开启，银行、国资企业、上市公司、风投资本不断涌入网络借贷行业，加速网络借贷行业布局。这些资金主要用于支持P2P网络借贷平台加强正规化运管，研发征信、信用评估和风险控制技术，扩张业务规模等方面的工作。资本的加码不仅使P2P网络借贷行业的竞争日益激烈，行业成熟度加快，也增强了借款人和投资者对P2P网络借贷的信心。

(3) 行业风险加剧

问题平台与跑路事件剧增。由于行业监管的空白，问题平台频现且总数量不断增长，截至2015年年底累计问题平台数量达到896家，是2014年的3.26倍。2015年新上线的平台数量大增，导致各大中小平台竞争更为激烈，同时受股市大幅波动影响，众多平台面临巨大的经营压力，停业平台数量不在少数。随着监管的落地，不少违规平台加速跑路也使问题平台数量不断增加。

自2016年4月，国务院组织14个部委召开互联网金融专项整治活动以来，P2P网络借贷作为整治工作的"重头戏"，行业洗牌不断提速，整治效果显著。据网贷之家发布的《P2P网贷行业2017年4月月报》显示，4月平台数量减少67家，问题平台18家(2011—2017年P2P网络借贷问题平台数量如图3.3所示)。2016年4—9月，问题平台数量均在100家以上，其中2016年8月份最多，有230家。

【拓展案例】

2016年10月—2017年4月，每月问题平台数量逐步减少并趋于稳定，特别是2017年以来每月维持在60家左右，提现困难的平台数量也大幅下降，从2017年5月的占比20%下降到6月的2%(2017年P2P网络借贷问题平台类型构成如图3.4所示)。

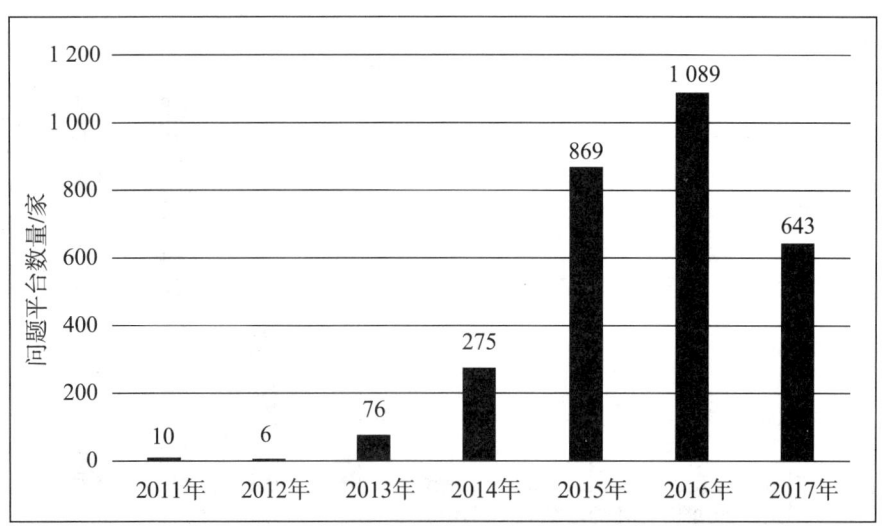

图3.3　2011—2017年P2P网络借贷问题平台数量

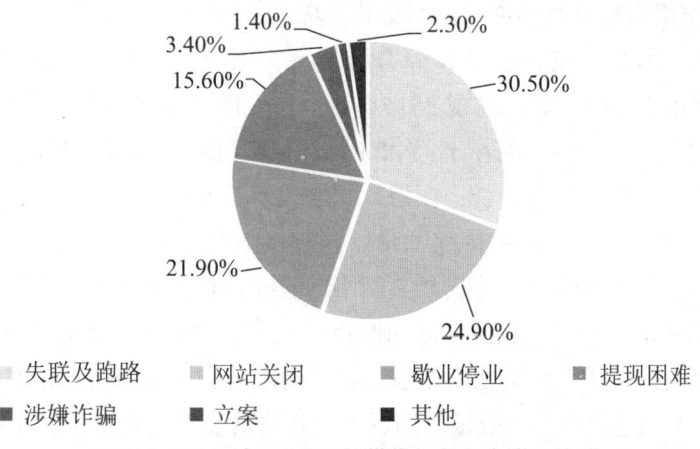

图 3.4 2017 年 P2P 网络借贷问题平台类型构成

(4) 贷款余额状况

贷款余额是指平台目前在贷的尚未还款的本金(不计利息)，可以用其来衡量平台的借贷规模和安全程度。截至 2014 年年底，P2P 网络借贷行业总体贷款余额达 1 036 亿元，是 2011 年的 86.3 倍。到 2015 年 6 月底，贷款余额在 5 亿元以上的 P2P 网络借贷平台有 73 家；而到 2016 年 8 月底，贷款余额前 100 强的 P2P 网络借贷平台的贷款余额都超过了 10 亿元，其中，贷款余额在 30 亿元以上的 P2P 网络借贷平台就有 41 家，陆金所以贷款余额 743.52 亿元位居第一。截至 2016 年 10 月底，我国 P2P 网络借贷行业的贷款余额已经攀升至 7 470 亿元左右，环比增长 6.0%。

百强 P2P 网络借贷平台的贷款余额占到整个行业的 44%，前 30 家平台贷款余额占到整个行业的 33% 左右。截至 2017 年 6 月底，P2P 网络借贷行业贷款余额增至 10 449.65 亿元，环比增长 4.85%，首次突破万亿元大关。2011—2017 年 P2P 网络借贷行业贷款余额如图 3.5 所示。P2P 网络借贷行业贷款余额随着成交量的增加和借款期限的延长快速上升，表明了该行业规模的迅速扩张。

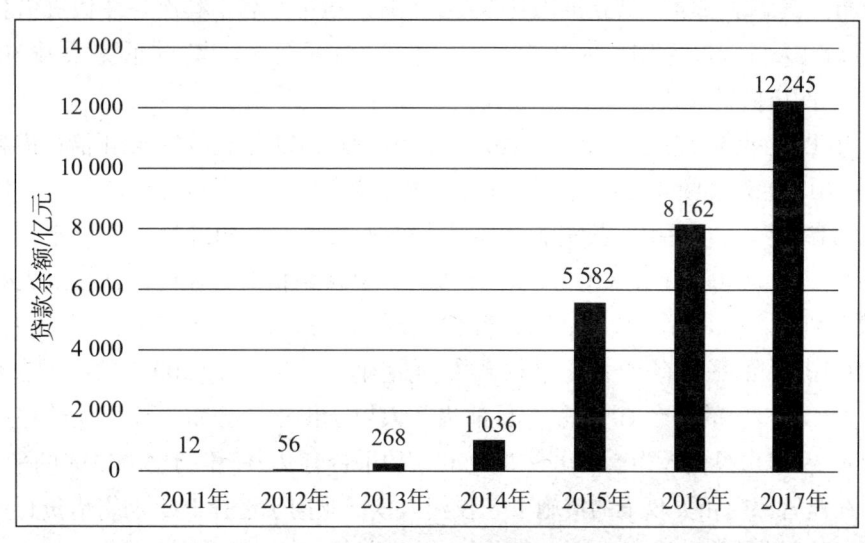

图 3.5 2011—2017 年 P2P 网络借贷行业贷款余额

(5) P2P网络借贷综合收益率及网络借贷期限

2015年，P2P网络借贷行业总体综合收益率为13.29%，相比2014年该指标下降了457个基点(1个基点=0.01%)。纵观2015年12个月的综合收益率走势，前11个月几乎呈现单边下跌的态势，主要原因在于：P2P网络借贷逐步成为资产配置的一部分，越来越多的投资人开始进入P2P网络借贷；在借款端增长不及投资端的情况下，供需结构持续失衡导致P2P网络借贷综合收益率持续下降；同时伴随全年中国人民银行的多次降准、降息，持续宽松的货币市场环境推动着P2P网络借贷综合收益率的不断下行。

2016年，国家加大了对互联网金融的监管，尤其是"互联网金融专项整治"行动开始后，相关监管部门出台了一系列监管措施，P2P网络借贷行业的拐点正在到来。专项整治行动开始至今，主动退出的平台数量增加、平台合规调整成本增大、平台资产端竞争加剧，使部分平台选择主动下调综合收益率，行业综合收益率相应下行。2016年9月，P2P网络借贷行业综合收益率首次跌破10%，为9.83%，环比下降了25个基点，同比下降了280个基点。2017年1月，P2P网络借贷平台综合收益率为9.71%，环比下降5个基点，同比下降247个基点。2017年6月，P2P网络借贷行业平均综合利率为9.52%，前50家P2P网络借贷平台中，高于行业平均利率的平台有19家，相对竞争优势较大。2017年6月平均综合利率高于12%的平台有2家，分别为小猪理财(综合利率高达12.08%)、拍拍贷，利率为10%~12%的平台有12家，利率低于10%的平台有36家，利率呈金字塔形分布。

2015年P2P网络借贷行业平均借款期限为6.81个月，相比2014年增长了0.69个月。行业平均借款期限主要被一些成交量过10亿元且平均借款期限在半年以上的平台拉高。从2015年12个月的走势看，平均借款期限基本处于稳定状态，在6.5~7个月波动，这表明P2P网络借贷行业的平均借款期限已经趋向于稳定。2016年9月P2P网络借贷行业平均借款期限为7.75个月，环比缩短了0.29个月，同比拉长了0.93个月。2017年6月P2P网络借贷行业平均借款期限为8.77个月，前50家平台中，有15家平台超越行业平均借款期限。另外，借款期限为3~8.77个月的平台有20家，剩余15家平台期限不足3个月，平均借款期限为正态分布。其中，友金所借款期限达35.02个月，居第一名，其次是爱钱进借款期限为31.02个月，宜人贷借款期限达30.73个月，仅上述3家平台6月借款期限就突破30个月。

(6) P2P网络借贷人数

2014年P2P网络借贷行业投资人数为116万，是2013年人数的4.64倍；借款人数为63万，是2013年人数的4.2倍。互联网的高效传播属性加上平台媒体的大力宣传，使越来越多的人参与到该行业中，投资者和借款人快速增加。自2017年3月以来，借款人数一直保持在10%以上的月增水平。2017年6月P2P网络借贷行业的活跃投资人数、活跃借款人数分别为430.8万、373.53万，环比分别上升3.82%和15.96%。借款人数(或企业)超过10 000人的平台有22家，借款人数(或企业)为500~10 000人次的平台有17家，低于500人(或企业)的平台有11家，目前借款人属于倒三角分布。投资人数超过10 000人的平台有39家，投资人为5 000~10 000人的平台有7家，低于5 000人的平台仅有4家，说明在监管部门相关政策的实施下，投资人依旧倾向于选择P2P网络借贷行业，目前投资人属于长尾分布。

总体来说，P2P网络借贷行业仍然以小额借贷为主，其服务于广大"草根"阶层的本质并没有发生改变。

3.3 P2P网络借贷模式

3.3.1 纯平台模式与债权转让模式

按是否存在债权转让进行分类，P2P网络借贷模式可分为纯平台模式和债权转让模式。基于是否存在债权转让进行分类，实质上涉及的是借款人与实际出资人之间的关系。

1. 纯平台模式

纯平台模式是指出资人选择投资项目后，直接将款项打入借款人账户，P2P网络借贷平台只负责审核借款人的信用信息、展示借款信息及招标，并不介入交易。投资者根据平台展示的信息自行选择借款人和借款金额，P2P网络借贷平台收取账户管理费和服务费作为收益。欧美的P2P网络借贷多是这种模式。

2. 债权转让模式

债权转让模式是指借贷双方不直接签订债权债务合同，借款人和出资人之间存在专业放贷人。专业放贷人为了提高放贷速度，先以自有资金放贷，然后将债权转让给投资者，使用回笼的资金重新进行放贷。

债权转让模式流程与美国P2P网络借贷证券化模式有类似之处，但二者实质不同。美国P2P网络借贷证券化模式的流程为平台在线上审核借款人，将合格的借款项目展现给投资者，投资者投标满额后，以银行的名义发出贷款，平台获得银行转让债权资产后，按照每个投资者的份额把债权的收益权分割后卖给投资者。这两种模式的主要区别在于证券化模式中的投资者是平台的债权人而非借款人的债权人，只拥有收益权，债权转让模式中的投资者获得的是债权及由此带来的收益权。

3.3.2 纯线上模式与O2O模式

按照销售和风险控制是否在线下进行分类，可以把P2P网络借贷模式分为纯线上模式和O2O模式。两种模式的区别主要在于销售方式和风险控制方式是否在线下完成，以及一些法律手段及借贷业务信息是否在网上完全公开透明。

1. 纯线上模式

在纯线上模式中，从借款人的信用审核、借贷双方签署合同到贷款催收等整个借贷过程主要在线上完成。平台并不负责交易的成交及贷后资金管理，只负责制定交易规则和提供交易平台。这种模式可以控制网站的运营成本，确保网站不承担系统性风险。由于没有对借款人进行实地审贷，纯线上模式主要通过与数据中心开展合作来控制风险，包括与公安部的身份证信息查询中心、工商部门、法院等部门进行合作。借款人通过认证、核准真实姓名及身份信息，平台基于借款人的网络社交圈，利用信用自动审核系统对借款人进行综合评级，设立安全信用额度。对于恶意欠款人，网站会将其信息暴露在网站的黑名单中。欧美国家的P2P网络借贷平台大多采取线上模式，美国的Prosper公司、Lending Club公司及英国的Zopa公司均属于这种模式，我国的"拍拍贷"也属于这种模式。

案 例

拍 拍 贷

拍拍贷成立于2007年6月，公司全称为"上海拍拍贷金融信息服务有限公司"，总部位于上海，是国内首家纯信用无担保网络借贷平台，也是第一家由工商部门批准，获得"金融信息服务"资质的互联网金融(Internet Finance，ITFIN)平台。除普通散标投资项目外，还为用户提供拍活宝、彩虹计划两款理财产品，方便用户使用，现有员工逾2 600人。截至2016年年底，注册用户达到3 261万个，是国内用户规模最大的网络信用借贷平台之一。与国内其他网络信用借贷平台相比，拍拍贷的最大特点在于采用纯线上模式运作，平台本身不参与借款，而是具有信息匹配、工具支持和服务等功能，借款人的借款利率在最高利率限制下由自己设定。而这也是网络信用借贷平台最原始的运作模式。

公司主要投资以下产品。

(1) 彩虹计划。彩虹计划是拍拍贷推出的自动投资工具，用户使用该工具可以按照事先确定的预期收益率自动投资拍拍贷平台上的借款标的。使用期结束后，拍拍贷将帮助用户将其所持有的债权通过债权转让，转让成功后，用户收回全部投资本金和相应的收益。

(2) 拍活宝。拍活宝是拍拍贷活期理财产品，目前七日年化收益率为8%左右，产品每日9点至15点可以购买、赎回。提现灵活，可获得最高30倍于银行活期收益率的收益，它和拍拍贷平台的上万个债权挂钩，收益浮动，为拍拍贷入门级投资产品。2016年9月1日，拍拍贷关闭拍钱包转入入口。

(3) 快投。快投是拍拍贷推出的一个帮助用户快速分散投标的工具，帮助用户高效地分散投资。使用快投后，投资资金会通过系统根据一定算法自动分散投资到最多上百个标的中。

(4) 散标。散标是拍拍贷平台上最原始的借款标的，投资人可根据个人的期限、利率、风险偏好，将资金投到多个标的中。针对投资中高风险标的，拍拍贷会进行风险提示，鼓励进行小额分散投资。

【拓展案例】

(5) 月月涨。月月涨是拍拍贷平台上一款兼具流动性与收益率的理财产品。出借用户通过加入月月涨理财服务将资金出借给拍拍贷平台上的借款用户，月月涨每月的预期年化收益率随着加入服务时间的延长而升高。

2018年3月21日，拍拍贷发布2017年第四季度及全年未经审计的财务报告。报告显示，截至2017年12月31日，拍拍贷全年总营收达到38.958亿元，同比增长222.3%；全年净利润为10.816亿元，同比增长115%。

(资料来源：https://baike.sogou.com/v100066233.htm?fromTitle=%E6%8B%8D%E6%8B%8D%E8%B4%B7)

2. O2O 模式

P2P 网络借贷进入我国后,由于国内征信体系的缺失,P2P 网络借贷平台在判断个人信用方面存在障碍,大多数国内 P2P 网络借贷平台只能完成一部分线上工作。借款人信息的获取、信用审核在不同程度上由线上转向线下,P2P 网络借贷平台大多选择线上与线下相结合的 O2O 模式,在线下提供审贷、放贷相关服务,在线上做理财服务。O2O 模式一般是由网贷平台与小额贷款公司紧密合作、线上与线下并行运营。该模式的特点是 P2P 网络借贷平台主要负责投资者的开发和借贷网站的维护,小额借贷公司或担保公司开发借款人。小额借贷公司或担保公司通过线下渠道寻找到借款人并进行审核以后,推荐给 P2P 网络借贷平台,平台将再次审核以后的借款信息发布到网站上接受投标,小额借贷公司或担保公司会为该笔借款提供完全担保或连带责任。借助这种模式,平台与借款人开发机构分工合作,发挥各自的比较优势:平台专心改善投资体验、吸引更多投资者;借款人开发机构专心开发借款人,业务规模可以迅速扩张。

O2O 模式的网络借贷平台常借助小额贷款公司的客户优势与其达成战略合作,利用其遍及全国的营业网点开发优质的借款客户,并在审核完成后推荐给网络借贷平台。所有由合作机构推荐的借款客户,其按时还本付息均由合作机构 100% 担保。收到合作机构推荐的借款项目后,平台对个人信用进行审核评分,并对借款项目进行二次核查,最后才向投资者推荐优质的借款项目,帮助投资者理财。平台合作机构一般均对推荐的理财项目提供 100% 的本息保障,只要借款人未能按时还款,其合作机构就需将该笔借款的全部剩余本息垫付给现有理财用户,保证理财收益。对于个人理财用户,无论是充值、提现还是投资理财,都无须支付任何费用。平台会定期发布季度公告,包括总交易规模、投资者人数等信息,保证平台运行的公开和透明。

但是,这种 O2O 模式容易割裂完整的风险控制流程,会导致合作双方的道德风险:一方面,平台为了吸引更多的投资者而忽视客户的审核;另一方面,小额借贷公司或担保公司一心扩大借款人规模,也会降低审核标准。因此,除非借款用户开发机构和平台之间存在较强的关联,或者平台本身拥有足够的信用评价及风险控制的能力,否则平台将会承担较高的经营风险。

3.3.3 无担保模式与有担保模式

根据有无担保机制,P2P 网络借贷平台可以分为无担保模式和有担保模式。

无担保模式是平台不对借出的资金进行信用担保,仅发挥信用审核和信息撮合的功能,出借人根据自己的资金流动情况和风险承受能力自主匹配平台列出的借款项目。如果坏账、逾期贷款等情况发生,由投资者自己承担全部责任,网站不对投资者的本金和利息进行担保保障。该模式平台承担的风险较小,交易的风险主要由交易双方承担,但对信贷技术要求较高,需要完善的个人征信系统。美国的 Prosper 和 Lending Club 均对借款者进行内部评级,将贷款需求审核后放在官方网站上供投资者浏览选择,经审核通过的贷款需求是无担保的。国内采用此模式的平台并不多,最具代表性的是拍拍贷。

目前，我国大多数 P2P 网络借贷平台为了吸引投资者，满足投资者的资金需求，提供变相"担保行"条款或进行含糊的本金保障宣传。有担保模式是指 P2P 网络借贷平台引入第三方担保机构对平台项目的风险进行审核，为投资者的资金提供本金保障。有担保模式对每笔交易都会签订一份三方合同，其中的第三方即担保公司。借款人违约后，由担保公司负责赔偿投资人的损失。这样投资人的利益得到了最大保障，但是由于需要支付担保费用，其收益会有所下降。一些采用抵押担保模式的平台要求借款人以一定的资产(房产、汽车等)进行抵押，足值抵押和变现能力强的抵押物将增强还款保障能力，因此贷款费率有下降的空间。采用担保模式的典型平台包括陆金所、红岭创投、人人贷、开鑫贷等，典型的抵押模式平台包括互利网、91旺财(均为房产抵押)等。担保公司往往会凭借自身的强势地位挤压 P2P 网络借贷平台的定价权，而且引入担保环节会使借贷业务办理的流程变长，速度变慢。

除了引入第三方机构进行担保外，国内许多 P2P 网络借贷平台会进行自行担保。关于自行担保的界定，若借贷双方直接签订借贷合同，P2P 网络借贷平台承诺以自有资金为投资者提供本金(及利息)保障，可以认为是小额借贷担保模式，属于融资性担保行为的一种。P2P 网络借贷平台涉嫌超范围经营特殊业务，这种行为需要相关部门的许可，还需接受地方政府相关部门的业务监督。在自担保情况下，P2P 网络借贷平台参与到借贷经济利益链条中，为相关的坏账买单。当坏账超过平台资金准备池时，容易导致平台无法偿付投资者资金的风险，平台就会面临巨大的资金压力。实践中，P2P 网络借贷平台自担保是导致许多 P2P 网络借贷平台倒闭的重要原因之一。2014 年 9 月，银监会提出的 P2P 十大监管原则中明确表示 P2P 机构不得为投资者提供担保，不承担系统风险和流动性风险。虽然受当前征信体系不完善、风险控制成本大、投资者教育不完善等因素的制约，平台实现完全"去担保化"还无法实现，但去除平台自担保是可能的。正规平台基本上已经没有自担保的情况，部分平台开始着手完全"去担保化"，P2P 网络借贷行业去担保是必然的政策导向。

3.4 P2P 网络借贷风险

3.4.1 信用风险

信用风险是指借款人不能清偿到期债务而给出借人带来损失的风险。对于 P2P 网络借贷平台而言，P2P 网络借贷业务主要针对小微客户，较大比例的业务是纯信用贷款，违约风险相对较高。同时，为了业务开展，很多 P2P 网络借贷公司承担了担保责任，导致 P2P 网络借贷公司的经营风险不断增大。

投资者同样面临着信用风险。信贷交易要求贷款人对借款人的信用水平作出判断，但是由于交易参与者信息不对称，借款人的信用水平会随着借款人本身和外部环境的变化而改变，导致判断者的决策并非总是正确的。尽管我国大多数网络借贷平台设立了赔付制度，但是一旦网络借贷平台由于经营不善或不遵守约定进行赔付，投资者同样会遭受信用风险。投资者除了关注借款人的信用状况以外，也要关注网络借贷平台的信用状况。因此，对于投资者而言，借款人不能按照协议的规定如期还款和 P2P 网络借贷平台未能履行赔付承诺都会导致投资者利益受损，都属于信用风险的范畴。

3.4.2 法律风险

P2P 网络借贷没有成熟的监管模式，面临较大的政策不确定性，存在较大的法律风险。这主要体现在非法集资的边界问题和庞氏骗局两个方面。对于非法集资的边界问题，由于 P2P 网络借贷采用公开方式为借款人提供资金，很容易触动非法集资的红线，主要表现在资金池和自融两个方面。

1. 边界问题

(1) 资金池问题

在判断资金池是否触犯法律时，资金转移是否先于投资行为的发生是判断的关键。P2P 网络借贷平台主要通过四种途径形成资金池：投资者向平台充值或获取收益形成资金池；投资者投标而标的未满形成资金池；用于投资者保障的风险准备资金池；平台在尚无对应结款项目的前提下归集投资者资金，获得资金支配权所形成的资金池。前三类资金池都应该进行资金托管，尤其是第三类资金池应该由受托方定期公布风险准备金的提取、支付情况和余额，使投资者时刻了解保障能力、保障风险。第四类资金池涉嫌触碰非法集资的红线，应该严格禁止。

(2) 自融问题

自融是指平台采用虚构借款人或者借款需求的方式获得资金，再把收到的资金转手放给他人或者用于其他用途，以满足自身融资需求。这种行为涉嫌集资诈骗，最终结果往往是平台关闭、圈钱跑路，造成出资人的巨大损失。银监会的 P2P 十大监管原则中要求严格禁止平台进行自融。

2. 庞氏骗局

庞氏骗局问题是指当投资者的回报并非来自还款收益，而是来源于虚假债权和债权重复转让形成的现金流时，可以判断该 P2P 网络借贷平台存在庞氏骗局。庞氏骗局的核心问题是不存在真实的资产或交易，或者可以隐瞒债权的风险信息转让循环。

拓展链接

庞 氏 骗 局

庞氏骗局是对金融领域投资诈骗的称呼，也是金字塔骗局(Pyramid Scheme)的始祖，很多非法的传销集团就是用这一招聚敛钱财的。这种骗术是一个名叫查尔斯·庞兹(Charles Ponzi)的投机商人"发明"的。庞氏骗局在中国又称"拆东墙补西墙""空手套白狼"。简而言之，就是利用新投资人的钱来向老投资者支付利息和短期回报，以制造赚钱的假象进而骗取更多的投资。

查尔斯·庞兹是一位生活在19—20世纪的意大利裔投机商,1903年移民到美国。1919年他开始策划一个阴谋,欺骗投资者向一家事实上子虚乌有的企业投资,许诺投资者将在三个月内得到40%的利润回报,然后将新投资者的钱作为快速盈利付给最初投资的人,以诱使更多的人上当。由于前期投资的人回报丰厚,庞兹成功地在七个月内吸引了3万名投资者,这场阴谋持续了一年之久,被利益冲昏头脑的人们才清醒过来,后人称之为"庞氏骗局"。

国际超级庞氏骗局——MMM平台:1994年2月,俄罗斯人谢尔盖(Sergei)创立"MMM金融金字塔",注册资金仅为10万卢布。MMM当时在俄罗斯几乎所有知名媒体上投放广告,以高回报为诱饵吸引投资者,俄罗斯当时曾有数百万人参与投资MMM,在存活3年之后,1997年MMM项目破产,创始人谢尔盖被判4年半监禁。出狱之后,谢尔盖重操旧业,重新建立"MMM互助金融",并跑到印度、南非、印度尼西亚等发展中国家,推广"MMM互助金融",再次火爆。

2015年5月开始,MMM平台传入中国。MMM互助金融对外宣称月收益率最低为30%,发布一种名为"马夫罗(Mavro)"的虚拟物品,用户首先必须以提供帮助者的身份购买"马夫罗"。当时,微信朋友圈频繁出现类似信息:投资10 000元,两周后收回11 500元,一个月利息可达30%,邀请亲朋好友加入,还有高额回报。

自2015年12月1日—12月15日系统内所有资金被冻结,从12月中旬开始,MMM庞氏骗局系统开始在中国崩盘,当时往系统里面打钱秒配,提钱却基本提不出来,说明系统里面已经无钱可提。据测算,MMM平台从中国"掠夺"的财富可能会高达百亿美元。

庞氏骗局的运作规则是,用后一批投资者存入的资金支付给前一批投资者作为投资的利润,以此循环往复,为吸引更多的投资者,"投资公司"必须不断提高利润水平。当参加者人数达到饱和点,不再增加时,整个计划就土崩瓦解。

(资料来源:https://baike.baidu.com/item/%E5%BA%9E%E6%B0%8F%E9%AA%97%E5%B1%80/7099082?fr=aladdin; http://money.sohu.com/20151228/n432744591.shtml)

3.4.3 技术风险

(1) 网络信息技术风险

P2P网络借贷建立在互联网的基础上,因此与传统的个人信贷模式相比,网络信息技术风险对其有更大的影响。国内外P2P网络借贷都需要建立网络借贷平台公司,平台拥有独立的网站和技术人员,配备专业的信息技术团队。对于P2P网络借贷而言,计算机、网络等信息技术选择失误,不仅会导致业务流程趋缓或者业务处理成本上升,还可能导致整个业务流程的瘫痪。

(2) 信贷技术风险

P2P网络借贷主要针对小微客户,属于小额贷款服务。与其他贷款产品相比,小额借贷业务虽然可以获得更高的收益,但相对风险也较高,必须依靠合适的信贷技术来弥补财务数据和担保抵押的缺失,从而降低风险。事实上,即使是国外运营较为成熟的P2P网络借贷平台,其逾期率和坏账率也很高。在国内,P2P网络借贷平台为了控制风险,往往建议投资者针对多个借款人采用小额分散投资。但是由于P2P网络借贷市场仍处于兴起初期,技术成熟度还未得到市场验证,同时由于征信体系不完善、不开放,借款方和投资方之间仅靠网络得到的信息极度不对称,在客户源头的评估上就存在"合适的信贷技术"和"高成本的线下尽职调查"两大难题,P2P 网络借贷平台坏账的比率很高。

2014 年 8 月 28 日,红岭创投存在 1 亿元坏账的消息被曝出,在网络借贷行业引起了轩然大波。红岭创投宣布因为处理抵押物需要很长时间,全部到期借款将由平台提前垫付。作为老牌 P2P 网络借贷平台的红岭创投存在巨额坏账,引发了人们对网络借贷行业的信贷技术水平的忧虑。

3.4.4 操作风险

操作风险是指由不完善或有问题的内部程序、员工和信息科技系统及外部事件所造成损失的风险。由操作风险引发的 P2P 网络借贷风险是指 P2P 网络借贷平台在经营管理过程中,由于内部控制的原因,对贷款者的利益产生不确定的影响,主要表现在信贷员和信贷审核流程两个方面。作为 P2P 网络借贷的一个发展趋势,网络借贷平台公司逐渐对借款人的信用审核、风险管理、违约赔付等主动承担责任,因此其内部控制对整个行业参与者而言尤为重要。

P2P 网络借贷在我国属于新兴产业,社会认知度不高,从业人员的数量不足,信贷员缺乏专业的培训和实践的锻炼,加之我国网络借贷平台成立门槛低,缺乏明确有效的法律规定与监管措施,不能严格审查经营者的经营资格和专业素质,这都导致了信贷业务团队成员信贷技能水平低,在评估借款人的财务状况、信誉、借贷历史、经营情况等条件时随意性和主观性较强,放大了贷前的信息不对称,提高了贷后风险管理的难度。从道德风险角度而言,信贷员有可能为了达到业绩指标或者维持与客户的关系,主观上放松对客户资质的审查,造成风控上的失误。

就信贷审核流程而言,由于 P2P 网络借贷发展时间较短,在信贷审核机制的建立上,我国的 P2P 网络借贷公司还处于摸索阶段,一般是借鉴银行等信贷机构的经验,缺乏一套切合不同地方特色、科学完整的信用审核方法。目前,我国只有少数几家大型成熟的网络借贷平台有实力建立较规范的信贷审核机制,并保证信贷审核工作能够得到有效实施。

【拓展视频】

案 例

东方创投自融案

东方投资管理有限公司于 2013 年 6 月 19 日正式上线,通过互联网、电话及投资入伙,汇集全国各地的客户在东方创业投资有限公司(以下简称东方创投)网络平台进行投资。投资的项目主要是房地产、企业经营借款、应收款、信用贷款等。投资客户只需要通过身份证实名认证就能在平台上注册,并签订"四方共同借款协议"。投资的单笔最低金额为 50 元,最高不超过 99 万元。网站注册的人数为 2 900 人左右,真实投资的人数是 1 330 人,最高投资金额是 280 万元,最低投资金额是 300 元。投资回报收益根据周期不同,时间越长利息越高:投资一个月利息是 3.1%,投资两个月利息是 3.5%,投资三个月利息是 4.0%。投资者在投资期满时需要提前一天申请提现,通过后第二天可以本金利息到账。如果没有申请,自动默认续投。申请提现由东方投资管理有限公司财务审核,第二天由出纳通过网银转账给提现客户。

公司运营一段时间后,由于投资客户产生恐慌心理,纷纷要求提现,公司的资金链无法及时跟进,也无法及时支付客户需要提现的资金。该公司收取的客户投资款一方面用于扩大企业规模,在美国成立了一家名为 Lending Club 的合资公司,同时在深圳成立了深圳市兆融财富、深圳市中环宇基金管理有限公司,成立这三家公司花费了约 600 万元。另一方面在 2013 年年初,公司法人代表在深圳布吉街道办布古中心花园购买了四个街头铺面,总共花费 3 800 万元,其中 2 500 万元来自公司客户的投资款。同时,用四个铺面在担保公司做了抵押贷款,贷出 3 000 万元人民币,用于支付深南路与华富路交汇的"世纪汇"商业写字楼 1.8 层整层的首期款 2 200 万元,剩余的 800 万元用于日常返还客户投资提现。公司前期是有意向将客户的投资款出借给实际有资金需求的企业,但实际操作后发现超过 6% 的坏账不能按时收回。最终,东方创投在上线运营 4 个月后即宣布停止提现。

截至 2013 年 10 月 31 日,东方创投共吸收投资者资金 1.26 亿元,其中已兑付 7 471.96 万元,实际未归还投资者本金 5 250.32 万元。2013 年 11 月,东方创投负责人邓某和李某相继自首。在历时 9 个月的调查取证后,"东方创投案"于 2014 年 7 月作出一审判决,被告人邓某、李某因非法吸收公众存款罪被分别判处有期徒刑和罚金。此次判决是司法体系对 P2P 网络借贷平台自融案件的首次裁量。

(资料来源:陈文政,许文新,2015.从东方创投案看 P2P 互联网投资的风险和监管[J].财务与会计(4):21-22.)

本章小结

P2P 网络借贷是指利用网络中介平台实现直接借贷的行为,具有信息公开透明、借贷双方的广泛性、风险分散、信用甄别、门槛低、渠道成本低、交易直观、效率高等特点。

P2P 网络借贷与标会的区别:一是作用范围不同,标会的参与者之间大多是亲友关系,作用范围受到限制,而 P2P 网络借贷的作用范围很广;二是包含标会在内的民间金融存在内部不稳定性,而 P2P 网络借贷对社会网络的依附性不强,投资者的风险足够分散,因此存在内在稳定性。

P2P 网络借贷与银行融资模式的差异性表现:P2P 网络借贷进入门槛低、信息量大,小额借贷满足率高,传统投融资渠道门槛高,较难满足个人和中小企业的资金需求;P2P 网络借贷操作过程简单、成本低,而银行金融模式操作过程复杂、成本较高;P2P 网络借贷模式信息透明度高,而银行金融模式单方面规定利息,信息透明度低。

2005 年,世界上第一个 P2P 网络借贷平台——Zopa 在英国诞生,随后美国的 Prosper、Lending Club 等 P2P 网络借贷平台也迅速建立。美国 P2P 网络借贷行业的发展被业界视为典范。其重要因素包括先进的金融理念、商业管理模式,大量的资金投入尤其是经验丰富的风投公司的支持,以及拥有合适的创始人。自 2007 年国外网络借贷平台模式引入中国以来,国内 P2P 网络借贷平台经历了探索、扩张、调整等阶段,迅速形成了一定规模。同时,P2P 网络借贷业务模式不断创新和分化。

按是否存在债权转让可以将 P2P 网络借贷划分为纯平台模式和债权转让模式；按销售和风险控制是否在线下进行可以将 P2P 网络借贷分为纯线上模式和 O2O 模式；按有无担保机制可以将 P2P 网络借贷分为无担保模式和有担保模式。

P2P 网络借贷风险主要包括信用风险、法律风险、技术风险、操作风险。其中，信用风险是指借款人不能清偿到期债务而给出借人带来损失的风险；法律风险的产生是因为 P2P 网络借贷没有成熟的监管模式，面临较大的政策不确定性，主要体现在非法集资的边界问题和庞氏骗局两个方面；技术风险包括网络信息技术风险和信贷技术风险；操作风险是指由不完善或有问题的内部程序、员工和信息科技系统及外部事件所造成损失的风险。

复习思考题

(1) 阐述 P2P 网络借贷的内涵及特点。
(2) 比较 P2P 网络借贷与传统融资模式的异同点。
(3) 简述国内 P2P 网络借贷行业的发展现状。
(4) 以案例分析的形式，用代表性实例阐述国内 P2P 网络借贷模式。
(5) 利用大数据实施 P2P 网络借贷风险评级和风控可行吗？试说明理由。
(6) 分析 P2P 网络借贷的风险。

第4章 众筹

现代众筹是指通过互联网方式发布筹款项目并募集资金，相对于传统的融资方式，众筹更开放，能否获得资金也不再以项目的商业价值作为唯一标准。众筹利用互联网和社会性网络服务(Social Networking Services，SNS)传播的特性，让小企业、艺术家或个人向公众展示他们的创意，争取大家的关注和支持，进而获得所需要的资金援助。只要是网友喜欢的项目，就可以通过众筹方式获得项目启动的第一笔资金，为更多小本经营或创作的人提供了无限的可能。

学习目标

理解并掌握众筹的概念、特点、价值及众筹活动的参与主体；了解众筹的国内外发展历程和发展状况；了解众筹的四种主要业务模式及盈利模式；了解众筹面临的法律和信用风险及风险防范措施。

知识架构

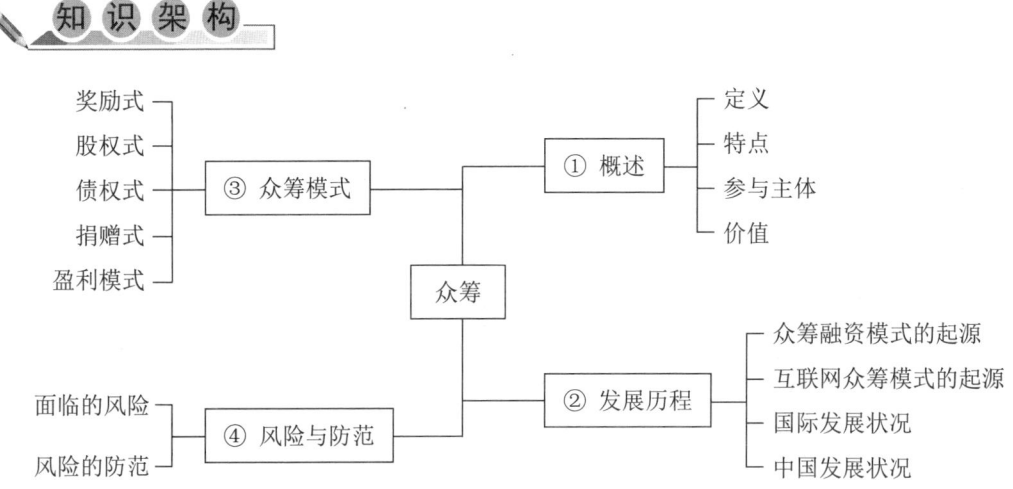

> **导入案例**

天 使 汇

天使汇(Angel Crunch)成立于2011年11月，是我国首家发布天使投资人众筹规则的平台，一直致力于帮助靠谱的项目找到靠谱的投资。天使汇平台可为创业者和投资人提供天使众筹的全面服务，包括快速合投和领投+跟投。快速合投通过标准化的投资条款和方便高效的投资流程省去了大量的沟通成本和法律成本，带来了众多的投资人资源信用验证，如果融资成功，收取5%融资额作为服务费。创业者与天使汇签署股权托管协议和网络融资服务协议，天使汇为公司的股权登记、股权管理、股权变更、增资、员工持股等方面提供电子化服务。领投人可以在天使汇上确定领投意向，将领投的项目分享给其他投资人，通过天使汇的路演平台，帮助项目迅速找到跟投人，天使汇为领投人和跟投人提供方便的GP/LP管理系统，协助设立有限合伙企业，提供标准化的法律文本，收取5%的利益分成。

截至2014年年底，天使汇平台已有超过10 690个创业项目入驻，2 109位认证投资人，230多个项目共计完成10亿元的融资，成功的项目包括众多知名公司，如滴滴打车、黄太吉、面包旅行等。天使汇平台挂牌项目总融资达到7.69亿元。以天使轮项目为例，单个项目平均融资金额为222.18万元，一半多项目融资金额集中在300万～500万元。其中，100万～300万(不含)元的获投项目为17个，占到总体的35%；100万元以下的获投项目为7个，占到总体的14%；300万～500万元的获投项目为25个，占到总体的51%。2015年8月30日，天使汇完成了2 000多万元自众筹，估值20亿元自众筹上线仅24小时就超额认购1.5亿元。

4.1 众 筹 概 述

4.1.1 众筹的定义

【拓展视频】

"众筹"源自英文"Crowd Funding"一词，即大众筹资或群众筹资，通俗地说，就是一群人凑钱做一件事。在互联网热潮的催生下，众筹从线下转移到线上，项目发起人通过互联网方式发布项目并融资，大众通过互联网获取信息，相互沟通联系并汇集资金支持项目发起人的活动。

4.1.2 众筹的特点

不同于公开募股、天使投资等传统融资方式的复杂性和高门槛，众筹以其相对"接地气"的交流方式与大众沟通。众筹具备不同于传统风险投资的四大特点，这些特点决定了众筹是一场"草根阶层的盛宴"。

(1) 进入门槛低

从项目发起人身份来看，无论是大名鼎鼎的企业家还是身怀绝技的发明家，抑或是一文不名但怀揣梦想的"草根"一族,只要有创意项目,谁都可以成为众筹发起人,在公开渠道发布自己的项目。

(2) 参与方式简单

对于项目投资者而言,身份、地位、资金要求已经不再重要。只要有闲置资金,任何个人都可以为众筹项目出一份力,成为某个项目的拥有者或者某个创业团队的"天使投资人"。众筹参与资金从几美元到几万美元不等,参与方式的简单、快捷使众筹的大部分支持者是普通民众,而非公司或风险投资人。

(3) 项目多样性

众筹的项目包罗万象,涉及多个行业,包括设计、科技、音乐、影视、出版、游戏、摄影、公益、房地产等。

(4) 创意为王

拥有十足创意或是创新的项目方能夺人眼球,获得投资者的肯定。发起人必须先将自己的创意(设计方案、宣传策划、后期运营等)上传到平台审核,同时具备创意和可操作性的项目方能通过平台的审核。

4.1.3 众筹活动的参与主体

众筹融资的业务模式:项目发起人在平台注册、提交和发布融资项目,众筹平台根据其成长性、市场前景等标准对融资项目进行筛选,公布项目的融资目标、天使投资者等信息,向潜在的投资者推荐,并建立投资者和项目发起人之间的联系,提供沟通渠道。如果投资者决定投资该项目,就通过网络完成相关支付、转账,以及其他财务和法律手续,项目发起人则承诺给投资者股权、产品或其他形式的投资回报。根据众筹融资的业务模式,众筹活动的参与主体包括以下三类。

1. 项目发起人

项目发起人作为项目的直接发起者、资金筹集者及日后项目经营者,在项目创意与项目经营上具有优势,其主要工作内容是向外界展示项目创意、项目风险、项目前景及资金需求等,开展日后项目经营管理,分享项目成果。具体工作流程主要包括项目申请、收获筹资、项目经营和成果分配。

① 项目申请即向众筹平台提交项目融资请求,主要内容包括申请人信息、项目名称、项目团队介绍、图片或视频式的项目描述、筹资额度与期限、项目进展与风险、项目承诺与回报等。

② 收获筹资表明项目申请已通过众筹平台审核,并在设定的期限内完成了设定的筹资额,发起人可以顺利通过众筹平台得到支持者投资的资金。如果未能在期限内将设定的筹资额完成,筹资就此失败,发起人不能收获筹资。通常收获筹资的金额为期限终止时实际筹资额的90%~100%,筹资平台的佣金及服务费就来自剩余资金。

③ 项目经营是发起人收获筹资后的重要工作,也是发起人融资的最终目的,为了保证项目顺利经营实施,出资人需要对项目进行监管,发起人也有义务定期向出资人发布项目经营信息。

④ 成果分配是发起人最后的工作，也是向出资人实现承诺发放回报的信用体现，如果项目经营成功，发起人需要在预先约定的时间内完成承诺的回报；如果未能在约定的期限内实现承诺，视作项目经营失败，发起人后期可不再履行成果分配的义务。

项目是具有明确目标的、可以完成的且具有具体完成时间的非公益活动，如出版图书、制作专辑或生产某种电子产品，项目不以债券、股权、利息、分红等资金形式作为回报，项目发起人必须具备一定的条件，如年龄、国籍、银行账户、资质和学历等，项目发起人对项目拥有100%的自主权，不受任何第三方控制，完全自主。项目发起人要与中介机构(众筹平台)签订合约，明确双方的权利和义务。

项目发起人通常是需要解决资金问题的创意者或小微企业的创业者，但也有个别企业为了加强与用户的交流，在实现筹资目标的同时，强化众筹模式的市场调研、产品预售和宣传推广等延伸功能，以项目发起人的身份号召公众(潜在用户)介入产品的研发、试制和推广，以期获得更好的市场响应。

2. 出资人

项目出资人作为项目所筹资金的来源方，具有资金优势，其主要工作内容是以发挥自身资金优势为前提，支持、监督项目实施，并获得项目成果分享。具体工作包括项目评估、项目支持、项目监管和收获回报。

① 项目评估是出资人在可行性研究的基础上，从企业整体的角度对拟投资建设项目的计划、设计、实施方案进行全面的技术经济论证和评价，从而确定投资项目未来发展的前景。

② 项目支持是出资人对项目的实际投入工作，当前在我国的主要形式为资金支持。出资人只需要按照众筹平台的指导，在网上即可完成项目资金的支持工作。

③ 项目监管是出资人为确保项目的顺利实施，定期或不定期地与发起人进行沟通，项目发起人也有义务定期向项目出资人发布项目经营信息。

④ 收获回报是出资人参与众筹融资的最终收益的体现形式，发起人需按约定发放对出资人承诺的回报。

出资人往往是数量庞大的互联网用户，他们利用在线支付方式对自己感兴趣的创意项目进行小额投资，每个出资人都成为"天使投资者"。公众所投资的项目成功实现后，出资人的回报不一定是资金回报，而可能是一个产品样品，如一块手表，也可能是一张唱片或是一张演唱会的门票。出资人资助创意者的过程就是其消费资金前移的过程，这既使生产和销售等环节的效率得到了提高，生产出原本依靠传统投融资模式而无法推出的新产品，也满足了出资人作为用户的小众化、细致化和个性化的消费需求。

3. 众筹平台

众筹平台作为发起人与出资人的中介机构，具有专业化服务及平台优势，其主要工作内容是以保护发起人与出资人的利益为前提，为项目资金筹集牵线搭桥，具体工作包括项目审核、项目展示、筹资管理和收获佣金。

① 项目审核是众筹平台工作的开始，也是决定项目能否参加众筹融资的关键。众筹

平台在收到项目申请后，需要审核项目申请的内容，对申请信息的完备性、真实性及项目可行性进行评估，只有满足相应的要求，项目申请才能通过审核。

② 项目展示表明项目审核已经通过，并通过众筹平台向外展示。项目展示包括项目预展示与项目展示，项目预展示主要是为了争取网民的关注，获得市场反馈，从而调整项目内容，以确保后期项目展示能筹集到足够的资金；项目展示的内容包括项目详细介绍、筹资金额、筹资期限、支持方式及项目回报等。

③ 筹资管理即在发起人预先设定的筹资期限内对所筹集资金进行日常管理，以及筹资期结束后，对实际筹资额的分配。筹资期结束后，若实际筹资额达到或超过预先设立的筹资额，则表示筹资成功，筹资平台从中抽取一定的佣金及服务费后，将剩余资金及时交给发起者；若实际筹资额小于预先设立的筹资额，表明筹资失败，筹资平台需要将实际筹资额返还给出资人，众筹平台并不收取任何佣金或服务费。

④ 收获佣金即在筹资成功后，按照预先约定的佣金比率(一般为0%～10%不等)，从实际筹资额中抽取少部分作为项目佣金及服务费，这也是众筹平台收入的体现形式。

众筹平台是项目发起人的监督者和辅导者，也是出资人的利益维护者。多重身份特征决定了众筹平台的功能复杂、责任重大。首先，众筹平台要拥有网络技术支持，根据相关的法律法规，运用虚拟运作的方式，在虚拟空间内发布项目发起人的创意和融资需求信息，实施这一步骤以在项目上线之前进行细致的实名审核为前提，并且确保项目的内容完整、可执行和有价值，确定没有违反项目的准则和要求。其次，在项目筹资成功后要监督、辅导和把控项目的顺利展开。最后，当项目无法执行时，众筹平台有责任和义务督促项目发起人为出资人退款。

4.1.4 众筹的价值

1. 广告价值

众筹的最大价值莫过于广告价值。众筹的概念引人关注，也会吸引大量的媒体。很多企业希望通过在互联网上发起一个众筹项目以宣传企业，增加客户数量，增强客户黏性。

众筹是自媒体时代的绝佳宣传模式。如果众筹成功，支持者将获益，支持者就会不遗余力地帮助众筹获得成功，他们会在微信朋友圈或微博上转发消息，或者打电话给朋友，以期更多的支持者参与众筹。在如今的自媒体时代，每一个支持者都会成为新一轮宣传的发起者。同时，众筹体现了互联网时代的"产消合一"的特征。支持者是产品的消费者，同时其自发的宣传对企业的生产有一定的帮助，因而也是生产者。

通过众筹的广告效应，发起人也可在众筹过程中结识一批志同道合的朋友，以期共同完成更大的事业。因而，众筹的广告效应帮助很多人实现了"筹资源""筹人脉""筹思想"的目标。

2. 调查价值

对于回报型众筹来说，众筹往往是在产品还未生产出来就发起了，因而，发起人并不了解市场对众筹产品的反应。因而，众筹作为接受产品预订的一种方式具有对市场进行调查的作用。

对于股权众筹来说，众筹过程实质上是众筹平台上的投资人对企业创意进行投票的过程，票数的多少决定了众筹可否成功，大众对企业的认知往往比一两个人准确得多。股权众筹实际上是采集多数人意见的过程。如果众筹成功，则发起者更有理由把他的想法诉诸实现，因为很多人已经预测企业大有可为。

3．资金价值

众筹成功往往意味着企业在没有开始生产时便获得了一笔资金，而且这笔资金是不需要偿还利息的。这笔资金将在产品生产出来后以产品的形式偿还，或者在企业盈利后以红利的形式偿还。这无疑对改善企业的财务状况起到很大的作用。

4．预售价值

产品众筹其实就是一种预售的模式，支持者支持的资金可以看成一种预付款，产品在众筹成功一段时间后才发给支持者。显然，预售反映了人们对市场的实际需求，降低了产品生产数量的不确定性，使企业能够合理地调配生产资料，同时有效地降低库存。

预售对农产品非常有帮助，因为农业有特定的生产周期，往往在开始种植时还不了解收获时的市场需求，同时农产品的库存成本往往比较高，多余的产出会带来大量的浪费。预售将会成为农产品交易的主要模式，而众筹是预售的完美体现。

4.2 众筹的发展历程

【拓展知识】

4.2.1 众筹融资模式的起源

众筹融资的雏形最早可追溯至18世纪欧洲文艺作品的订购。在文艺作品创作前寻找订购者提供创作经费，待作品完成，回赠订购者附有创作者亲笔签名的著作、协奏曲乐谱副本或欣赏音乐会首场演出的资格等。

> **案 例**
>
> **自由女神像是众筹来的**
>
> 如今席卷各个行业、如火如荼进行的众筹，其实早在19世纪就已经有了，最著名的众筹案例，莫过于闻名天下的自由女神像的建成。
>
> 自由女神像的设计者是法国人弗雷德里克·奥古斯特·巴托尔迪(Frédéric Auguste Bartholdi)。在设计出美国的自由女神像之前，他还有过为埃及设计女奴像的想法，并在1867年将这个想法告诉了埃及总督：塑造一个手举明灯的女奴(如同狮身人面像的巨形塑像)，站立在苏伊士运河的入口，名为"埃及给亚洲带来光明"。埃及总督很喜欢塑像的名字，但是没有下文，众筹失败。
>
> 遭到埃及总督的婉拒之后，巴托尔迪立马将眼光投向了美国，而此时的美国，刚刚结束南北战争，巴托尔迪去美国的时候，已经带好了他的设计稿，也就是后来闻名天下的自由女神像。他向美国总统、政要和巨商兜售自己的想法，美国人很喜欢雕像的名字，也喜欢他的设计，但是谈到钱时，美国人却回绝了，此次众筹失败。

三年后，在被他感动的朋友们的帮助下，一个为塑像筹资的委员会——美法联盟成立。委员会决定法国方面筹款建造塑像，美国负责放置塑像的底座。1876年，当第一笔捐款筹集到后，巴托尔迪开始建造他梦寐以求的塑像。时断时续的捐款，让巴托尔迪的建造工程不得不时常停顿。在这期间，巴托尔迪蜕变了，由一个文艺青年变成了商人，也开启了真正意义上的众筹(之前谈到的"众筹"，并不是严格意义上的众筹，甚至不算是众筹)。巴托尔迪和筹资委员会制订的众筹方案也是分级的，众筹回报丰厚。例如，其中一个级别是巴托尔迪亲自签名、限量版的自由女神像的模型，最高级别的回报是巴托尔迪本人的两件雕塑作品。

通过此次众筹，巴托尔迪成功地得到了完成塑像需要的75万美元。在他快完成雕像时，美国却迟迟没能做成雕像底座。原因是当时的美国陷入严重的经济危机，政府自顾不暇，政客们对自由女神像的底座关注度不够。新闻家约瑟夫·普利策(Joseph Pulitzer)在得知自由女神像项目因为没有资金建底座而将失败时，在《纽约世界报》上宣布：他将把每一个给自由女神像捐款的人的名字印在报纸上，哪怕只捐一分钱。这个众筹项目运行了大约6个月的时间，最终得到了12.5万人的捐款。捐款人从小孩到老人，从商界大佬到普通百姓，甚至是生活在社会底层的贫民，都为这个计划献出了自己微薄的力量。因为每个捐款人都想看到自己的名字印在报纸上，到最后全美国都想知道捐款的进度，《纽约世界报》也因此成为西半球发行量最大的报纸。最终筹募得到的款项是100 091美元，换算到当下市值大约是220万美元。

故事的结局很令人满意，众筹完成，自由女神像在1886年10月28日正式落成，文艺青年、商人巴托尔迪说了句："我毕生的梦想实现了。"

(资料来源：http://www.tianxiang17.cn/wz/hreip55.html，有改动)

4.2.2 互联网众筹模式的起源

世界上第一个互联网众筹平台，是2001年成立于美国的ArtistShare公司。该平台主要面向音乐界的艺术家及其支持者，与西方传统众筹的历史渊源十分吻合，由此开启了互联网众筹时代。

ArtistShare平台的创始人布赖恩·卡米里奥(Brian Camelio)，被称为"音乐众筹之父""众筹金融的先驱者"。当时传统音乐行业正在受到数字音乐的冲击，全球的唱片公司每年要花费十亿多美元去吸引公众购买CD，数字音乐的出现令实体音乐的销售极其艰难。卡米里奥认为，音乐行业是时候改变了。ArtistShare平台希望能够引领音乐行业由最初的零售物理音乐产品转移到为支持者提供参与创作机会的服务。

ArtistShare平台成功地将支持者带入艺术的创作过程中，达到了"只要支持者有钱，艺术家就能任性"的目的。卡米里奥带领一支具有10多年经验的团队与艺术家一同规划艺术项目，包括如何融资、融资金额的制定，甚至项目如何制作；同时为艺术家提供与支持者实时交流的平台，上传项目制作近况。

从最开始为音乐行业服务到现在，ArtistShare平台已将服务对象扩展到各类艺术家，如作家、摄影师、制片人等。想要融资的艺术家首先需要填写调查问卷，问卷内容大概包括艺术家受欢迎指数、是否与支持者经常互动等。提交问卷后，如果ArtistShare认为艺术家适合这个平台，那么商讨融资事宜后，项目将发布在平台上等待融资。来自世界各地的任何支持者都可以在ArtistShare平台上为喜爱的艺术家投资。融资结束后，开始制作项目，支持者会根据融资情况受到不同的邀请。此外，艺术家会经常更新项目近况，采用录音、图片展示或者写文章的方式向支持者展示。这是ArtistShare平台线上经营的核心所在，也是艺术家与支持者零距离沟通最基本的方式，平台鼓励艺术家多发布艺术进展状况，与支持者实时沟通。

平台上第一个成功的融资项目 Concert in the Garden 专辑在2005年获得格莱美"最佳大爵士乐团专辑"奖，并同时获得两项提名。发展至今，在ArtistShare平台上融资的项目已获得9次格莱美奖和17次格莱美奖提名，几乎成为格莱美奖的新"风向标"。

其中，ArtistShare平台上荣获格莱美奖最多的美国著名作曲家玛丽亚·施耐德(Maria Schneider)的专辑 Sky Blue 自2006年7月28日在ArtistShare平台上线并开始融资，于2007年7月28日完成。这张专辑共融资23.6万美元，通过ArtistShare平台首次销量约为1万张，这1万张相当于预售产品，已不是一个小数目。由此可见，ArtistShare平台上的专辑销量是非常可观的。在专辑的制作过程中，施耐德在ArtistShare平台上传了近80份"专辑制作过程"分享材料，其中视频音频占比较大，这些记录从专辑的制作想法"鸟儿在蓝天中飞翔"到专辑开始制作、从遇到的困难再到最终获得格莱美奖，内容详尽，一部伟大的音乐作品的诞生就这样被记录了下来。

2005年之后，众筹平台如雨后春笋般出现。2006年，美国学者迈克尔·萨利(Michael Salley)致力于建立一个名为Fundavlog的融资平台，允许发起人采用播放视频的方式在互联网上吸引潜在投资者进行项目融资，首次以"众筹"一词解释了Fundavlog的核心理念，使众筹进入了公众视野。

4.2.3 众筹在国际上的发展状况

咨询公司Massolution的调查报告显示，2009年全球众筹投资额仅为5.3亿美元，2012年则达到了27亿美元。众筹融资平台数量增长速度越来越快，2009年还不到100个平台，2013年年底则增长到800个，为超过100万个项目进行了募资。众筹融资规模从2010年的9亿美元增长到2013年的61亿美元，到2014年年底，全球众筹融资规模达到162亿美元，同比增长165.57%。到2015年年底，全球众筹融资规模比2014年增长2倍多，总额达344亿美元，同比增长112.35%。2010—2015年全球众筹融资规模及其增长率如图4.1、图4.2所示。从募资的形式来看，2012年众筹融资募得的27亿美元中，通过捐赠模式的有52%，通过借贷模式的有44%，通过股权模式的有4%。

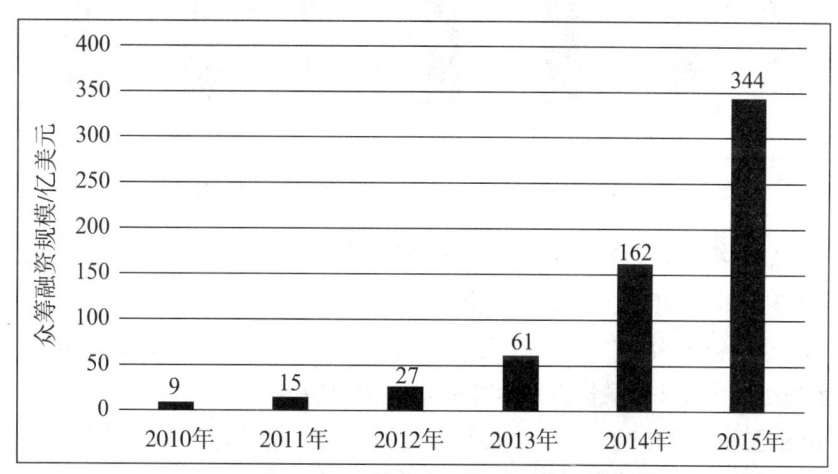

图4.1　2010—2015年全球众筹融资规模

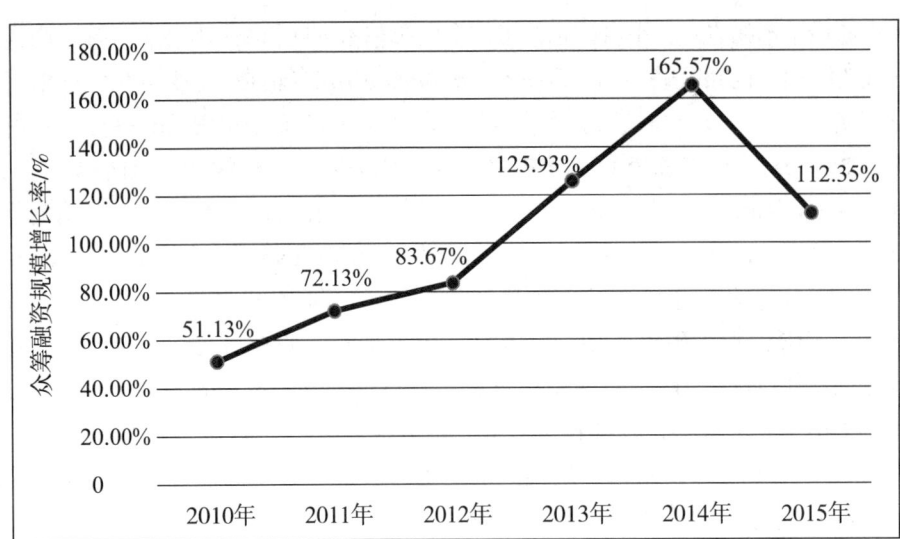

图 4.2　2010—2015 年全球众筹融资规模增长率

众筹融资公司的数量不断攀升，2010 年仅有 283 家，到 2013 年年底全球众筹融资公司数量达 889 家。截至 2014 年年底，全球共有 1 196 家众筹公司，同比增长 34.53%；而到了 2015 年年底，全球众筹公司就达到了 1 544 家，同比增长 29.10%。2010—2015 年全球众筹公司的数量如图 4.3 所示。

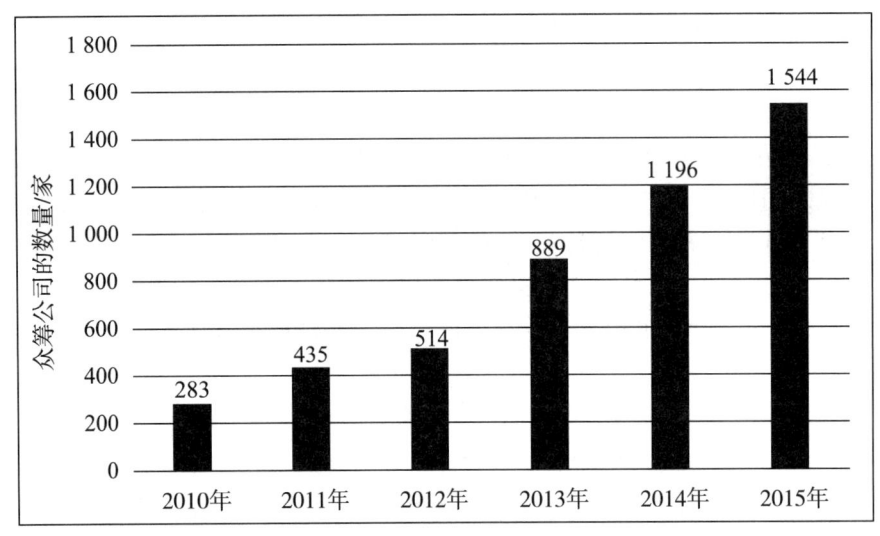

图 4.3　2010—2015 年全球众筹公司的数量

从地区分布来看，北美和欧洲是众筹最活跃的地区。2012 年，全球众筹融资总额的 95% 来自北美和欧洲。其中，北美地区众筹融资额约为 16 亿美元，接近总额的 60%。在全球活跃的众筹融资平台中，美国占比超过 40%。其中，以 Kickstarter、IndieGoGo 两大众筹平台为代表的美国众筹融资占据全球融资的主要份额。

Kickstarter 创建于 2009 年，平台地点在美国纽约，是全球最大、最知名的众筹网站。截至 2015 年年底，平台成功资助了 9.5 万个项目，成功筹集资金 20 亿美元。该平台运营模式简单有效：一方是有好的创意并想去实现创作的人；另一方则是愿意出资帮助他们实现创意的人。而平台最大的特点是大众化，门槛极低，任何人都可以无须支付手续费就可以捐赠自己有意向的项目。

IndieGoGo 成立于 2008 年，是美国第二大众筹平台，全球范围内的投资者都可以通过这个平台向有梦想、有能力但缺乏资金的融资人进行投资。通过评估的项目，可在 IndieGoGo 网站上进行最长期限为 120 天的资金募集。融资人可在固定融资和弹性融资之间选择所需的融资机制。若选择弹性融资制，即使融资者没有实现预定融资目标，也可以获得部分所融资金，但 IndieGoGo 要对所融资金收取 9% 的相关费用。若融资人可以完成融资目标，则无论选择哪种机制，IndieGoGo 都要对所融资金收取 4% 的相关费用。另外，提供其他服务的第三方收取 3% 的费用，而国际融资每次还需额外收取 25 美元的费用。IndieGoGo 自成立以来，已经为全世界 212 个国家的 65 000 多个项目提供了融资。

案例

Pebble 智能手表众筹项目

2012 年 4 月 11 日，项目发起人埃里克(Eric)抱着试一试的态度在 Kickstarter 众筹网站平台上发布了 Pebble 智能手表项目，希望能给自己因为资金困难即将"流产"的项目再筹集 10 万美元的运作资金，使自己的梦想能够延续。这个 4 人团队在 2 小时后发现奇迹出现了，10 万美元的筹资目标居然已经完成，并且投资仍在继续迅速增加。项目发布后的 28 小时，Pebble 智能手表项目总融资金额突破 100 万美元。Pebble 智能手表就此一夜成名。2013 年 5 月，Pebble 智能手表项目金额为 1 500 万美元的融资顺利完成，项目的发展继续向前迈进。Pebble 与 Kickstarter 合作的成功案例引发了巨大的示范效应。在 Pebble 之后，在 Kickstarter 众筹融资网络平台上又迅速涌现出了众多硬件创新产品项目。Kickstarter 众筹平台的众筹业务流程如图 4.4 所示。

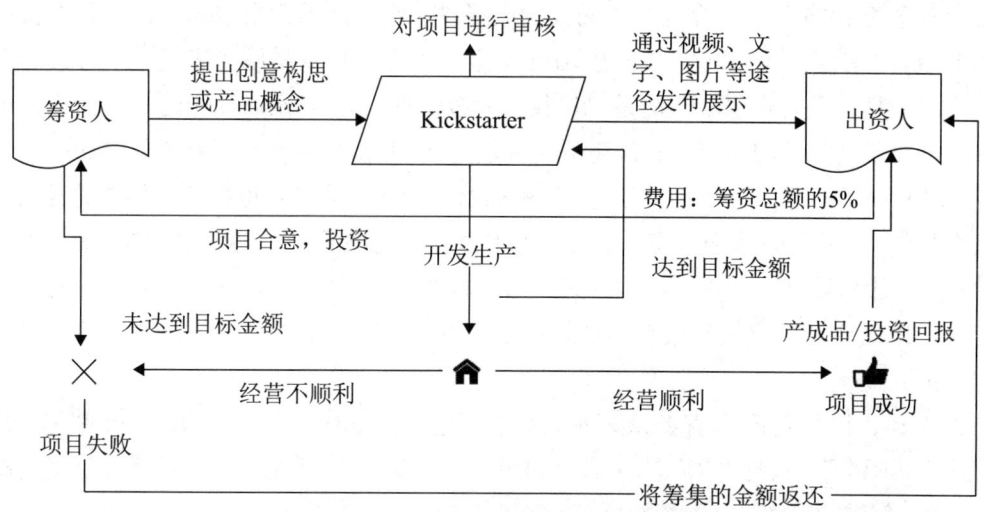

图 4.4 Kickstarter 众筹平台的众筹业务流程

2012年4月5日，美国总统奥巴马签署了《企业振兴法案》(Jumpstart Our Business Startups Act，JOBS Act)，增加了对众筹的豁免条款，给通过众筹方式向一般公众进行股权融资的创业公司提供了法律依据，进一步拓宽了投资者和创业者的募资渠道，众筹模式逐步趋于规范化、合法化。

欧盟委员会将众筹定义为"一种向公众公开地为特定项目通过网络筹集资金的行为"，与小微企业发展和重振市场密切相关，在经历了主权债务危机之后，欧盟将众筹纳入了"2020战略"，将之视作提升就业水平和欧洲企业发展的新型且重要的途径，以实现欧盟到2020年的经济发展战略目标。欧洲是股权模式使用最广泛、增长最快的地区。全球近几年来成立的股权众筹融资平台中，欧洲占大部分，年增长率约为114%。

但由于欧洲各国经济发展情况存在差距，作为众筹重要参与者，小微企业的发展问题在不同国家的紧迫性不同，因此对众筹重要性的认识也不同，欧洲众筹市场的发展呈现明显的差别。法国、德国和英国无论是在平台数量、众筹模式还是项目规模方面发展都十分迅速，众筹已成为金融市场的重要组成部分；匈牙利和拉脱维亚只有捐赠或奖励类众筹，与投资或金融基本无关；而克罗地亚、立陶宛、卢森堡、斯洛伐克和斯洛文尼亚根本没有任何众筹平台。

4.2.4 众筹在中国的发展状况

2011年7月，国内首家根据众筹模式建立的网站——点名时间正式上线，首次将国外的众筹概念引入国内，上线项目包括出版、影视、音乐、设计、科技、公益等。点名时间的第一个上线项目是"女孩真心话"，创意来自一位名为志伟的具有电影专业背景的年轻人。这个项目是一系列的电影短片拍摄活动，以"我为什么没有女朋友"为主题，采访许多女生并探求她们内心的情感世界，这个拍摄活动在上线10个小时之内便筹集到足够资金，帮助志伟完成了他的拍摄梦想。

让点名时间真正火起来的是2012年6月一项"寻找单向街书店主人"的活动。单向街书店创立于2005年，旨在为热爱阅读的人提供一个优质的读书空间。该项目的目的是寻找1 000名书店主人为书店筹集10万元资金，以支付日益高昂的房租。项目设定筹资时长为两个月，令人意想不到的是，仅仅在一夜之间，10万元资金便已筹集完毕，单向街书店展现了其非凡的影响力，最终募资额超过23万元。该项目拯救了单向街书店，也让点名时间火了一把。随后的《滚蛋吧！肿瘤君》漫画绘本系列也得到无数人的喜爱，这位患病的漫画家通过漫画记录自己对抗病魔的过程，画风活泼，充满正能量，受到了许多人的欢迎。漫画绘本众筹项目上线4天，即筹得28万元款项，打破了点名时间的最高募额纪录。2012年的几次极其成功的众筹项目使点名时间引起业界关注，众多的众筹平台也相继诞生。

2012年，国内首家垂直型众筹平台淘梦网上线。2013年2月，众筹网成立，并凭借"那英演唱会""快男电影"等名人项目迅速抢占眼球，"爱情保险"项目筹资更是超过600万元，创当时国内最高筹资纪录。

现阶段，众筹融资在中国仍处于起步阶段，正以令人难以想象的速度发展。2011年，国内众筹平台数量仅为3家，2014年9月已经突破100家，截至2016年9月底，我国处于运营状态的众筹平台共有455家。

案 例

3W咖啡店众筹项目

创投平台3W咖啡的创始人是互联网分析师许单单。2012年，社交平台微博风靡全球，3W咖啡项目借助微博高度繁荣的环境，很快吸引了众多有分享意识、思想前卫的有志青年一同参与。其设定每人10股，每股6 000元，相当于一个人投资6万元。由于股东包括知名人士，3W咖啡引领了我国网络众筹式创业咖啡店的潮流。3W迅速以咖啡品牌出发，并开始涉足其他领域。

3W的发展模式其实并不难操作，但不是任何人投入6万元就能成为3W的股东，入股还需要另外的附加要求。3W是云集网络创业和投资者的平台象征。人们投入6万元并不是为了分红而来，反而更多是以3W咖啡为平台，为股东们创造人脉价值和圈子回报。假设3W的股东在交流中找到了适合的投资项目，那么创收会远远超出6万元。这是一笔划算的买卖，是一个富有创意而多方收益的典型案例。之后，在我国很多城市相继出现了会籍式的众筹创业咖啡店的热潮，如"很多人的咖啡店"。

创业咖啡注定不容易赚钱，但这种理念通过网络平台的传播，可以使更多素不相识的人积极参与到这种沙龙式的融资方式之中。通过众筹网络融资模式结合会籍式经营，书吧、美容院等服务类场所在创业伊始就拥有强大的客户资源和智囊团队，进而可以快速拓展业务。这种方式迎合了相同兴趣喜好的人的交流需求，也可以使服务场所的质量得到优化。项目发起人可以选择通过众筹网络融资方式设定股东标准，定位筛选股东人选，可谓创业、交友、赚钱三不误。

(资料来源：https://baike.baidu.com/item/3w%20coffee/7494981)

然而，目前国内的众筹环境和条件还不够完善和成熟，其中以信用体系和监管制度最严峻。众筹项目中，项目发起人的信用是影响项目成功率的重要因素，而国内的征信系统不够完善、市场信息不够透明，以及传统消极思想的禁锢，导致大多数人对众筹项目的信任度不高，这是众筹发展的极大阻力。另外，监管体系不完善也让许多别有用心的人有机可乘，如果处理不善，众筹往往会涉及"非法集资"的指控。此外，众筹项目成功后股权或所有权的分散，将会面临管理不善或者股权纠纷的难题。

根据中投顾问发布的《2016年中国互联网众筹年度报告》，截至2016年年底，国内已上线608家众筹平台，其中倒闭、跑路、歇业等问题平台和已转型平台达到271家，占比达44.6%。正常运营的平台仅剩337家，剔除其中的119家汽车众筹平台，传统的众筹平台只有218家。

可以说，众筹在中国是行走于监管边缘的创新融资，尽管面临多种难题，却不能阻止其迅猛发展的态势，未来众筹必将在中国焕发出其应有的活力。随着行业发展，平台垂直化、产业细分化，已成为众筹行业的共识。

4.3 众筹的模式

4.3.1 奖励式众筹

奖励式众筹又称回报式众筹或预购式众筹，是指项目发起人在筹集款项时，投资人可能获得非金融奖励作为回报；或者销售者通过在线发布新产品或服务信息，对此有兴趣的投资者可以事先订购或支付，从而完成众筹融资。奖励式众筹模式就是投资者对项目或公司进行投资，获得产品或服务。

奖励式众筹一般指的是预售类的众筹项目。例如，2015年3月12日，杭州控客信息技术有限公司(以下简称控客科技)把小K MiNi智能插座放到了淘宝众筹平台上，众筹目标为100万元。2015年4月28日，这款售价仅为39元的小K MiNi智能插座竟然只用了短短的46天，就筹到了21 141 909元，吸引了348 122人参与，成为当时中国产品众筹金额及众筹参与人数最高的项目。

奖励式众筹也包括艺术类众筹，包括艺术品、音乐专辑、电影、电视等产品，回报可以是实物，如果是电影项目，可以提供成片后的DVD；如果是产品设计，可以提供相关产品，其他还有如明信片、T恤、出版物等。也可以是非实物，如鸣谢、与项目发起人共进晚餐、影片首映的门票等。

传统概念的团购与奖励式众筹的主要区别在于募集资金的产品/服务发展的阶段。奖励式众筹指的是仍处于研发设计或生产阶段的产品或服务的预售，面临着产品或服务不能如期交货的风险。团购则更多指的是已经进入销售阶段的产品或服务的销售。奖励式众筹与团购的目的不尽相同：奖励式众筹主要是为了募集运营资金、测试需求，而团购主要是为了提高销售业绩。但两者在实际操作时并没有特别清晰的界限，通常团购网站也会做类似众筹的预售，众筹网站也会发起团购项目。

4.3.2 股权式众筹

股权式众筹是指公司出让一定比例的股份，面向普通投资者，投资者通过出资入股公司，获得未来收益。这种基于互联网渠道而进行融资的模式被称作股权式众筹。另一种解释就是"股权式众筹是私募股权互联网化"。

案 例

美微众筹——首例以失败告终的股权众筹案例

2012年5月，脱离爱奇艺的朱江带着他的商业计划书走遍北京、上海、广州、深圳等全国主要城市，拜访了100多位投资人却未得到肯定答复。朱江灵机一动，在淘宝上注册了一家店铺，名为"美微会员卡在线直营店",通过拍卖会员卡,购买者除了能够享有"订阅电子杂志"的权益,还可以拥有美微传媒的 100 股原始股份。这算是国内公开募集股权的第一例。美微传媒在上线仅仅 4 天的时间,就筹集了 80 万元的资金,这件事在当时轰动一时,不少人怀疑其合法性,果然事发不久,美微传媒即被证监会紧急叫停。国内首例股权众筹案例就此失败,但是无论如何,作为第一个"吃螃蟹的人",美微传媒也不失为股权众筹史上的一个经典案例。

股权式众筹从是否担保来看,可分为两类:无担保股权众筹和有担保股权众筹。无担保股权众筹是指投资人在进行众筹投资的过程中没有第三方的公司提供相关权益问题的担保责任。目前国内基本上都是无担保股权众筹。

以"大家投"为例,股权式众筹平台的运营流程如图 4.5 所示。

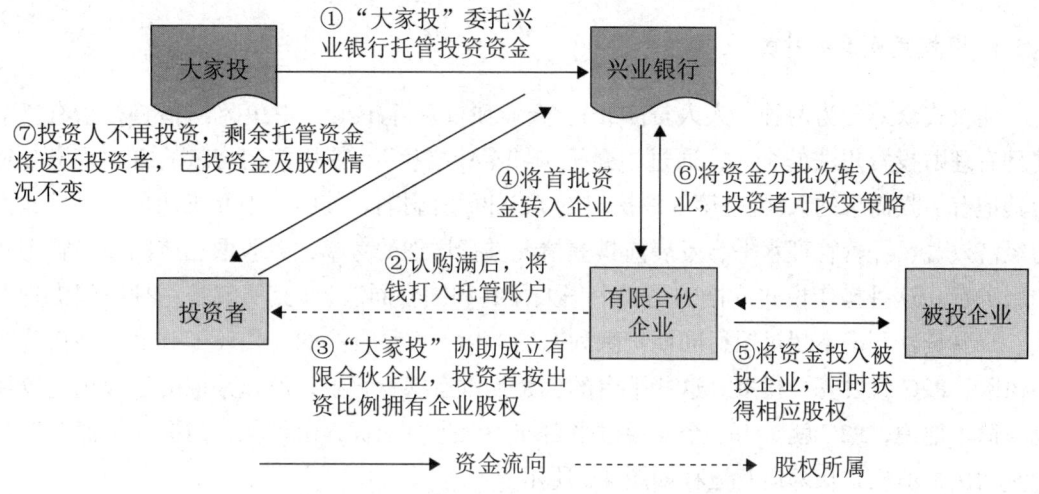

图 4.5 "大家投"股权式众筹平台的运营流程

有担保股权众筹主要是指在股权众筹业务中加入担保元素,典型的如贷帮网,其规定由推荐项目并对项目进行担保的众筹投资人或机构作为保荐人,如果众筹项目在一年之内失败,保荐人赔付全额投资款,保荐人即担保人。贷帮网于 2014 年 3 月推荐的第一个股权众筹项目是深圳市袋鼠货运代理有限公司筹资项目,该项目的保荐人是深圳市勤投资顾问有限公司。该项目拟转让 24% 的股权,计划募集资金 60 万元,以每份 3 000 元(占股权的 0.12%)的价格出让 200 份权益。这个项目比预设募集期提早了 13 天完成,即项目上线 16 天,就由 79 位投资者完成了 60 万元的投资额度。

【拓展案例】

2015 年 7 月 18 日,中国人民银行、银监会、证监会等十部委联合发布的《关于促进互联网金融健康发展的指导意见》(以下简称十部委《指导意见》),确立了股权众筹的基本特点为大众、公开、小额,明确提出了在符合现有法律法规的前提下建立股权众筹试点,并将股权众筹划归证监会监管。

2015 年 8 月 3 日,为了贯彻十部委《指导意见》,证监会向各省级人民政府致函——《关于对通过互联网开展股权融资活动的机构进行专项检查的通知》(以下简称《专项检查通知》)。《专项检查通知》规定,股权众筹融资主要是指通过互联网形式进行公开小额股权融资的活动,股权众筹必须经国务院证券监督管理机构批准,目前一些市场机构开展的冠以"股权众筹"名义的活动,是通过互联网形式进行的非公开股权融资或私募股权投资基金募集行为,不属于股权众筹。证监会将对上述市场机构进行规范,重点核查平台上的融资者是否进行公开宣传,是否向不特定对象发行证券,股东人数是否累计超过200人,是否以股权众筹名义募集私募股权投资基金。

上述规定明确了股权众筹的含义,即通过互联网形式进行公开小额股权融资的活动。

4.3.3 债权式众筹

债权式众筹就是投资者对项目或公司进行投资,获得其一定比例的债权,未来获取利息收益并收回本金。

1. 债权式众筹的种类

债权式众筹分为两种:人人贷(P2P)、企业债权众筹(P2C)。P2P 网络借贷是指有资金并且有理财投资想法的个人,通过中介机构"牵线搭桥",使用信用贷款的方式将资金贷给其他有借款需求的人(就是第 3 章探讨的 P2P 网络借贷)。其中,中介机构负责对借款方的经济效益、经营管理水平、发展前景等情况进行详细的考察,并收取相应的账户管理费和服务费。这种操作模式依据的是《中华人民共和国合同法》,其实就是一种民间借贷方式,只要贷款利率不超过银行同期贷款利率的 4 倍,就是合法的。相较于 P2P 网络借贷的高风险,P2C 就要安全得多。这些平台的创始人都有银行背景,所以采取的手段也比较规范。简单地说,P2C 就是中小企业通过平台向大众进行融资,由担保公司提供担保。以拍拍贷为例,债权式众筹运营流程如图 4.6 所示。

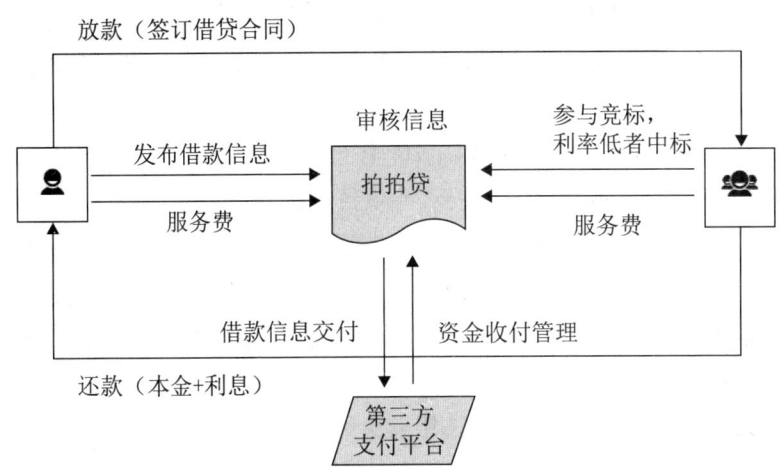

图 4.6 拍拍贷的债权式众筹运营流程

2. 债权式众筹与股权式众筹的区别

(1) 概念不同

所谓股权式众筹,是基于互联网众筹平台、以股权转让与交易的方式进行的一种新型投融资模式，即公司出让一定比例的股份，面向大众投资者融资；投资者通过权益性投资入股，可获得未来股权、分红等收益回报。股权式众筹本质上是一种投资行为。

债权式众筹则是指投资者对项目或公司进行投资，获得其一定比例的债权，未来获取利息收益并收回本金。债权式众筹本质上是一种借贷行为。

(2) 流程不同

目前股权式众筹融资通行的一种模式是投资者通过众筹平台投资后，平台或者平台选择的公司/个人会作为"领投人"牵头设立一家合伙企业，投资者作为有限合伙人，也就是对外无权代表合伙企业，但是可以分红，并只对合伙企业的债务承担有限责任。

债权式众筹融资则是企业在众筹平台发布融资需求后需要提交信用资料和项目资料以备审核查询，投资者甄选符合自己投资意向的项目并投资，平台在筹资满额后放贷，寻求小贷公司担保，持续关注项目进展，监控风险；筹资者收到贷款后用于项目运行，到期偿还。

(3) 收益不同

股权融资更适合少数内行或风险容忍度较高的投资者参与，但由于股权式众筹与以往线下融资相比具有不可比拟的效率，因此现在的股权式众筹平台不仅数目繁多，而且有些众筹项目会提供收益保证。

对于业余投资者而言，尽量降低投资风险十分重要，因此债权式众筹给了那些风险偏好低、期望稳健回报的人一个可行的选择。

(4) 风险不同

股权式众筹的最大风险在于项目公司运营收益的风险，因为债权本息，无论借款人的经济情况如何，包括在破产的情况下，都有主张的权利。但是股权一般均由公司经营业绩决定其收益与否。如果公司控制人有意进行资金挪用、财务造假、利益输送等行为，投资人的投资收益乃至本金就有巨大的风险。而众筹平台或"领投人"能否有实力或意愿去监控公司账务，目前还没有一个很好的解决方案。

当初创公司倒闭时，意味着此笔股权众筹投资的回报是零。另外，很多债权式众筹网站包含某种形式的安全条款，在借款人无力还款的情况下仍能给投资人以保障，因而投资风险相对较小。

4.3.4 捐赠式众筹

捐赠式众筹是指投资者对项目或公司进行无偿捐赠的一种众筹模式，很多非政府组织采用这种模式来吸引募捐，如壹基金。但与传统的募捐活动不同的是，捐赠式众筹可以通过众筹平台，及时披露募捐款项的财务流水和具体用途，从而吸引更多的募捐，获得更高的信任度。在国内，主要的捐赠式众筹平台有微公益、腾讯乐捐等。

【拓展案例】

如果不包括非政府组织的募捐，捐赠式众筹平台在国内屈指可数，主要有以下原因。

① 近几年，国人相互之间的信任度逐步下降，使每个项目的审核成本大大提高，需

要自身或者第三方非政府组织进行线下运营。例如微公益，项目由第三方发起、证实、认领、执行。

② 国内的法律框架不完善，并且在全国各地，个人和企业向公众募捐的法律法规有所不同。

③ 国内的人均可支配收入较低，80%的人表示"自己的钱都不够用，又怎么捐赠他人"，这种想法是影响捐赠资金规模的一个重要因素。

案 例

微 公 益

微公益作为一个汇集亿万网友爱心的平台，自2012年2月正式上线以来，一直致力于将求助者、爱心网友、公益机构等资源进行整合，打造中国第一个有影响力的社会化劝募平台。利用平台的影响力和汇聚力，从认证用户发掘求助项目、"爱心团"甄别信息真伪，到公益机构介入实质救助、网友参与提升项目影响力，几乎所有的微博用户都有机会以个人身份，亲身参与到微公益项目中来，通过全民力量打造一条从项目发起、信息核实到实际救助的完整生态链，以高效、便捷、透明的运作机制，降低用户参与门槛，让所有微博用户都能随手参与公益，微公益开启了一个全新的"全民公益"时代。

另外，微公益拥有打通新浪网和新浪微博的强大推广能力，并整合电视台及平面媒体传播资源，尝试挖掘微博名人、公益组织官微、爱心企业官微等资源，把透明、可靠的项目信息推送给爱心用户，不断完善社会化参与、社会化激励、社会化传播、社会化监督等运营机制。同时，微公益通过平台上的3 500余个项目，与国内基金会及公益组织、志愿者组织、爱心网友等建立了紧密联系和合作，行业资源积累丰富。微公益弥补了此前微博救助无序化、碎片化的弱点，最大化动员了社会公益力量，为公益组织提供完美的线上合作平台，并将人们微小的爱心通过微博平台超3.68亿名网友的爱心力量汇集起来，形成了一股强大的社会力量，一定程度上实现了个人、企业、公益组织的三方共赢。

截至2013年年底，微公益已累计有约194万名爱心网友参与过捐款、转发及关注公益项目，其中"救助白血病女孩鲁若晴""廖丹与妻子的爱情故事""救助西单奶奶"等热点事件广为人知。

2016年11月，中国慈善联合会发布的《2015年度中国慈善捐助报告》显示，网络捐赠平台是2015年度个人小额捐赠(单笔金额在人民币1万元以下)的主要渠道之一，微公益平台、腾讯公益、蚂蚁金服公益平台、淘宝公益四家平台在2015年度捐赠总数超过30亿人次，是2014年的3倍，共获得捐赠9.66亿元，较2014年上涨5.41亿元，涨幅达127.29%。微公益医疗救助类筹款额所占比重从2014年的42%上升至81%，项目数所占比重由48.6%上升为61.6%，体现了网络捐赠平台在受助者中的口碑效应、集聚效应，是所有微博网友的爱心托起了微公益这个"全民公益"的平台。微公益也正通过实实在在的努力，致力于成为中国公益组织最忠实的筹款平台、中国百姓最信任的透明公益平台、求助者和施助者最通畅的沟通平台。

4.3.5 众筹的盈利模式

1．成交费

无论是捐赠式众筹、股权式众筹、债权式众筹还是奖励式众筹，几乎每一个众筹网站都会收取一定比重的成交费，通常为 3%～10%，有时甚至高达 30%。这实际上是一种众筹发起人与投资人之间的互利协议，只有项目成功时才需交费；如果项目失败且没有钱转手，通常情况下抵押金或投资金将返还给投资人。当然，这是一把双刃剑，如果你最终筹集了数十万元，那么成交费也将上涨。成交费应该列入项目和预算计划中。

2．会员费

虽然这种收费方式不常见，但一些众筹网站提供了"会员"或"认购"服务。例如，你每月只要支付一定费用，就可以创建任意多的项目。这笔费用是固定的，即便你的项目非常成功，众筹平台也不会从项目中抽取资金。

3．股权

有些股权众筹平台不仅收取成交费，还要拥有企业或公司的实际股权。这就不只是募集资金的百分之几，还有筹资公司的未来期权收益，这种收费方式类似于投资。

4．广告和促销升级

除了提供给创业者和投资人的常规服务，一些众筹网站还提供额外收费的高价服务，可能包括获得网站的咨询服务、材料评估、视频制作软件或专题位置。这种"免费增值"模式正在高科技产业中普及，似乎在众筹产业中也大有流行之势。

真正的众筹服务市场大幕即将拉开，这无疑将给众筹网站提供更多寻找合作伙伴和获利的机会。

4.4 众筹的风险与防范

【拓展知识】

4.4.1 众筹面临的风险

1．法律风险

众筹融资作为一种陌生人之间的合作模式，在没有法律约束的情况下，会变得肆无忌惮。在互联网金融参与者缺乏守法理念、国家立法欠缺的情况下，法律风险的防范尤为重要。

(1) 行业准入标准的缺乏

与各种投资模式相同的是，众筹融资的出资人在风险识别和承受能力方面也会受到主客观因素的制约。众筹融资的目的是让更多的人参与到众筹项目中，但作为一种投资形式，由于国家对众筹平台的资质认定并没有明确的规定和限制，因此容易导致平台建设市场混乱、鱼目混珠，从而增大出资人识别项目风险的难度。

虽然"入市有风险，投资需谨慎"是投资领域的熟语，但是这句话在众筹融资中却很容易被出资人忽略，这通常是由众筹平台对项目创意的适度夸大介绍、"报喜不报忧"式的片面陈述，或者某些出资人方面的其他原因造成的。众筹平台与出资人实际上存在利益的相对冲突，也就是说，众筹平台与出资人之间的利益不一致。众筹平台可能会为了谋取自身的利益，与筹资人合力故意夸大优势或掩盖不足来促成项目众筹成功。在客观上，由于信息不对称的投资环境、众筹平台对筹资项目审核能力有限及监管机构的监管空白等，也可能将出资人一开始就置于被动承受风险的地位。这样的结果是，众筹平台较高的开放性无法保证参与者都拥有完全的对众筹项目风险的识别能力和承受能力，一旦项目出现违约，因出资人众多就可能会诱发社会危机。

(2) 执业标准和监管体系的缺乏

我国目前尚未出台规范众筹融资的法律法规。由于缺乏相关的行业执行标准和运营监管体系，众筹融资的出资人在整个项目运营中的权益保障制度未能得到建立，一旦出资人的权益受损，将会面临救济不利的客观情况。

具体而言，在出资人出资后，他们一般是无法对资金的使用和项目的运行进行监督的，这必然会导致出资人的利益受损。出资人投资项目时首先将资金转移到众筹平台，然后由平台将所筹资金交予筹资人，这与P2P网络借贷方式同理，存在中间人滥用投资资金为己所用或借贷他人的可能，无论是现行法律还是出资人本人对网站资金的使用情况基本缺乏监督。另外，在筹资人得到项目资金后，如果出资人和网站平台失去对筹资人的控制，项目进展如何、资金如何使用就无从知晓，只能消极地任凭风险发生。

关于应如何履行项目前期对筹资人进行审查和项目中后期的监督职责，目前既没有相关部门进行监管，也没有相关法律法规规定应如何承担法律责任。这就导致了投资者的权益难以获得有效的保护。例如，如果众筹平台的审核环节形同虚设，没有履行项目进入前的认真审查义务，或者出于利益上的考虑，放松审查标准，任凭达不到标准的项目进入筹资平台进行融资，就会使众筹融资项目的出资人不得不独自承担调查审核项目的义务。而且，尽管众筹平台都会承诺在筹资人众筹项目失败后，会确保将资金返还给出资人，但是却没有对另一个重要问题予以明确的规定，即在筹资人筹资成功后若无法兑现或者无法全部兑现他们对出资人的承诺，是否会将资金返还出资人。对于众筹平台而言，它们可以堂而皇之地以告示或其他免责条款的形式将项目审核和项目管理上存在的风险转嫁到出资人的身上，甚至即使筹资人出现重大过失或者欺诈行为，也没有什么惩罚筹资人和众筹平台的机制。

以被视为世界上最成功的众筹融资平台Kickstarter为例，由于缺乏对筹资人可能的欺诈行为的约束机制，电影抄袭造假的情况也曾在平台上发生。另外，Kickstarter并不对众筹成功的项目能否按时完成，甚至是项目能否完成负责。在 Kickstarter 平台约定所提供产品的 270 多个项目中，平均延误的期限超过 1 个月。虽然在法律上项目筹资人有义务实现承诺，但如果承诺未能实现，Kickstarter 对投资者也没有任何退款机制。所以在整个线上众筹模式中，出资人是真正的法律风险的承担者。

十部委《指导意见》在互联网金融界成为基本法，为诸多迷茫的市场主体指明了道路。股权式众筹融资作为互联网金融业态之一，在十部委《指导意见》中首次被肯定为多层次资本市场的有机组成部分，进一步明确了股权式众筹的法律地位。就融资服务平台而言，已将股权式众筹与主板、创业板、新三板并列，使其摆脱了"另册"的地位。

十部委《指导意见》的出台，除了鼓励创新、支持互联网金融稳步发展外，还有一个重要任务就是对互联网金融的各种业态落实垂直监管责任、明确业务边界。关于股权众筹融资，十部委《指导意见》明确指出必须通过股权众筹融资中介机构向投资人如实披露企业的商业模式、经营管理、财务、资金使用等关键信息，不得误导或欺诈投资者。对于时下的股权众筹平台而言，搭建多层次的信息披露体系是应对证监会垂直监管的必然趋势，也是树立股权众筹行业标杆的重要机遇。

(3) 股权众筹易触碰非法集资的法律红线

在各种众筹模式中，筹资人以股权作为回报的股权式众筹是国际发展的趋势，但是在我国现行的法律环境中，股权式众筹由于极易触碰非法集资的红线，而成为一个非常敏感的领域。

《最高人民法院关于审理非法集资刑事案件具体应用法律若干问题的解释》第一条规定，违反国家金融管理法律规定，向社会公众(包括单位和个人)吸收资金的行为，同时具备下列四个条件的，除《中华人民共和国刑法》(以下简称《刑法》)另有规定的以外，应当被认定为"非法吸收公众存款或者变相吸收公众存款"：一是未经有关部门依法批准或者借用合法经营的形式吸收资金；二是通过媒体、推介会、传单、手机短信等途径向社会公开宣传；三是承诺在一定期限内以货币、实物、股权等方式还本付息或者给付回报；四是向社会公众即社会不特定对象吸收资金。从形式上看，目前国内众筹融资模式这四个要素都满足，即未经审批、公开推荐、承诺回报、向社会不特定对象吸收资金，但就其本质目的而言，众筹模式与非法集资完全不同。众筹融资是一种通过吸收公众存款而支持实体经济发展的途径，并不是通过扰乱市场经济秩序来谋取私利。但是，由于形式上的相符相容，二者之间的界限极不明朗。正是因为对非法集资这条红线心存忌惮，所以目前我国众筹出资人不采取以获得利息、固定回报或高额回报为目的的模式进行出资，而是以一种对模型产品和相应服务支付预付款的模式来予以规避吸收资金的存贷款关系。

此外，《最高人民法院关于审理非法集资刑事案件具体应用法律若干问题的解释》第六条规定，未经国家有关主管部门批准，向社会不特定对象发行、以转让股权等方式变相发行股票或者公司、企业债券，或者向特定对象发行、变相发行股票或者公司、企业债券累计超过 200 人的，应当认定为《刑法》第一百七十九条规定的"擅自发行股票、公司和企业债券"。构成犯罪的，以擅自发行股票、公司和企业债券罪定罪处罚。该罪的基本构成要件是"未经批准""变相发行""向社会不特定对象发行或以股权等方式变相发行""超过200人"。根据该解释，擅自发行股票、公司和企业债券的刑事责任认定操作简单易行，众筹融资极易陷入"雷区"，而成为打击的对象。例如，为规避非法集资的风险，阿里巴巴集团娱乐宝项目携手国华人寿保险公司，以投资连结保险的形式为其众筹产品"穿上保险产品的外衣"，以防止越过非法集资的红线。

因此，《最高人民法院关于审理非法集资刑事案件具体应用法律若干问题的解释》所涉及的方面是股权式众筹面临的重大法律风险。

2. 信用风险

传统融资的信用风险体现为融资主体不能按期偿还约定的贷款，对于众筹融资而言，其不仅具有传统融资所具有的信用风险，还包括融资渠道所存在的信用风险。具体来讲，众筹融资信用风险包括基于项目的信用风险和基于众筹平台的信用风险。

(1) 基于项目的信用风险

基于项目的信用风险包括项目发起人的信用风险和项目本身的信用风险两个方面。发起人的信用好坏将直接决定项目信用违约风险的高低。对于项目发起人的信息，目前是由众筹融资平台进行审核的，其真实性没有专业的信用评级机构评估，无法全面获得其风险信息；由于众筹融资数据库未与中国人民银行征信系统相关联，也就无法获得项目发起人的历史信用记录，因此不能客观地对项目发起人的信用进行评价；同时，众筹融资的违约信息并不计入中国人民银行征信系统之中，使项目发起人即使未按照承诺支付投资回报，其在中国人民银行征信系统中的信用记录也不会受到影响，这使项目发起人的违约收益巨大，而违约成本相对很小，从而进一步促进了发起人信用风险的发生。

项目本身的信用风险决定了经营阶段是否有可供分配的收益。通过众筹融资的项目多数情况下是技术处于开发阶段或试验阶段，产品技术本身并不成熟，持续竞争力有待市场的检验。如果项目无法达到预期的功能或产品的瑕疵多，项目就无法获得预期的收益，投资者将蒙受损失。同时，由于新技术生命周期的缩短，难以确定一项技术被另一项更新的技术所替代的时间，如果换代的时间提前出现，或者出现替代产品，项目市场价值就无法达到预期水平，投资者也有面临损失的可能。另外，由于目前对众筹资金的使用没有法律来约束，在项目融资成功后，资金即可通过众筹平台划入发起人账户，对于资金是否真正用于项目的开发与运营，投资者难以实施有效的监控。

(2) 基于众筹平台的信用风险

基于众筹平台的信用风险包括平台信用风险和网络渠道风险两个方面。平台信用是决定众筹融资市场能否顺利发展的关键。目前，现有众筹融资平台的盈利模式使融资业务的信用风险增大，众筹平台主要通过在项目筹资成功后向项目发起人收取佣金来获得收益(一般按照项目筹资金额的0%～10%收取)，这一盈利模式决定了作为发起人共同利益捆绑者的众筹平台，会通过各种方式协助项目发起人成功融资；由于监管的缺失，平台信用风险难以衡量，对众筹融资平台的监管还处于真空阶段，还未出台关于众筹融资的相关法律法规，各众筹融资平台均自行制定对融资项目的审核标准，且并不对外部进行公开，因此无法评估众筹融资平台的信用风险管理水平；同时，对于在平台上进行推广展示的项目,并没有独立的第三方信用评估机构出具的独立评估意见,多为描述项目功能及优点等信息,投资者进行风险评估时只能通过平台提供的有限信息进行,难以获得更多有价值的信息。另外,平台社区成员之间人际关系脆弱,在利益的驱动下,网络推手、网络水军等也可能介入项目展示的推广中,提高发起人与投资者之间的信息不对称和不确定性。

众筹融资以互联网为拓展渠道,所有业务流程均以互联网为媒介,而互联网是开放的网络通信系统。由于网络监管尚不健全、各种非预期的电脑黑客和不成熟的电子身份识别技术及机密技术等因素存在,网络有着巨大的安全隐患。倘若众筹融资平台爆发系统性故障或遭受大范围攻击,将可能导致交易记录损失和各类金融资料泄露,给投资者造成的损失难以估计。同时,互联网金融市场基础架构所使用的大部分软硬件系统由国外公司研发,而拥有自主知识产权的高科技互联网金融设备缺失,使包括众筹融资在内的整体互联网金融的安全面临一定的威胁。针对上述因素对金融数据安全性和保密性的影响,众筹融资平台目前还没有建立相应的系统化解决方案。

4.4.2 众筹风险的防范

1. 法律风险的防范

众筹融资法律风险的存在使金融信用和金融安全均受到很大的威胁,而这二者却是金融法律关系的重要价值体现。众筹融资需要在立法的保障下走出空白和灰色地带,以期实现高水准的金融信用和金融安全。

(1) 强化众筹平台管理

众筹平台作为筹资人与出资人的联结中介和市场的重要参与者,是防范法律风险的重要环节。我国的众筹平台运营模式引自美国,发展现状与发展势头与美国也有很大的相似性。因此,我国可以从自身的情况出发,适当借鉴美国众筹平台管理的一些先进经验,建立包括事前监管、事中监管和事后监管在内的三个层次的全方位、全过程的众筹平台监管机制,以建立统一的、高效的、诚信的数据平台。

① 事前监管,即对于市场准入的监管,强制性要求众筹平台的设立应该履行审批程序。美国《JOBS 法案》(即《创业企业扶助法》)要求众筹平台必须在美国证券交易委员会(Securities and Exchange Commission,SEC)登记为集资门户,并在被其认可的一家自律性机构(Self-Regulatory Organization,SRO)进行登记,接受协会组织约束。我国则可由证监会承担相应的审批职责,并由证监会对众筹平台的市场准入标准、业务操作流程、信息技术水平、风险控制和管理机制等方面设定准入标准。

② 事中监管,即对众筹平台的经营过程进行日常监管,主要业务范围包括项目质量监管、资金流转监管、市场风险监管等。从项目进入平台之前的严格审查到准确地发布融资产品信息,再到及时跟进产品成长过程中相关信息的披露,最后到项目成功后对出资人的承诺回报是否得到兑现等都要进行监督。美国法律要求众筹平台必须向 SEC 和可能的出资人揭示众筹融资的风险,并对出资人进行教育,其内容由 SEC 确定。而且,美国《JOBS 法案》对于筹资额和投资额进行了双重限制,以使出资人的投资风险降低。我国可

以对美国的做法参考借鉴，对众筹融资项目的筹资额和投资额进行限制和监管。当然，在对筹资人信息披露透明化的同时，要注意出资人信息的保护和保密，来防止大数据的副作用。同时，要对众筹平台发出建议，众筹平台应携手筹资人建立出资人救济机制，如成立专项基金账户。当筹资人发生无法兑现承诺或出现重大给付瑕疵等情况的时候，将项目筹得资金转入该基金，用于弥补出资人的损失，由此实现对出资人最大程度的救济。

③ 事后监管，即对违规操作的众筹平台或者在评估中表现不佳的众筹平台所实施的勒令整改或取缔政策。应该被纳入监管范畴的情形包括：当众筹平台未能尽到审查义务时对其的惩罚，项目未达到筹资额度即众筹融资项目失败后对于出资人的救济是否及时适当，众筹平台的负责人是否同筹资人属于利益攸关方等。

(2) 界定合格众筹出资人资格

为了保护出资人，法律应明确规定能进入众筹平台参与众筹融资的合格出资人。一般来说，合格众筹出资人应当至少满足以下条件。

① 具有风险识别能力。可以从出资人的专业技能、投资经历、从事的行业、年龄等方面考核，以此来对不同众筹项目的出资人进行区分。

② 具有风险承受能力。参与众筹融资项目的出资人一般应当是中等收入以上的自然人，扣除出资额后的资金余额应当不低于一般人的最低生活要求。众筹平台应当以明显的方式在项目介绍时对投资者做出风险提示，并对投资者的资料予以考核，以确定其是否具有良好的风险承受能力。

③ 根据投资数额的不同来进行判定。对出资人投资条件的判定，应当集中于数额较大的投资上，对于数额较小的投资，平台可以减少或免予考核。

从具体制度建设上来看，我国理应把保护金融消费者的权益作为众筹融资立法的基本原则。众筹融资是互联网金融时代下的金融创新模式，其首要条件是保护投资者的安全。在众筹融资过程中，由于出资人基本上处于信息不对称的弱势地位，因此需要法律提高和强化其风险识别意识及风险承受能力，在界定合格众筹出资人资格的同时，通过国家立法来缩小投资者与融资者之间的差距，从而使两方利益实现平衡。这既体现了对金融消费者的保护，也实现了金融效率与金融安全的内在统一。

(3) 引入第三方资金监管机构

对于募集资金的管理，国内目前的做法是将所募集的资金汇入众筹网站专门开立的账户，再分次将资金转给筹资人。筹资人只有按时完成项目，才能从平台拿到项目所筹集的全部资金。但这会造成众筹平台同时从事资金代管业务，使资金流转风险大幅上升，也会在无形中增加对众筹平台的管理水平要求。引入第三方资金监管机构进行独立运作，将众筹平台管理与资金管理分离，是比较安全可行的做法。Kickstarter是以亚马逊支付作为整个交易过程中最重要的交易和资金托管平台，即出资人的资金不必经过或汇入众筹平台，而是直接汇入亚马逊支付。同样，筹资人也不从平台获得资金，而通过亚马逊支付渠道把资金转入自己的账户。

我国可以借鉴国外的经验，在法律中明文要求众筹平台建立独立的第三方资金监管机构，代理其完成资金流转，以提高效率并保障安全。例如，以支付宝为代表的线上第三方支付平台，就可以成为国内众筹的交易和资金托管平台。这样，在原来的"筹资人－众筹平台－出资人"模式的基础上，增加第三方支付平台，众筹融资的流程转变为：首先筹资人申报发起项目，众筹平台进行相应的审查；然后经过信息发布等环节，在出资人选定投资项目后，通过第三方支付平台提供的账户完成资金支付，由第三方支付平台履行资金托管及通知义务，筹资人分次从第三方支付平台获得资金；待项目完成后，第三方支付平台将全部款项转至筹资人账户，筹资人才可以获得全部的融资资金。

2．信用风险的防范

(1) 建立针对性的法律法规与监管体系，完善政策环境

① 加快建立众筹融资的立法速度，逐步完善与之相关的法律法规。我国可以根据实际情况制定众筹融资业务的标准，包括项目融资范围、投资者投资规模、项目性质、投资回报方式和投资回报比例等。例如，美国为了促进众筹融资的良性发展，出台了《初创期企业推动法案》，规定每个项目在12个月内的融资规模不得超过100万美元。根据投资者的财务情况对融资规模进行限制。例如，投资者年收入或净值低于10万美元，总投资额不能超过2 000美元或其总收入的5%。同时，提高行业的准入门槛，建立相关的行业规范，包括众筹融资平台的市场准入机制。制定众筹融资平台融资风险准备金制度，规范众筹融资平台功能及风险缓冲能力。

② 加强对众筹融资业务监管体系的建设。众筹融资平台作为融资业务的载体，风险中有很大一部分来自网络建设和运营等方面，因此，商务部、工业和信息化部等部门可监管其互联网建设和互联网金融运营业务。根据众筹融资回报方式的不同，中国人民银行、银监会、证监会和中国银行保险监督管理委员会(以下简称保监会)要强化众筹融资金融关联业务的监管，并且建立沟通协调机制，防止监管真空地带的出现。

③ 可建立对众筹融资业务的第三方信用风险评估体系。当前我国信用评估体系欠缺及信用评估行业的商业化程度不够，影响众筹融资业务规模的扩大和规范化。我们可以像美国一样，建立信用评估机构、各类企业的信用调查评级机构和消费者个人评估机构"三位一体"的信用体系。第三方信用风险评估机构通过对众筹融资项目、项目发起人和众筹融资平台进行实地调查，运用专业分析的手段，出具独立的第三方评估意见，降低信息不对称的风险。

(2) 建立众筹融资数据库，丰富信用风险管理手段，完善经营环境

通过建立众筹融资市场信用数据库并关联中国人民银行征信系统，控制项目发起人信用风险水平的同时提高其信用违约成本。一方面，创建众筹融资数据库，对发起人的信用信息进行全面采集，建立覆盖全社会的众筹融资征信体系数据库，同时关联中国人民银行征信系统，来对比、完善信用数据；另一方面，输入众筹融资信息，传递给中国人民银行征信系统，对征信信息进行实时更新，全面共享数据库信息，为客观评价项目发起人(企业和个人)的信用提供良好的数据保障。

通过对融资款项全过程进行监控，实现对项目信用风险的有效管理。在项目融资阶段，建立项目融资交易过程监控法规，通过现场和非现场审查相结合的方式对进入发起人

账户的资金实行有效的跟踪，实时管控资金用途；同时，加大针对众筹融资犯罪的惩治力度，使众筹融资犯罪案的发生概率降低，对众筹融资项目的信用风险起到一定的预防作用。

设立众筹融资投诉平台，掌握一手信用违约数据。可由中国人民银行、公安部等部门联合成立众筹融资犯罪投诉中心，接受众筹投资者进行多渠道投诉，掌握市场真实信用风险状况。同时设立专门网站，对诈骗案例进行实时更新，进行互联网消费权益的警示教育，促进公众提高自我保护意识和风险防范意识。

(3) 改变盈利模式，建立信用审核机制，完善平台环境

改变众筹融资平台盈利模式，可降低众筹平台信用风险。通过会费、平台广告费、增值服务和信息咨询等多种方式相结合的盈利模式，如举办论坛、信用风险识别等相关专业知识培训等方式，提供增值服务，使市场参与者在获得收益的同时提升其信用风险管理能力，促进行业的发展。

建立信用审核机制，公开审核标准。以众筹融资数据库为基础，通过大数据、云计算等数据挖掘和分析工具甄选价值信息，并与传统信用风险度量模型相结合，开发综合型项目信用分析方法。通过对数据库信息的整合、深入分析和加工，建立众筹融资评分机制和信用审核机制，并对外公开项目审核的标准，可降低各方信息不对称所带来的风险。

对于网络渠道风险对众筹融资业务的影响，应该尽快建立众筹融资网络技术标准体系，尽快与国际上的计算机网络安全标准和规范接轨，使众筹融资和传统融资执行统一的技术标准，逐步实现整个金融系统的协调发展，增强风险防范的能力。此外，我国要加大支持具有自主知识产权的信息技术研发，力求在防火墙、数据加密等网络安全技术方面拥有重大突破，同时积极开发具有自主知识产权的众筹融资网络防护体系，脱离在硬件设备方面对国外技术的依赖，在技术上实现独立。

▶ 本章小结

众筹是指通过互联网方式发布筹款项目并募集资金的一种融资方式，具有进入门槛低、参与方式简单、项目多样性、注重创意等特点。

众筹活动的参与主体包括项目发起人、出资人、众筹平台。其中，项目发起人作为项目的直接发起者、资金筹集者及日后项目经营者，在项目创意与项目经营上具有优势，其主要工作内容是向外界展示项目创意、项目风险、项目前景及资金需求等，开展日后项目的经营管理，分享项目成果。项目出资人作为项目所筹资金的来源方，具有资金优势，其主要工作内容是以发挥自身资金优势为前提，支持、监督项目实施，并获得项目成果分享。众筹平台作为发起人与出资人的中介机构，具有专业化服务及平台优势，其主要工作内容是以保护发起人与出资人的利益为前提，为项目资金筹集牵线搭桥，具体工作包括项目审核、项目展示、筹资管理和收获佣金。

众筹的价值包括广告价值、调查价值、资金价值、预售价值等。

众筹融资的雏形最早可追溯至18世纪欧洲文艺作品的订购。世界上第一个互联网众筹平台是2001年成立于美国的ArtistShare公司，2005年之后，众筹平台如雨后春笋般出现。从地区分布来看，北美和欧洲是众筹最活跃的地区。其中，以Kickstarter、IndieGoGo两大众筹平台为代表的美国众筹融资占据全球融资的主要份额。欧盟将众筹纳入了"2020战略"，将之视作提升就业水平和欧洲企业发展的新型而重要的途径，以实现欧盟到2020年的经济发展战略目标。欧洲是股权模式使用最广泛、增长最快的地区。

我国国内首家众筹网站是2011年7月上线的点名时间，随后，众多的众筹网站相继出现。2011年，国内众筹平台数量仅为3家，2014年9月已经突破100家，截至2016年9月底，我国处于运营状态的众筹平台共有455家。

众筹的主要运作模式包括：奖励式众筹，投资者对项目或公司进行投资，获得产品或服务，一般指的是预售类的众筹项目；股权式众筹，公司出让一定比例的股份，面向普通投资者，投资者通过出资入股公司，获得未来收益；债权式众筹，投资者对项目或公司进行投资，获得其一定比例的债权，未来获取利息收益并收回本金；捐赠式众筹，投资者对项目或公司进行无偿捐赠。

众筹面临的风险主要包括法律风险和信用风险。其中法律风险主要指缺乏众筹行业的准入标准、执业标准和有效的监管体系，导致众筹市场混乱、鱼目混珠，增大出资人识别项目风险的难度，导致出资人在项目运营中的权益得不到有效保障。另外，股权式众筹易触碰非法集资的法律红线。众筹融资的信用风险则包括基于项目的信用风险和基于众筹平台的信用风险。

众筹的法律风险的防范措施包括强化众筹平台管理、界定合格众筹出资人资格、引入第三方资金监管机构。而信用风险的防范措施包括：建立针对性的法律法规与监管体系，完善政策环境；建立众筹融资数据库，丰富信用风险管理手段，完善经营环境；改变盈利模式，建立信用审核机制，完善平台环境。

复习思考题

(1) 阐述众筹的内涵及特点。
(2) 众筹的价值有哪些？
(3) 众筹的参与主体包括哪些？每个部分的主要工作流程分别是什么？
(4) 简述众筹的发展历程及国内外发展状况。
(5) 众筹的主要运营模式有哪些？
(6) 众筹的主要盈利模式有哪些？
(7) 分析众筹面临的主要风险。
(8) 论述众筹的风险防范措施。

第 5 章
互联网货币基金

互联网货币基金作为互联网金融的重要分支，依托互联网平台，催生出大批"宝宝"类理财产品。各种"宝宝"类理财产品凭借操作简便、收益可观、用途广泛的优势，自诞生以来就赢得了投资者的青睐，并呈现出迅速发展壮大的趋势。互联网货币基金不仅仅是简单的货币基金触网、销售渠道从线下扩展到线上，它通过一系列深刻的模式创新、业务变革，拥有了不同于传统货币基金的特质，也拥有了吸引投资者进行投资的独到之处。另外，相较于基金管理公司，互联网企业在互联网货币基金中显然起着主导作用，占据着更重要的主体地位。

学习目标

理解并掌握互联网货币基金的基本内涵，了解互联网货币基金与传统货币基金的区别，以及互联网货币基金对金融市场带来的影响；了解我国互联网货币基金的发展历程、发展状况及发展趋势；了解互联网货币基金的主要类型；了解互联网货币基金存在的风险及监管措施。

知识架构

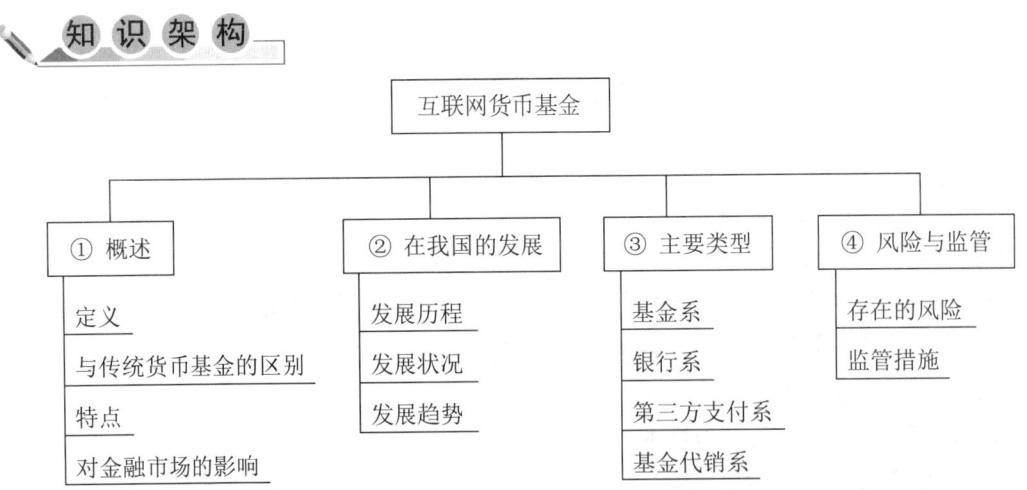

> **导入案例**

余 额 宝

余额宝是由第三方支付平台支付宝为个人用户打造的一项余额增值服务。通过使用余额宝，用户不仅能够得到收益，还能随时进行消费支付和转出，像使用支付宝余额一样方便。用户在支付宝网站内就可以直接购买基金等理财产品，同时余额宝内的资金还能随时用于网上购物、支付宝转账等。一旦把钱从支付宝账户转到余额宝，支付宝公司就自动把钱投资于名为"天弘增利宝货币"的货币基金，资金在第二个工作日由基金公司进行份额确认，对已确认的份额会开始计算收益。这样，余额宝里的钱就可以得到货币基金的收益，同时支付宝还允许用户直接用余额宝里的钱进行消费、转账、还信用卡等。

余额宝实质上是货币基金，仍有风险。其收益不是利息，而是货币基金的收益，尽管货币基金的风险很低，但比法定付息的存款风险要高。如果不把钱放在银行的活期账户上，而是通过银行买了货币基金，同样可以获得类似余额宝的收益，只不过这个货币基金里的钱需要换成银行账户里的活期存款才能消费。余额宝本质上是在"卖"货币基金的流程上进行的创新，将通过互联网投资理财这一过程变得使普通用户更容易接受。

5.1 互联网货币基金概述

5.1.1 互联网货币基金的定义

互联网货币基金是指互联网公司对接由基金类金融机构开发的货币基金，并通过互联网渠道进行销售的理财产品。

互联网公司利用网络平台效应，通过互联网接口为基金公司吸纳资金，并予以投资者较高的收益率；基金公司则负责管理该项货币基金，并主要以协议存款的形式转贷给需要拆借货币的商业银行，从而获得利息收益。

互联网货币基金是一种由基金公司与互联网企业合作，借助于电子商务平台，向广大"草根"群体进行基金直销的一种新的金融产品。这里的电子商务平台是指那些可以掌握互联网入口的企业，特别是电子商务类企业，如阿里巴巴、腾讯、百度、苏宁云商等。它们利用自身的第三方支付平台，为货币基金开创了互联网一站式销售模式。

在互联网货币基金中，基金公司与其所依附的互联网企业是两个并行的收益分配主体。基金公司收取管理费，而互联网企业收取销售费，双方各取所需，互利共赢。虽然互联网企业扮演的是像银行一样的基金代销角色，但是互联网企业仍具有不同于银行的特质。

互联网企业最重要的优势在于其没有传统银行所受到的监管限制，可以从互联网商业的思维出发，为金融创新注入新的动力和能量。而且，互联网企业往往以满足客户体验为首要目标，恰能弥补我国金融服务业在用户体验方面的不足。另外，互联网企业还可以把从金融服务中所获得的收入全部返还给客户,甚至把其他收入贴补给客户,这也是互联网企业为争夺入口所惯用的手法之一。而银行作为传统金融行业的既得利益者,长期依靠利差和服务收入为生,历史负担较重,迫于监管压力,一般创新动力不足。同时,掌握互联网入口的企业保有巨大的个人用户群,多年积累的用户交易数据、消费习惯数据等,都可以利用大数据进行分析,从而获得宝贵的商业价值。互联网企业发掘的是个人用户的资产价值,而非像银行一样注重机构客户的庞大资产。互联网货币基金重视碎片化资金的积累,设计符合资产规模小、消费习惯各异的个人客户的基金产品。互联网企业与生俱来的"草根"属性和平民化发展战略,更有利于我国普惠金融目标的实现。其实,"互联网货币基金"和"货币基金互联网化"这两个概念,就如同"互联网金融"与"金融互联网"这两个概念。一个是互联网企业走向金融,引发金融行业的真正变革。另一个是金融行业触网,形成金融互联网。货币基金亦是如此。基金管理公司开发自身的线上直销系统,银行将基金植入自身的网络平台所产生"银行系宝宝",以上种种皆可以归为货币基金互联网化。因为,诸如此类的变化仅仅是金融领域的技术革新,并不带有互联网企业的核心要素,从而也就不具备互联网企业的本质特征。

只有互联网企业将基金植入自身的电商平台,利用多年积累的电商交易数据与第三方支付数据,帮助基金公司开发适合电商用户需求的基金品种,进行恰当的资金流动性安排,才能真正体现互联网货币基金的本质。

拓展链接

货 币 基 金

货币基金是聚集社会闲散资金,由基金管理人运作,基金托管人保管资金的一种开放式基金。其专门投向风险小的货币市场工具,区别于其他类型的开放式基金,具有高安全性、高流动性、稳定收益性及"准储蓄"的特征。

20世纪70年代初到80年代,美国处在经济衰退而通货膨胀较高的"滞涨"环境中。当时美国联邦储备系统(以下简称美联储)对银行存款利率进行管制,居民存款利率低于通货膨胀率,存款一直处于贬值状态。银行为了吸引资金,推出利率高于通货膨胀率的大额定期存单。然而这种定期存单起始金额较大,往往以十万美元或百万美元为最低投资单位,只有少数机构投资者才有足够的现金去做这样的投资。

对大多数美国人来说,当时可以参与的金融投资品只有利息很低的银行储蓄账户、股票和债券。在时世艰难时,人们很自然地寻找安全性好、流动性强的资产,但很多金融资产要么风险太大、缺乏流动性,要么收益太低,总之无法满足投资者的金融需求。

当时,曾是世界上最大养老基金"教师年金保险公司"现金管理部的主管兼信用分析师鲁斯·班特(Ruth Bent)在对金融服务业做了周详的调查之后,在1970年创立了一个命名为"储蓄基金公司"的共同基金,并于1971年获得美国证券与交易委员会的认可,对公众销售金融产品。

1972年10月,储蓄基金公司购买了30万美元的高利率定期储蓄,同时以1 000美元为投资单位出售给小额投资者。就这样,小额投资者享有了大企业才能获得的投资回报率,同时拥有了更高的现金流动性,历史上第一个货币市场共同基金诞生了。

货币基金资产主要投资于短期货币工具(一般期限在一年以内,平均期限120天),如国债、央行票据、商业票据、银行定期存单、政府短期债券、企业债券(信用等级较高)、同业存款等短期有价证券。

实际上,上述这些货币市场基金投资的范围都是一些高安全系数和稳定收益的品种,所以对于很多希望回避证券市场风险的企业和个人来说,货币市场基金是一个天然的避风港,在通常情况下能获得高于银行存款利息的收益,但货币基金并不保障本金的安全。货币基金有以下特征。

(1) 本金安全。大多数货币市场基金投资品种决定了其在各类基金中风险是最低的,货币基金合约一般都不会保证本金的安全,但在事实上基金性质决定了货币基金在现实中极少发生本金的亏损。一般来说,货币基金被看作现金等价物。

(2) 资金流动性强。流动性可与活期存款媲美。基金买卖方便,资金到账时间短,流动性很高,一般基金赎回一两天资金就可以到账。目前已有基金公司开通货币基金即时赎回业务,当日可到账。

(3) 收益率较高。多数货币基金一般具有国债投资的收益水平。货币市场基金除可以投资一般机构可以投资的交易所回购等投资工具外,还可以进入银行间债券及回购市场、中央银行票据市场进行投资,其年净收益率一般可与一年定存利率相比,高于同期银行储蓄的收益水平。不仅如此,货币市场基金还可以避免隐性损失。当出现通货膨胀时,实际利率可能很低甚至为负值,货币市场基金可以及时把握利率变化及通货膨胀趋势,获取稳定的较高收益。

(4) 投资成本低。买卖货币市场基金一般都免收手续费,认购费、申购费、赎回费都为0,资金进出非常方便,既降低了投资成本,又保证了流动性。首次认购/申购1 000元,再次购买以百元为单位递增。

(5) 分红免税。多数货币市场基金面值永远保持在1元,收益天天计算,每日都有利息收入,投资者享受的是复利,而银行存款只是单利。每月分红结转为基金份额,分红免收所得税。

(资料来源: https://baike.so.com/doc/2505132-2647235.html)

5.1.2 互联网货币基金与传统货币基金的区别

互联网货币基金利用互联网技术、电商网络和社交网络平台等,使货币基金产品更加普及、便捷并为大众所接受,也使自身具有与传统货币基金不一样的特点。下面以余额宝为例,分析这类基金的突出特征。

1. 投资门槛低

余额宝自出世以来,被社会各界称为"草根阶级的理财神器"。其最低投资额低至1元。在此之前,普通货币基金的购买门槛大多为1 000元。收益较高的银行理财产品则需要5万~10万元。而为高端群体设计的理财产品,投资额动辄百万元起。余额宝这一小小的降低投资门槛的举动,将理财意识有效地带入了年轻人、低收入人群的生活中,在全民理财意识的普及中贡献极大。

2. 收益较高

从余额宝2013年6月13日—2014年12月31日,每天的七日年化收益率数据可以算出,它的平均收益率为4.89%。其流动性可与活期存款相媲美,但收益率却是活期存款利率的14倍,并高于三年定期存款利率。这种高收益一方面得益于我国利率双轨制的大背景,另一方面也与互联网企业将所获销售费用补贴给客户以吸引更多客户流量的理念有关。

3. 收益每日结转

余额宝内的资金每日计算收益,且收益每日结转,自动转增基金份额。因此,余额宝内的资金享受的是以七日年化收益率的复利计息,即日日复利。这比银行储蓄存款的单利计息、传统货币基金的月月复利都要高。

4. T+0 赎回机制

余额宝中资金可以随时转出。主要途径是:转出金额实时到达支付宝账户,余额每日限额5万元,每月限额20万元;再由支付宝账户余额转账到银行卡或其他账户,资金2小时内到账。这在传统货币基金中只有少数基金能做到。

5. 支付功能强大

由于绑定了支付宝,余额宝随即具备网络消费、免手续费转账、信用卡还款、支付公用事业费等多种支付功能。客户使用余额宝支付,事实上即为对货币基金份额的实时赎回。只有完善货币基金的支付功能,才能使其具有高度流动性,成为活期存款的理想替代品。

6. 投资者均为个人

余额宝的市场定位与传统货币基金及银行理财产品大相径庭。它主要以电商平台消费者的碎片化资金为目标,作为"购物钱包"的附属增值功能而存在,这是余额宝的客户群体和资金来源。以个人投资者为客户群体,以网络消费为主要资金流向,这使余额宝的流动性比一般货币基金产品更为可测、可控。传统货币基金中有相当大的一部分投资者是机构投资者,户均投资金额远远高于余额宝,用户数则远远少于余额宝。由于机构客户资金量庞大,在新股发行、年底等特定节点,往往会迅速撤资。其赎回行为常常会给基金规模及投资效率造成较大影响,从而影响基金的收益率。而余额宝的申购赎回高峰,根据人们的消费习惯及阿里巴巴多年积累的交易数据,是比较容易预测的。同时,由于投资者的户均余额较小,因个别投资者撤资赎回对基金投资效率产生的影响也是很小的。

7. 大数据分析

货币基金的流动性管理最重要的就是对头寸做预测,对申赎情况进行预测。传统货币市场基金在投资的安排上,一般在季度、半年和年度末会遇到大规模赎回,主要是因为机构客户一般会在这类时间节点进行集中性的操作。而余额宝由于其全部投资者均为个人客户,其中大部分客户又以网络购物为主要资金需求,而客户的消费行为又是有规律的,这就为其利用大数据分析预估资金流动趋势提供了依据。余额宝的资金流出预测系统每天在6个时间点,对淘宝和天猫上通过余额宝进行的赎回、消费、转账、提现等数据进行实时监控和收集,应用大数据分析后把结果及时传输给基金经理。基金经理再利用模型预估次日余额宝的规模,相应安排资金投放。该系统资金规模预测误差不超过5%。

8. 云计算平台

大数据分析技术很好地解决了人们面临信息泛滥但仍知识匮乏的窘态，将价值巨大但利用密度低的数据有效转化为高质量信息。然而，如此巨量数据是无法在可容忍的时间内利用传统 IT 技术和软硬件工具进行管理和处理的，必须依托云计算的分布式处理、分布式数据库、云存储和虚拟化技术。

阿里巴巴的阿里云平台经过数年的搭建和发展，已经可以很好地支撑起大数据应用，以及基金的新型云直销系统和云清算系统。自 2013 年 9 月天弘基金将自身的技术系统搭载到阿里云平台以来，更加顺畅的基金直销平台体验使余额宝用户数量由 1 300 万猛增至 1.24 亿，基金规模原先为 500 亿元，现已接近 6 000 亿元。而清算系统的设计能力支持单日消费订单数最大达数亿笔，通过部署几十个关系型数据库服务(Relational Database Service，RDS)、几百台服务器，使清算时间在 3 小时内完成。同时，余额宝每天仅需 3.5 小时便可完成全部用户的收益发放，可最大程度发挥货币基金的复利优势。而传统货币基金大多受限于技术能力，选择收益按月分配的方式。此外，我们还要注意云平台对移动支付的影响。据统计，2013 年，支付宝手机支付完成超过 27.8 亿笔、金额超过 9 000 亿元，成为全球最大的移动支付公司。从移动理财来看，55% 的余额宝用户在手机端进行余额宝申购，手机端的余额宝申购金额占比 62%。所有这一切都离不开高效云平台的帮助。

9. 网络协同效应

余额宝的成功，其高利率固然是一个重要因素，但更重要的是阿里巴巴旗下的电商网络(如天猫、淘宝、聚划算)、支付宝及余额宝三大部分之间存在的紧密的依赖关系和正向的网络协同效应。阿里巴巴的各类电商平台上已经积累了巨大的存量客户资源，这些客户正是形成网络协同效应的基石，为支付宝和余额宝带来源源不断的资金流入。同时，支付宝使平台服务变得更加便捷、高效、安全，巩固了平台客户资源这块基石。余额宝的推出又增加了对既有客户的增值服务，增强了阿里巴巴电商网络与支付宝对现存客户的吸引力。同时，较高收益的理财服务吸引了更多新客户加入支付宝网络中，使其成为其各种电商网络未来的潜在客户。电商网络、支付宝及余额宝，就像三个相互联动的大齿轮，在巨大的网络协同效应下相互加速，使阿里巴巴这个经济生态系统迅猛发展。这也是互联网货币基金在外延上与传统货币基金的又一大差异。

5.1.3 互联网货币基金的特点

互联网货币基金的本质就是运用互联网平台进行投资理财活动的一种新型金融模式。互联网指的是销售渠道，而基金才是真正的产品，因此互联网货币基金的本质并未脱离传统基金的内涵。但是相比传统的基金产品和银行理财产品而言，互联网货币基金产品也具有其自身的特点，主要表现为流动性高、风险小、门槛低、收益可观及透明度高。

1. 与第三方支付工具对接，具有高流动性

金融产品的流动性是指其在不承受损失的情况下变现的能力。银行活期存款无疑在

三者中流动性最强。而理财产品一般都有约定的投资期限，大多数理财产品投资期限为3～6个月，即使是超短期的理财产品，其期限也为3～7天，购买后资金不能转出。互联网货币基金的高流动性是其主要特点之一。互联网货币基金的本质是与开放式货币市场基金对接的金融产品，而开放式货币市场基金能够随时申购和赎回，但是操作后一般需要(T+1)日或(T+2)日资金才能回到银行账户。互联网货币基金通过第三方平台垫资或基金公司垫资，实现客户赎回时资金可以当天到账的T+0功能。在没有利息损失的前提下实现了客户转出资金即为赎回基金。以余额宝为例，该产品就是通过基金公司垫资实现客户赎回时资金可以当天到账的T+0功能。

2．主要投资于银行的协议存款，能有限控制投资风险

银行活期存款属于储蓄，实质上是在保留所有权的条件下把资金或货币使用权暂时转让给银行或其他金融机构，其风险是最小的。理财产品的投资标的种类繁多，一般可以分为货币市场、外汇市场、资本市场及实业投资四大类，通常投资于货币市场的理财产品风险较小，而外汇市场、资本市场及实业投资的风险依次增大，而理财产品大多不止投资于上述的某一领域，而是多领域组合投资，因此其风险大于仅投资于货币市场的基金。

从目前的情况看，我国的互联网货币基金比较集中投资于银行的协议存款，部分产品投资协议存款占资产总额的比重超过90%。所以，总体来说互联网货币基金的风险很小，略大于银行活期存款而小于银行理财产品。

3．无投资门槛，满足碎片化理财需求

金融产品的投资门槛是指投资者在购买产品时必须达到资金、资历等方面的要求，投资门槛最低的是存款，属于完全无门槛。大多数证券投资基金的认购起点为1 000元。银行理财产品的认购起点为5万元，资金信托产品的认购起点为100万元。互联网基金理财产品打破了这一限制，大多最低金额仅为1元，是门槛最低的基金，互联网基金使更多寻常百姓能够以碎片化的方式获得原来主要面向高端客户的理财服务。截至2014年2月底，逾七成余额宝用户持有金额在万元以下。

4．收益率远高于活期存款，与中长期银行理财产品大体相当

银行活期存款利率为0.35%，不同理财产品之间的差异性很大，尤其是非保本的理财产品。例如投资于股票市场的产品，还可能出现不同的个体有挣有赔的现象；而以收益较为稳定的保本理财产品为例，收益一般为3%～5%。

互联网货币基金作为一种新兴的理财方式，能够在如此短的时间内吸引投资者的关注并赢得广大投资者的青睐，关键在于其高收益率。互联网货币基金作为一类高流动性的金融产品，其收益率在同期限的金融产品中属于佼佼者，高于短期银行理财产品，大致与期限在一年期以上的保本固定收益理财产品相当。以余额宝为例，从余额宝2013年6月—2016年12月31日的收益状况变化情况可以看出，七日年化收益率最高时达到6.763%，2016年12月31日为3.169%，高于一年期的银行定期存款年利率。

5. 产品透明度高

传统渠道基金的销售往往由于信息的不对称导致影响有效沟通的情况。例如，银行理财经理并没明确掌握自己所拥有的理财产品的特点和客户需求，而给客户推荐风险承受能力之外的基金，或者客户在并未清楚赎回费率的问题的情况下申购，造成投资者损失或基金公司形象恶化。

互联网基金采用互联网技术进行了许多人性化的设计创新，用户用网络将信息与储户连在一起，给客户带来的使用体验超过了其他传统投资理财产品，这也是互联网金融得天独厚的优势。以余额宝为例，余额宝每天都有收益提示，计算机的透明度也让投资者得到良好的客户体验，投资者任何时候都可以查询余额宝的资产，这种体验是传统投资模式所不能比拟的。而在互联网的介入下各方都能高效实时地获取基金产品的信息，基金投资者需要得知的相关信息也可以通过互联网以近乎零成本的方式获取，从而可由投资者负责规划自己的资产组合，这也对培育我国成熟的投资市场有着极其重要的意义。

5.1.4 互联网货币基金对金融市场的影响

互联网货币基金的出现和发展符合普惠金融理念，通过"鲶鱼效应"，客观上推动了商业银行重视用户的体验与感受，着力提升服务质量，满足客户不同层次的理财需求，更好地保障金融消费者的权益。互联网货币基金对金融市场造成的实际影响不容小觑。

1. 改变传统基金市场

以余额宝为例进行分析。余额宝以支付宝为平台，利用互联网这一便捷支付手段，短时间内吸收大量资金，规模急速扩张，在推出后的半年内天弘基金资产规模由全行业第四十升至全行业第四，这为其他货币基金的发展提供了思路。结合互联网支付渠道、捆绑互联网客户、满足活期资金需求特点的余额宝，利润快速增长，这迫使传统的货币基金不得不改变原有的销售方式和产品设计模式，将互联网金融提升到战略高度。在余额宝取得巨大成功后，市场上陆续推出各种互联网"宝宝"类理财产品。由于我国储蓄率很高，因此互联网货币基金拥有很大的发展空间。

2. 入侵银行业务领地

互联网货币基金作为理财产品，对银行的负债业务产生了影响。

(1) 影响了银行的放贷能力

互联网货币基金在吸纳资金的渠道上与银行业务产生冲突，分流了一般性存款，影响了商业银行的放贷能力。互联网货币基金的发展对银行最直接的影响是存款大量被分流。较高的收益率和流动性使"宝宝"类理财产品成了活期存款乃至定期存款的替代品，导致个人存款加速向互联网货币基金聚集。在存款下降的情况下，为应对存贷比考核，商业银行会减少贷款发放，而贷款的下降又会导致派生存款的减少，进一步加大商业银行揽存的压力。

(2) 增大了商业银行流动性管理压力

"宝宝"类货币基金为了提高收益率,往往采用多方询价、货比多家的经营策略,其追逐高收益的特性会使大额资金短期内在各家银行之间快速流动,造成商业银行资金来源的稳定性下降,流动性管理难度加大。商业银行为应对"宝宝"类货币基金的冲击,需维持较高的备付金水平,这在一定程度上降低了商业银行的资金使用效率。

(3) 抬高了银行运营成本

一方面,"宝宝"类货币基金的发展壮大,对商业银行放贷能力和流动性管理都产生了较大影响,相应地也增大了商业银行的运营管理成本;另一方面,"宝宝"类货币基金的资金大部分来源于银行储户,这部分资金到基金公司转了一圈后,最终仍旧回流到银行体系。但这一回流的结果是,在提高了投资者收益的同时也实实在在地增加了银行的资金成本,并且改变了商业银行的负债结构,即低成本的活期存款占比下降,而成本较高的同业协议存款占比上升。

3. 推动了利率市场化步伐

个人存款、活期存款通过货币基金渠道获得了准市场化的存款利息收益,在一定程度上间接实现了存款利率的市场化。在存款利率尚未放开的背景下,如果互联网货币基金的规模扩大到一定程度,存款利率管制就可能形同虚设,将大大弱化央行基准利率调控的效果,倒逼利率市场化的开放进程。

4. 对货币供应量指标产生扰动,影响货币政策

当前,互联网货币基金对货币政策中间目标的有效性影响还比较有限,但是随着"宝宝"类理财产品规模的不断壮大,对货币政策的影响将会逐渐显现。

① 互联网货币基金对个人存款和第三方支付机构客户保证金的大量分流,将对商业银行一般性存款造成影响,进而影响银行放贷能力和货币乘数,从而对央行的信贷总量调控产生影响。

② 根据金融统计制度规定,除保险公司同业存放外,其他同业存款均不计入各项存款。货币基金若以协议存款存放到银行,则计入广义货币(M_2);若投向债券市场等其他领域,则不计入 M_2。货币市场资金在不同市场的快速流转导致存款和货币供应量指标起伏波动较大,将直接影响货币供应量中间目标的有效性。

5.2 我国互联网货币基金的发展

5.2.1 我国互联网货币基金的发展历程

我国互联网货币基金经历了以下 3 个不同的发展阶段。

第一阶段：2013年6月之前，网上基金销售主要通过基金公司官方网站、第三方基金销售公司网站及电子商务网站进行，一直处于比较温和的发展时期。

作为一种传统的现金管理工具，货币基金虽然具有投资门槛相对较低、收益水平远超活期利率、收益波动相对稳定等优点，但在过往的运行过程中，受限于产品宣传认知相对较少、投资购买程序烦琐、赎回资金到账缓慢等因素，货币基金的受众仍相对有限，且主要集中于机构投资者。在2012年年底、2013年年初，旨在提高资金利用效率的货币基金"T+0"业务逐渐兴起，并由场内申赎、场内交易的模式向场外垫资的模式扩展，部分基金公司结合自身资金、渠道优势推出的"宝宝"类产品逐渐面世，如华夏活期通、汇添富现金宝等均是在此背景下产生的。

第二阶段：2013年6月至2014年上半年，以余额宝为代表的互联网货币基金迅猛发展，一大批"宝宝"类产品上线，引爆全民理财热。

当支付宝的低息沉淀资金与货币基金的相对高收益、快速流动性及便捷操作性结合起来时，余额宝便应运而生，2013年6月13日余额宝正式上线。凭借支付宝十多年积累的庞大用户资源、巨额沉淀资金及持续的积极营销，在移动互联网快速推进的环境下，余额宝的用户数量及资产规模迅速膨胀，实现了"一飞冲天"。

第三阶段：从2014年下半年开始，互联网货币基金的收益率持续下滑，市场开始由疯狂状态逐渐回归至理性发展阶段。

作为互联网领域鼎足而立的三巨头，面对余额宝的火爆局面，百度、腾讯相继出手，旗下相关产品陆续问世。2013年10月28日，百度理财平台正式上线，首期产品"百度百发"，并在其后陆续推出"百度百赚""百度百赚利滚利版"等理财产品。腾讯则以旗下微信客户端为入口，在财付通的支付结算资格基础之上倾力打造了理财通服务平台。首只挂钩产品华夏财富宝在2014年1月22日率先推出，并在之后的春节红包活动中获利颇丰。后续几只合作产品——汇添富全额宝、广发天天红、易方达易理财则在同年3月、4月陆续面市。

【拓展案例】

极力拓展金融业务、打造金融集团的京东，也在2014年3月顺势推出了小金库产品，挂钩的货币基金为嘉实活钱包、鹏华增值宝。

5.2.2 我国互联网货币基金的发展状况

据不完全统计，截至2017年7月26日，全国共有627只货币基金，总规模约为5.124万亿元。市场上约70个"宝宝"类产品共挂钩97只货币基金，其货币基金规模为2.172万亿元，占货币基金总规模的42.34%。互联网的影响力可见一斑。

从规模上看，各种互联网货币基金产品拥有的资金量不断扩大。特别是随着中小城市商业银行布局互联网金融步伐的加快，银行系"宝宝"类产品最终在数量和收益率上都超过了第三方支付系。伴随着互联网货币基金的飞速发展，各大互联网门户网站、第三方支付机构、电商平台推出的互联网货币基金类产品，显示出了强大的"吸金"效应，倒逼传统银行加快转型升级。为防止大额存款从银行撤离，各大银行在采取限额等措施的同时，也纷纷推出自己的专属"宝宝"类产品，奋起直追。中国工商银行、交通银行、中国银行和招商银行等传统银行业的巨头均先后推出了"T+0"理财产品，并加快了银行业务互联网化。互联网货币基金产品发展至今，已形成了明显的规模特征。

目前互联网货币基金产品已显现出六大主力：阿里巴巴通过支付宝平台上线余额宝，对接天弘基金；腾讯通过微信平台上线理财通，首款产品财富宝对接华夏基金；腾讯通过微信平台上线全额宝，对接汇添富基金；兴业银行通过钱大掌柜平台推出掌柜钱包，对接兴业全球基金；百度理财推出百赚利滚利版，对接嘉实基金；网易理财推出网易现金宝，对接汇添富基金。

从收益率上看，目前我国银行贷款利率已全面放开，存款利率也不再设置上限，然而利率市场化尚未彻底完成。而"宝宝"类互联网货币基金则降低了投资理财的门槛，通过互联网吸纳普通网民的大量闲散资金，并以协议存款形式将资金存入银行，使小额资金获得远远超过我国银行活期存款利率的收益率，因而，互联网货币基金的收益水平远超过银行存款利率，竞争优势明显。互联网货币基金产品六大主力的年化收益率呈先上升后下降趋势，互联网货币基金产品的收益率普遍下降，其在货币基金产品中的表现渐趋平庸。

从销售方面看，我国互联网货币基金的发展有以下几个方面的特征。

1. 互联网货币基金销售水平稳步提升

2013年，我国基金销售电子商务水平为46.5%，近年来一直呈上升趋势。在基金代销领域，我国主要的代销机构为银行和券商，银行每年的电子替代率未来会逐步提高。虽然未来提升幅度有限，但是由于基金代销的特殊性，其电子替代率近几年始终低于银行整体电子替代率，因此未来还有广阔的提升空间。加之未来第三方代销机构及电子商务平台的兴起，都会对基金代销的电子商务水平形成正向激励。在基金直销领域，电子商务水平始终是弱项，但是天弘基金借助余额宝爆发之后，极大地刺激了余额理财这种电子商务直销模式的发展，然而，由于受制于阿里巴巴集团，其他基金公司短期内很难有效复制余额宝的模式，使未来在基金直销领域的电子商务水平增幅较慢，待市场进一步开发后，才有可能转入高速发展阶段。

2. 基金代销成本较大

作为对基金销售贡献最大的银行代销渠道，其收费标准也一直较高，除了常规的代销手续费外，还附有尾随佣金。2013年，我国中小银行代销尾随佣金率维持在43.2%的水平，一些代销能力强的大型国有银行尾随佣金率高达70.1%。而拥有强大用户规模的互联网公司尾随佣金率则维持在58.4%，虽然帮助基金完成了销售，但是并没有减轻基金公司的负担。很多互联网平台出于提升自身在金融行业知名度的目的，会采取"造星运动"的策略。该策略是指和一家或几家基金公司合作更加紧密，采取补贴、高密度推广等手段，将所有优势资源都集中到这一家或几家基金公司的产品上，而其他基金公司得到的支持就会削弱。这种恶性的市场环境并不能促进互联网货币基金销售健康发展，短期内这种营销手段能够缓解基金的业绩压力，但从长期来看，这种促销并不会给基金公司带来长久的好处,无益于品牌的建立和基金产品质量的提升。用户对这种情况也会产生疲倦,最终供需会趋向平衡,市场的力量会引导市场环境向良性发展。

3. 独立基金销售机构实现盈利困难

独立基金销售机构是互联网基金销售产业链的核心主体。2012年2月22日,证监会首次批准四家企业获得第三方基金销售牌照。截至2016年2月底,我国共有86家独立基金销售机构。独立基金销售机构的出现具有一定历史意义,它肯定了基金销售作为独立产业的法律地位,在传统基金销售格局中引入了新的竞争者,为基金行业的市场化做出了有益的尝试。但历经五年多的发展,独立基金销售机构的发展并未取得重大进展。

独立基金销售机构盈利困难的主要原因有:首先,无论是线上销售还是线下销售,前期都需要投入大量的资金进行铺垫,如IT系统开发、流量导入、用户获取、线下销售网点建设等,这一过程耗时较长;其次,用户对于独立基金销售机构的认知程度有待提高。艾瑞数据显示,2013年所有网民基金用户中,仅有4.6%的人经常通过独立代销渠道购买,相比银行、券商等传统销售渠道差距较大;最后,银行、券商等传统的基金销售渠道在基金销售领域占有垄断地位,其对基金销售的帮助最大,因此也能获得更强的议价能力,但是目前独立基金销售机构还未具备这种优势,因此盈利较为困难。

5.2.3 我国互联网货币基金的发展趋势

1. 高利差不再,收益率与市场平均收益率趋同

互联网货币基金目前的高收益有着其特殊的背景。余额宝等互联网货币基金产品风靡之际,恰逢中国人民银行货币总量调控、去杠杆化、清理地方政府融资平台等一系列政策出台,使整体流动性偏紧,市场一度出现"钱荒"。同时,利率市场化、金融改革也在稳步进行。在这样的宏观背景之下,货币的稀缺性充分显现,货币市场隔夜利率屡创新高。互联网货币基金本质上为货币基金,其资产配置结构自然会向协议存款倾斜,因此获得远高于活期存款的收益,造成"存款搬家"现象。"存款搬家"反过来又强化了流动性紧张效应,进一步推高同业拆借利率。未来,随着资金面的变化,货币市场的供需结构也会发生变化。银行在经过去杠杆化、纠正期限错配后,其经营活动会相对谨慎。因此,"钱荒"背景下的高利率也许将一去不返。与此同时,随着利率市场化的推进,存款利率也有望放开,活期存款与货币市场利率最终会趋同,由市场来决定资金价格与资源配置,由市场来进行风险定价。因此,互联网货币基金收益率将失去现有优势,只能获得行业平均收益率。

2. 竞争趋于激烈,市场结构分化

"宝宝"类互联网货币基金产品短期内迅速聚集大量碎片化理财资金,使其背后的主体基金公司(如天弘基金等)获得跨越式增长,从名不见经传的百亿规模的小型公司一跃成为规模领先的大基金公司。这种示范效应已经引来了众多跟进者。微信财付通、平安盈、

现金宝、收益宝、苏宁零钱宝、百度百赚等对接的 20 余种货币基金产品紧随其后，市场竞争激烈，甚至出现一些收益补贴式营销。互联网货币基金之间的竞争还不仅限于此。银行在"存款搬家"现象出现后，开始反击，借助渠道优势，纷纷推出同类产品，民生银行、中国银行、交通银行、招商银行等银行的互联网货币基金产品也纷纷出炉。这些银行系的互联网货币基金产品不仅在模式和功能上与余额宝等第三方支付系的货币基金产品如出一辙，而且额度限制少。未来，互联网货币基金的竞争将会更加激烈。

【拓展知识】

此外，互联网巨头或银行与基金公司合作，通常会有选择性，被选中的合作基金公司往往因此在市场中形成寡头垄断，客观上对其他中小型货币基金形成了进入壁垒。未来的互联网货币基金极有可能发生结构分化，最终形成"马太效应"，改变现有的市场格局。

3. 监管加强将使市场趋于规范

传统基金公司借助互联网货币基金的强势发展上位，成为基金领域的领头羊，除了模式创新的眼球效应，还有其与活期存款的利差导致的高收益。这种高收益与其说是源于互联网金融的创新，不如说是源于政策和监管套利。互联网门户网站、第三方支付机构、电商平台等渠道吸纳的巨大沉淀资金流，直接转移到与其对接的互联网货币基金产品，随之进入相应货币基金，过程和效果等同于吸纳存款，但却无须缴纳准备金，无须拨备和考核存贷比，投资于协议存款却可以提前支取而免于罚息。协议存款到底该纳入一般性存款还是继续保持同业存款性质，监管部门仍在进一步商榷当中。但不可忽视的一点是，对这种新的业态，法规政策和监管上对其性质并未明确，否则就不会存在争议。因此，在监管机构不断完善相应法律法规的同时，也应约束各类互联网货币基金产品因法律法规的短暂空白而获得的监管套利行为。

然而，银行在存款争夺中处于不利局面，造成存款流失也并不一定代表银行经营理念落后、缺乏竞争力。实际上，作为掌握垄断资源的资金经营者和风险管理者，银行缺乏的是创新的动力和宽松的监管环境。银行早先推出的理财产品就多与货币基金挂钩，但并没有形成当前互联网货币基金的巨大影响力，一是其不愿推高自身的负债成本，二是面临较为严格的监管环境。因此，互联网货币基金和银行面临不同的监管环境，从而造成一定程度的不公平竞争。当前，监管层已经注意到互联网货币基金发展过程中的监管缺位，将来会将其纳入监管范围，从而会使互联网货币基金的市场发展逐步趋于规范。

5.3 互联网货币基金的主要类型

按发行机构的主体类型，可以将互联网货币基金分成四大类，即把基金公司直接发行的互联网货币基金产品归类为"基金系"；把银行代销的归类为"银行系"；互联网公司、电商平台、移动运营商等机构，由于发行"宝宝"类理财产品依靠的是自身的第三方支付平台,所以将它们统一归为"第三方支付系";把除银行、第三方支付机构以外的基金代销平台代售的产品归类为"基金代销系"。

5.3.1 基金系互联网货币基金

在互联网货币基金中,基金系产品占据了一半。基金系"宝宝"产品既可以支持多家银行卡购买,也能支持支付宝、财付通等第三方支付通道。表5-1列出了部分基金系互联网货币基金产品。不少基金"直营"产品也实现了"T+0"快速赎回,且都有非常精致的手机客户端,操作简便程度不亚于第三方支付系产品,而存入和赎回额度则远远大于第三方支付系产品。此外,一些大牌基金系产品还具有余额自动转存功能,同时兼具信用卡还款、跨行转账、自动还贷等功能,如汇添富基金的"现金宝"、华夏基金的"活期通"、广发基金的"钱袋子"等。除此以外,基金系"宝宝"还具备一些得天独厚的优势。例如,既可对接传统货币市场基金,也可对接货币市场分级基金A类,且当账户余额超过500万元时,还会自动转接收益更高的货币市场分级基金B类。多数基金系"宝宝"类产品还能支持基金转换和定投,方便投资者综合打理闲置资金。

表5-1 部分基金系互联网货币基金产品

产品名称	合作基金	平台
汇添富现金宝	汇添富现金宝	汇添富基金
华夏活期通	华夏现金增利货币A	华夏基金
钱袋子	广发钱袋子货币	广发基金
南方现金宝	南方现金增利货币A	南方基金
中银活期宝	中银活期宝货币	中银基金
招钱宝	招商招钱宝货币	招商基金
工银现金快线	工银货币	工银瑞信基金

案 例

华夏活期通

华夏活期通是华夏基金管理公司推出的一款货币基金产品,其所投资的产品为华夏现金增利证券投资基金,截至2014年12月31日,基金规模已突破890亿元。华夏基金管理固定收益资产规模超过1 000亿元。公司拥有由约30人组成的经验丰富的固定收益投研团队,基金经理平均从业经验超过8年。

早在2013年年初,华夏基金就推出了华夏活期通,早于余额宝,而其背后对接的华夏现金增利货币基金则早在2004年4月就已经成立。华夏活期通可以说是互联网货币基金类产品的鼻祖。

从过去几年货币市场的情况看,华夏活期通的收益水平要高于同期活期存款利率,用户利用华夏活期通打理手中闲钱,可以在保持资金较好流动性的同时,获取一定收益。华夏活期通网上交易实现"T+0"后,网上直销客户可以实现左手点"快速取现",右手即可在自动取款机(Automatic Teller

Machine，ATM)上取现，不受交易时间限制，365天都可使用网上交易快速取现业务，资金最快1分钟到账。华夏基金网上直销绑定中国工商银行卡的用户，还可开通华夏活期通的"余额理财"计划，在用户指定的日期，将银行卡里超出约定留存余额的闲置资金投资于华夏活期通，与此同时，用户还可以通过华夏活期通账户进行信用卡自动还款和还贷等操作，方便投资者综合打理闲置资金。

5.3.2 银行系互联网货币基金

随着2013—2014年余额宝的爆炸式增长，互联网金融对商业银行的影响不断深化，传统银行也陆续推出在线余额理财产品以应对互联网金融和利率市场化的挑战。银行系"宝宝"军团在近一年内迅速壮大，在抢占理财市场一年之后，以余额宝为代表的互联网货币基金产品面临着收益率普遍下滑的局面；而与此同时，银行系"宝宝"类产品收益率后来居上。至此，银行系"宝宝"类产品队伍已形成一定规模，互联网货币基金类理财产品不再是互联网企业独有。

银行系互联网货币基金中，大部分对接的是基金公司的货币基金产品，且在申购、赎回方面设置了"T+1""T+0"等便捷措施，有的产品还能实现支付消费、还信用卡、取现等功能，部分产品仅限于所发售银行的银行卡，如中信银行的"薪金煲"仅关联中信借记卡，中国工商银行的"薪金宝"也只服务于中国工商银行客户。不过也有一部分银行系产品可支持多家银行卡的充值购买，如民生银行的"如意宝"、平安银行的"平安盈"、兴业银行的"掌柜钱包"等，均支持近百家银行。表5-2列出了部分银行系互联网货币基金产品。

表5-2　部分银行系互联网货币基金产品

产品名称	合作基金	平台
薪金煲	信诚薪金宝货币、华夏薪金宝货币、嘉实薪金宝货币	中信银行
朝朝盈	招商招钱宝货币B	招商银行
工银薪金宝	工银薪金货币A	工商银行
掌柜钱包	兴全添利宝货币	兴业银行
民生如意宝	民生加银现金宝货币、汇添富现金宝货币	民生银行
平安盈	平安大华日增利货币、南方现金增利货币A	平安银行

案 例

中信薪金煲

在银行系推出的创新型互联网货币基金产品中，中信银行的薪金煲堪称经典之作。相较于其他银行系产品，薪金煲最大的创新之处在于申购和赎回采用了全自动模式，颠覆了传统"T+0"赎回概念。当客户使用薪金煲余额自动转存服务时，只需设定银行卡保留的最低金额，账户内超过这一金额的资金就会自动转存到理财账户中来，为用户提供更高的收益；而当银行账户的活期账户资金余额不足时，系统将自动发起基金快速变现交易申请,快速变现款项将快速到达客户银行账户内,供客户使用。换言之,当客户申办中信银行卡后,可以设定一个存款金额,超出该金额的部分将自动转为货币基金;而当客户需要使用资金时,也无须发出赎回指令,可以直接通过 ATM 取款或 POS 机刷卡消费。这一产品的流动性完全可与活期媲美,而其余额自动转存功能则非常适合没有时间打理流动资产的人群。

薪金煲信用卡自动还款和还贷示意,如图 5.1 和图 5.2 所示。

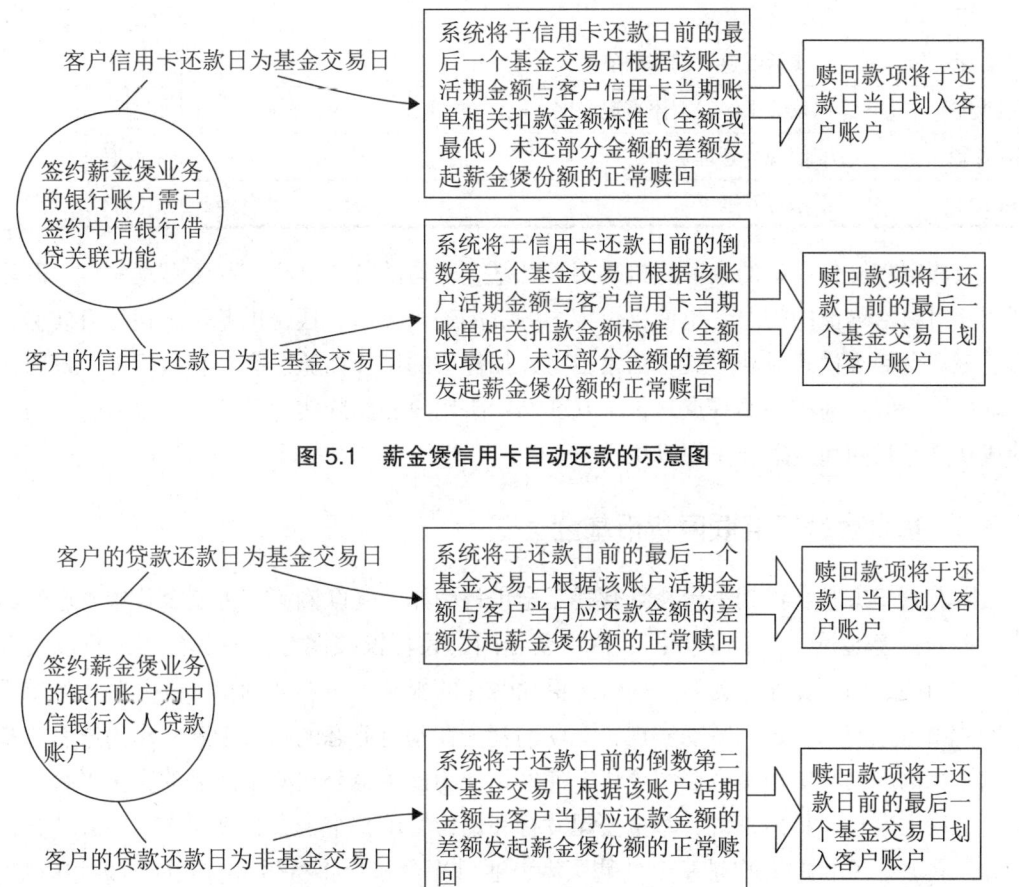

图 5.1　薪金煲信用卡自动还款的示意图

图 5.2　薪金煲信用卡自动还贷的示意图

5.3.3　第三方支付系互联网货币基金

在第三方支付系互联网货币基金中,最为广大消费者所熟知的当属支付宝在 2013 年推出的余额宝。在阿里巴巴旗下的淘宝、天猫等网购平台的助力之下,余额宝迅速风靡网络,点燃了全民的理财风尚。在经历了爆炸式增长之后,无论从收益还是功能上看,余额宝早已不是唯一的选择。第三方支付类产品的代表还有微信理财通、京东小金库、百度百赚、苏宁零钱宝、联通话费宝等。它们都借助自身网购平台、门户网站的强大"吸金"能力俘获了大批"草根"投资者。表 5-3 列出了部分第三方支付系互联网货币基金产品。

表 5-3 部分第三方支付系互联网货币基金产品

产品名称	合作基金	平台
余额宝	天弘增利宝	支付宝
微信理财通	华夏财富宝、广发天天红、汇添富全额宝、易方达易理财	腾讯
百度百赚	嘉实活期宝、华夏现金增利	百度
现金宝	汇添富现金宝	网易
小金库	嘉实活钱包、鹏华增值宝	京东
零钱宝	广发天天红、汇添富现金宝	苏宁
话费宝	安信现金管理货币 A	中国联通
和聚宝	汇添富和聚宝	中国移动

余额宝将支付宝中的余额直接购买天弘基金公司的货币基金产品天弘增利宝，既满足了用户对财富增值的需要，也使支付宝中的沉淀资金盘活，还帮助基金公司提升实力，实现三赢。余额宝模式成功的关键因素很多，如优秀的用户体验、客户权益保障、理财门槛的降低等，但最为核心的一点是传统互联网巨头用户和品牌实力的注入。本质上，余额宝的成功是互联网和金融合作的成功。

5.3.4　基金代销系互联网货币基金

随着第三方基金代销平台相继获得基金销售牌照，互联网第三方基金代销平台纷纷上线，如好买基金网、众禄基金网、数米基金网、天相投顾网等，使平台客户可以实现申购、赎回的一站式操作，为客户提供了更加便捷的服务。表 5-4 列出了部分基金代销系互联网货币基金产品。这一举动实现了互联网基金在基金业态的跨界创新。作为第三方基金代销平台的网站与货币基金公司合作，使网站变为该基金公司基金产品的直销平台，完成基金的线上销售。具体来讲，基金公司发行和销售货币基金，并将其嵌入第三方基金代销平台来代销。平台的客户是基金的购买者，通过平台账户将备付金转入或转出相应基金，实现对基金的购买和赎回交易。第三方基金代销平台与基金公司的合作显示出了基金公司跨界电商平台代销基金的模式，也为基金业的互联网化提供了更为广阔的发展空间。

表 5-4 部分基金代销系互联网货币基金产品

产品名称	合作基金	平台
活期宝	长城货币 B、广发货币 B、银河银富货币 B、光大货币、农银货币 B、南方现金增利货币 B、工银货币等	天天基金网
凤凰金锦囊	工银货币	凤凰网
盈利宝	鹏华货币 A	金融界
储蓄罐	工银现金货币	好买基金网
数米现金宝	海富通货币 A	数米基金网

续表

产品名称	合作基金	平台
活期盈	景顺长城景益货币A、大成添利宝E、华安现金富利A、广发货币A 等	和讯网
众禄现金宝	海富通货币A、银华货币A、融通易支付货币、诺安理财宝货币A	众禄基金网
收益宝	万家现金宝货币、融通易支付货币A、诺安天天宝货币E、景顺长城景益货币A、中荣货币A	同花顺

5.4 互联网货币基金存在的风险与监管

5.4.1 互联网货币基金存在的风险

互联网货币基金本质上还是货币基金，其属性是一种保守稳健型金融投资产品，一般情况下具有低风险的特征，但低风险并非无风险。货币基金的风险主要来自流动性风险和系统性风险，在特殊情况下也可能发生亏损，同时互联网货币基金还面临着一定的政策性风险。

流动性风险和系统性风险是货币基金的主要风险。在发生流动性风险的状况下，由于需要马上变现，持有者就往往需要折价"大甩卖"各种债券、票据等，且基金管理费用属于刚性支出项，因此在特殊情况下也会发生基金净值跌破面值的情况。货币基金的诞生地美国自20世纪70年代第一只货币基金创立至今，就曾发生过两次净值跌破1美元的大规模兑付风险。其中，美国历史上最悠久的货币市场基金——主要储备基金就受到2008年雷曼兄弟倒闭的影响而跌破1美元面值，从而引发投资者大量的恐慌性赎回。PayPal货币基金也同样面临系统性风险和市场利率波动的不利影响。在2008年次贷危机发生时，美联储启动了量化宽松政策，将市场利率维持在零附近。最终，在客户大量赎回和市场零利率的双重挤压下，PayPal货币基金被迫清盘予以终结。

我国的传统货币基金也曾发生过流动性危机。2006年国内几家大型基金公司的多只货币基金遭遇重大流动性风险，管理公司被迫用自有资金填补了损失，保住了货币基金面值不跌破。

从以上经验教训中可以发现，货币基金是市场利率波动的被动接受者，其盛衰受宏观经济形势和系统性风险的决定性影响。与其他投资品一样，货币市场基金并不能包盈不亏，更不能保证持久而稳定的高收益。

除此之外，货币基金还面临着一定的政策性风险。例如，货币基金投资同业存款是否需按照一般存款进行管理、缴纳存款准备金；同业存款提前支取是否罚息；货币基金公司风险准备金的计提比例是否会提高等。尤其是互联网货币基金还面临着更多的监管政策的不确定性。具体而言，互联网货币基金主要存在以下风险。

1. 投资方向单一，收益率受制于市场资金环境

按照《中华人民共和国证券投资基金法》的规定，货币市场可投资品种很多，主要包括短期有价证券，如国库券、商业票据、银行定期存单、政府短期债券、企业债券等。但在目前，互联网货币基金的投资主要集中于银行协议存款。例如，余额宝对接的天弘增利宝货币市场基金，在2013年年底的资产组合中，银行存款和结算备付金合计占比高达92.21%。其他的互联网货币基金的银行协议存款比例也在八九成以上。这一比例相比传统的货币基金银行协议存款64.68%的比例高出很多。当然，互联网货币基金投资于短期国债、回购、央行票据等的比例不高是收益率、流动性和稳健原则等因素综合作用的结果。2013年下半年以来市场流动性紧张的局面，推高了同业存款利率，使互联网货币基金的银行协议存款比例一路走高。但金融市场的核心是风险定价，收益率最终会与风险对等，低风险的银行协议存款要想保持高收益，本身是违背市场经济规律的。随着未来宏观流动性的改善，高度依赖协议存款的互联网货币基金终将迎来收益率的下降，极端情况下甚至会出现暴跌。2014年3月以来，这种情况已经开始显现，市场上各种货币基金的收益率一路走低，跌破5%。

2. 流动性高，规模不稳定，可能面临挤兑等风险

互联网货币基金的爆炸式增长，除了高收益的吸引力外，便利、交互、民主、普惠等互联网精神也是重要原因。互联网货币基金借助于社交媒体的快速传播与病毒式营销，可以在极短的时间内聚集大量资金。巨量的资金瞬间涌入某个产品时，甚至引发销售平台服务器瘫痪，这种情况已经多次出现。百度、网易等平台发行补贴式互联网基金产品，基本都是几小时之内售罄。在资金偏紧的市场环境下，资金的稀缺性充分体现出来，互联网货币基金可以在货币市场获得较高的溢价收益，同时带来基金规模的急剧扩张。但如果市场资金面较为宽松，互联网货币基金的收益率会急转直下，甚至引发大规模赎回潮，从而导致基金规模的急剧下降。这种规模的不稳定，不仅影响基金公司的稳定经营活动，也带来较大的风险。当然，在资金大数法则下，金融产品的风险会被持续流入的巨量资金掩盖，如大规模赎回风险。尽管互联网货币基金基本上都投资于银行协议存款，风险较小，但是由于其特殊的"T+0"实时到账制度，一旦市场形势变化，出现大规模赎回，就会出现挤兑。与银行物理网点的挤兑不同的是，互联网的便利性在这种时候会加剧和放大这种挤兑风险。

3. "T+0"实时到账容易带来期限错配的风险

互联网货币基金方便快捷的一个重要的体现就是客户每日的收益可视化，以及可以随时赎回，资金即时到账可用，因此客户体验较好。这种优质的客户体验建立在"T+0"赎回实时到账上。客户与互联网货币基金或其合作的电商平台的结算是即时的，但互联网货币基金投资的银行协议存款是有期限的，即使可以不罚息提前支取，也有时间间隔，不可能实现"T+0"实时到账。至于短期固定收益债券、买入返售金融资产等其他投资标的，难以实现"T+0"实时到账，这时就存在期限错配的问题。为保证良好的客户体验，互联

网货币基金或者与其对接的电商平台、门户网站、合作机构等需要自行垫资，以按时完成对客户的支付。在资金持续流入或者协议存款提前支取并无困难时，垫资风险较低，仅存在隔夜利息损失。但是如果出现短期集中赎回、资金净流出、协议存款出现违约时，垫付资金将会带来较大的流动性风险，甚至成为坏账。

4. 市场上同质化竞争严重，缺乏核心竞争力

基金牌照在市场上仍属于稀缺资源，基金行业退市机制并未建立，导致基金净值、经营业绩与管理费并未直接挂钩，只是按照基金规模收取管理费。因此，互联网货币基金对规模的追求有着较大动机。当然，基金排名也是扩大规模的重要前提，但对于互联网货币基金而言，差距远没有股票型、混合型基金差距大。固定收益债券、回购、银行协议存款等投资基本占据主导地位。互联网货币基金的这种稳健投资风格，使其产品呈现同质化。互联网金融的发展改变了货币基金的扩张模式，从传统意义上的线下单一渠道逐步发展为线上与线下多种渠道结合，甚至线上交易已经发展为有望取代线下交易的更重要的渠道。在以余额宝和天弘基金为代表的互联网货币基金经营模式下，用户对收益率、"T+0"实时到账的关注度很高，因而基金投资对银行协议存款的依赖性越来越强，几乎成为协议存款的代名词。当互联网货币基金投资组合日益"傻瓜化"时，其就演变为一个单纯的存款团购通道。大部分互联网货币基金从产品、服务到收益率几乎都没有差异，而且并不能充分体现其专业化组合投资机构的身份，缺乏核心的竞争力。最终货币基金必然会受制于银行理财产品、信托产品的替代效应，失去应有的价值。

5. 相关法规的空白容易引发监管套利

(1) 销售渠道打擦边球

以余额宝和天弘基金的合作为例，余额宝本身缺乏基金销售牌照，却跳过银行这一环节直接与支付宝挂钩，在支付宝的原有账户里进行基金购买，显然是变相从事基金销售业务。尽管其解释为仅仅只是提供交易平台，但实质上违反了《证券投资基金销售管理办法》和《证券投资基金销售结算资金管理暂行规定》的相关规定，越线开展了基金代销业务。

(2) 互联网货币基本的监管套利

互联网货币基金的高收益名义上来自协议存款，即活期存款与协议存款之间的利差，实质上来源于监管套利。例如，货币基金享有的一项政策优惠是，协议存款提前支取不罚息，仍然可享受协议约定的利率。这项优惠目前仍然存在较大争议，即天弘基金和余额宝在这里的身份界定问题，到底是同业存款还是一般性存款，两者性质不同，提前支取利率的处理方式和拨备要求均不同。

此外，利率市场化尚未完成，特别是银行存款利率管制严格，但互联网货币基金的领域则是充分市场化的，这种监管环境的差异性，正是造成存款搬家的重要原因。

因此，互联网货币基金的高收益和高速扩张，实质上是监管套利。随着国家监管的规范和加强、利率市场化的推进，互联网货币基金的套利空间将不复存在，其业务模式也将面临较大调整。

> **拓展链接**

从余额宝业务特征分析互联网货币基金监管方面的问题

余额宝交易具有跨地域、跨账户、跨机构的"三跨"特点,不仅使国家实施监管的手段受到限制,还造成了监管协调的问题。在传统的金融体制下,开户人的监管范围可以依据账户开户地进行划分;互联网金融则不同,用户可以不受时间、地点限制进行转账操作,这为地域性监管带来了障碍。

2014年2月24日,余额宝新推出普通转出到卡的功能,即用户可以通过计算机或手机将余额宝里的资金直接转入银行卡。至此,这项互联网金融的创新产品已经涉及银行储蓄账户(借记卡)、基金账户(余额宝账户)、第三方支付账户(支付宝)三个隶属于不同监管部门的资金管理账户。

由于我国金融分业监管的特点和互联网金融经营范围的多元化,对互联网金融进行有效监管,必然涉及多个领域。互联网金融往往跨多个监管领域,如余额宝涉及基金购买和支付问题,因此监管涉及中国人民银行和证监会。从互联网监管实践来看,证监会为了更好地协调关于互联网金融的管理问题,专门从机构部、基金部和期货部分别调配人员成立了信息中心小组。

互联网金融中很多企业推出的相关投资项目涉及多个领域。以余额宝为例,作为支付系统和基金公司的结合,其监管就涉及多个行业。目前,随着互联网公司跨界经营业务的增加,对于监管的要求越来越高,如腾讯推出微信,涉及通信、支付、基金业务等。

(1) 互联网货币将活期资金或储蓄资金投资于银行协议存款等产品,由于其具有高流动性,因此同样面临挤兑风险。一旦出现金融泡沫破裂或是金融市场动荡,导致收益率大幅下降或本金损失,那么其支付的便捷性和高流动性会造成资金的快速流出,形成挤兑效应,到时散户的利益就难以保障。

(2) 时至今日,关于余额宝收益费用明细等相关信息尚未公开,天弘基金对手续费、交易费用和管理费用等是否进行合法的披露,对于投资者及各方利益相关者都是非常重要的。在我国的弱有效金融市场条件下,信息的不对称等问题显然没有彻底解决,不排除会存在通过余额宝进行洗钱的可能。

(3) 从余额宝货币基金本质来看,其虽然是在互联网普及基础上加以创新形成的产物,但是发展依然难以脱离传统金融,难免会存在一些漏洞和风险,从而造成不必要的资金风险和交易纠纷。

5.4.2 互联网货币基金的监管措施

互联网货币基金发展迅速,为传统金融业发展提供了新的思路、机遇和挑战。这一发展趋势一方面可以有效推进利率市场化进程,促进金融改革;另一方面也可以迫使传统金融业尤其是银行业关注互联网在发掘客户、快捷支付、获得客户消费偏好等方面的优势,将传统金融业务与互联网精神相结合,提高服务能力和服务质量。互联网货币基金的核心是通过互联网渠道开展传统货币基金业务,因此必须遵守金融市场的规则。从监管来看,国内对传统金融机构的监管体系已经比较成熟,但是对互联网货币基金方面的监管还存在一定的空白,这就可能导致互联网风险的聚集,不利于整个互联网货币基金市场的发展。

1. 顺应利率市场化改革趋势，发展创新型互联网货币基金产品

发展互联网货币基金，降低了用户的投资门槛，为货币市场提供了一种新型的浮动利率工具，推动了利率市场化的进程。同时，应该重视对互联网货币基金的监管。一方面，要坚持和加快利率市场化改革。2013年，我国已经放开了银行贷款利率管制，目前需要加快存款利率放开，先期试行取消五年期存款基准利率，扩大金融机构利率自主定价权。另一方面，要推动金融工具持续创新。鼓励商业银行、互联网企业与金融机构合作开发新型金融产品，丰富普通居民的理财渠道，实现产品多样化发展，避免互联网货币基金一枝独秀，实现市场的平衡发展。

2. 强化互联网货币基金的监管体系

建立和完善相关制度规范，加强对互联网货币基金的监管，基金公司和合作机构应建立完善的风险隔离制度，设置传统货币基金业务与新型互联网货币基金业务的隔离"防火墙"。银监会、证监会与中国人民银行三方进行合作、信息共享，通过联合监管促使基金公司的规范经营，从行业规范、自律、公平竞争角度，确保互联网货币基金市场的快速、健康发展。在支付方式、信息披露方面，根据基金发展需要，在政策框架内制定相应支付细则和规范，要求基金定期按规定披露其财务和管理信息，提高基金运营的信息透明度。与此同时，相关部门还要规范互联网货币基金发行主体的销售行为，保护中小投资者权益，进一步强化《证券投资基金销售管理办法》相关规定，防范和治理基金管理人、基金销售机构及基金销售支付结算机构在销售和宣传推介过程中的不规范行为，控制潜在风险。另外，还要进一步明确基金公司在互联网货币基金销售中的主体地位，履行风险提示责任，明示互联网货币基金的风险属性，禁止将有风险的互联网货币基金收益率与存款对比等隐藏风险行为，并根据互联网货币基金发展趋势，加强各环节业务的风险管控，规范线上销售行为。

3. 防范互联网货币基金流动性风险

互联网货币基金具有商业银行储蓄存款的特点，且流动性更佳，在金融环境较差、基金运营不佳时，可能存在挤兑风险。因此应当建立互联网货币基金的"风险准备金"，按照基金规模的一定比例提取，当某个基金运营存在问题时，可以确保风险不外溢，并有效保证投资者收益。为了防范流动性风险，保障金融安全，一方面可以制定相关条例，规范对接基金公司操作，提高其信用质量。互联网货币基金所投资品种的剩余期限越长，基金杠杆运用比例越高，流通性风险越高。因此，注意控制投资品种期限，通过强化公开透明度和增加组合流动性，促使其在金融市场波动时保持弹性，并规定所属基金公司需要保留一定比例的结算备付金。另一方面要设置一定的投资门槛，严格区分个人和机构投资者，分别开发基金的零售业务和机构业务，并设置机构业务一定比例的赎回限制，防止机构投资者大笔赎回引发整个互联网货币基金市场的恐慌。

4. 完善互联网交易平台，通过技术手段保障网上交易安全

互联网货币基金通过线上平台发售和赎回金融产品，需要不断提高互联网交易安全性。互联网交易安全本身是一个社会性系统工程，需要构建完善的法律制度、有效的组织管理流程，以及对风险与责任进行合理分配。一方面，要增强用户的信息安全意识，提高用户对防火墙、加密技术、认证技术、防病毒软件等保障技术的认识，将支付工具的用户安全教育责任落实到位。另一方面，互联网货币基金的自身属性，使其不仅要面对传统金融业的风险，还要面临互联网本身存在的一些系统风险，如来自互联网恶意攻击导致的服务器瘫痪、数据丢失、用户信息曝光、账户资金失窃等。国家应从政策层面提升互联网货币基金的准入门槛，要求开展互联网金融业务的货币基金必须满足一定的注册资本、管理规模和管理经验要求，在产品设计上要优先确保客户账户安全，不能一味追求高流动性、高收益性。同时，与货币基金对接的互联网企业在软硬件上应能满足正常交易、深度信息披露、网络安全、大数据等方面的要求。此外，还应加强对电子支付平台的风险控制。监管部门和中国人民银行应加强对电子支付平台的监督管理和安全检查力度，要对第三方支付的账户进行规范，保障资金安全，要求电子支付平台强制采用"数字证书"等经过权威部门认证的支付安全增强技术。

本章小结

互联网货币基金产品是指互联网公司对接由基金类金融机构开发的货币基金，并通过互联网渠道进行销售的理财产品。互联网公司利用网络平台效应，通过互联网接口为基金公司吸纳资金，并予以投资者较高的收益率；基金公司则负责管理该项货币基金，并主要以协议存款的形式转贷给需要拆借货币的商业银行，从而获得利息收益。

互联网货币基金是一种新兴的理财账户、理财服务。用户将资金存入相应账户，即可购买相应的货币基金产品，同时享受诸如收益增值、快速取现、还款购物等附加服务。互联网货币基金是货币基金"T+0"快速赎回业务与互联网有机结合的产物，但其本质上仍属于货币基金。货币基金主要投资于货币市场上的短期有价证券，包括活期存款、通知存款、一年以内的银行定期存款、银行协议存款、大额可转让存单、银行票据、剩余期限在397天之内的债券及期限在一年以内的债券回购等，因此能够满足用户对资金的低风险和高流动性需求。

互联网上各种"宝宝"类理财产品本质上就是货币基金，并不是严格意义上的金融产品创新，但是它们利用互联网技术、电商平台和社交网络平台等，使货币基金产品更加普及、便捷并为大众所接受，也使这些互联网货币基金具有与传统货币基金不一样的特点。具体表现在：营销渠道网络化成本低、客户体验更加良好、投资者门槛大幅度降低、流动性大幅度提高。互联网货币基金对我国金融市场的影响主要有：改变传统基金市场；入侵

银行业务领地；推动了利率市场化步伐；对货币供应量指标产生扰动，影响货币政策。

互联网货币基金的发展历程可以分为三个阶段。第一阶段：2013年6月之前，网上基金销售主要通过基金公司官方网站、第三方基金销售公司网站及电子商务网站进行，一直处于温和发展时期。第二阶段：2013年6月至2014年上半年，以余额宝为代表的互联网货币基金销售迅猛发展。第三阶段：自2014年下半年开始，互联网货币基金的收益率持续下滑，市场开始逐渐回归至理性发展阶段。

我国互联网货币基金的发展状况表现为：从规模上看，各种互联网货币基金产品拥有的资金量不断扩大；从收益率上看，目前我国银行贷款利率已全面放开，但是存款利率仍有上限设定的要求，利率市场化尚未彻底完成。互联网货币基金的具体特征表现为：互联网货币基金销售水平稳步提升，基金代销成本较高，独立销售机构实现盈利困难。

按发行机构的主体类型对互联网货币基金进行分类：基金系，基金公司发行的互联网货币基金产品；银行系，银行发行的互联网货币基金产品；第三方支付系，互联网公司、电商平台、移动运营商等机构依靠自身的第三方支付平台发行的"宝宝"类理财产品；基金代销系，基金代销机构发行的互联网货币基金产品。

互联网货币基金存在的主要风险是流动性风险和系统性风险，还具有一定的政策性风险。具体表现为：第一，投资方向单一，收益率受制于市场资金环境；第二，流动性高，规模不稳定，可能面临挤兑等风险；第三，"T+0"实时到账容易带来期限错配的风险；第四，市场上同质化竞争严重，缺乏核心竞争力；第五，相关法规的空白容易引发监管套利。互联网货币基金的监管措施包括：顺应利率市场化改革趋势，发展创新型互联网货币基金产品；强化互联网货币基金的监管体系；防范互联网货币基金流动性风险；完善互联网交易平台，通过技术手段保障网上交易安全。

复习思考题

(1) 阐述互联网货币基金的内涵及本质。
(2) 分析互联网货币基金与传统货币基金的区别。
(3) 分析互联网货币基金对金融市场的影响。
(4) 结合实际案例，分析我国互联网货币基金近年来的发展状况。
(5) 简述互联网货币基金的类别。
(6) 分析互联网货币基金存在的风险。
(7) 分析互联网货币基金的监管措施。

第 6 章

大数据金融

詹姆斯·麦肯锡(James Mckinsey)最早提出了大数据时代的到来。麦肯锡称:"数据,已经渗透到当今每一个行业和业务职能领域,成为重要的生产因素。人们对于海量数据的挖掘和运用,预示着新一波生产率增长和消费者盈余浪潮的到来。"大数据在生物学、物理学、环境生态学等领域,以及互联网、金融、通信等行业存在已有时日。近年来,互联网和信息行业的发展使人们密切关注大数据。金融业是大数据的重要生产者,交易、报价、业绩报告、消费者研究报告、官方统计数据公报、调查等无一不是数据来源。反过来,大数据对金融行业新时代发展的助推作用也逐渐浮现。

学习目标

理解并掌握大数据金融的概念;理解大数据与互联网金融之间的联系;了解大数据金融不同的运营模式、大数据金融的安全与风险;了解大数据金融在国内外的应用状况等。

知识架构

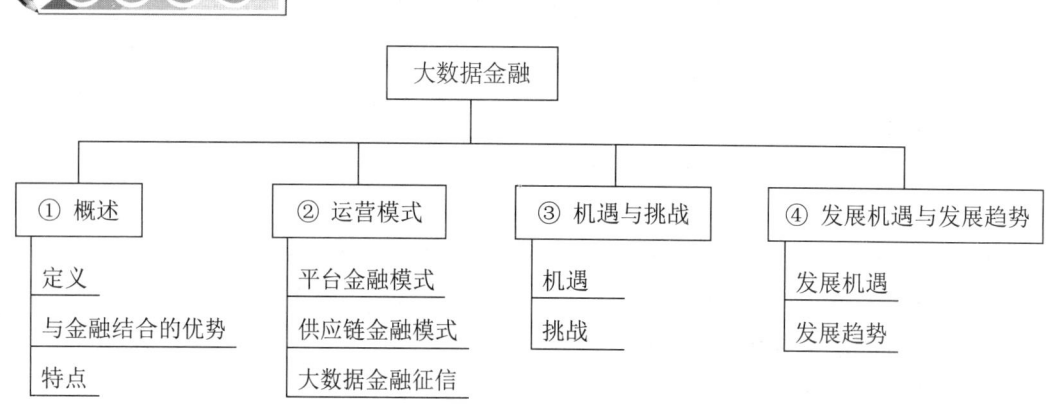

> **导入案例**

佣金宝的大数据分析

2014年2月，国金证券与腾讯合作推出首只互联网证券服务产品——佣金宝，其万分之二点五的低佣金率在市场上掀起不小的风浪。2015年2月，国金证券又推出佣金宝2.0版本。佣金宝2.0智能服务覆盖面很广，不仅可让用户第一时间掌握行业资讯、成交情况，而且银证转账提醒提高了账户的安全性。此外，该版本还为客户提供全球行情，包括A股、港股和美股行情。从操作界面设计到技术革新，佣金宝2.0不再只是低佣金炒股的代名词，而更像低佣金高体验的互联网证券产品。自佣金宝2.0推出开始，国金证券真正将大数据引入业务之中，对客户进行分类，深层挖掘客户的潜在行为，更加明确各类客户的服务需求和风险偏好。

2014年，通过对佣金宝大数据的分析，发现一些有趣的结果："宝"女比"宝"男更会赚钱，"宝"女的平均资产是"宝"男的1.4倍；在"宝宝"类用户中，人均资产排名前三的是上海、北京、黑龙江，但从账户平均收益率看，排名前三的是上海、北京、天津；整体来看，账户收益率最高的三个生肖是狗、鼠、猪，男性中最会赚钱的排名前三的生肖依次是鼠、猪、狗，女性中最会赚钱的排名前三的生肖依次是牛、鼠、猪；人均资产最多的星座排名前三的依次是水瓶座、天蝎座、摩羯座，而最会赚钱的星座排名前三的依次是双子座、水瓶座、巨蟹座。

6.1 大数据金融概述

6.1.1 大数据金融的定义

大数据金融是指集合海量非结构化数据，通过对其进行实时分析，可以为互联网金融机构提供客户全方位信息，通过分析和挖掘客户的交易及消费信息掌握客户的消费习惯，并准确预测客户行为，使金融机构和金融服务平台在营销和风险控制方面有的放矢。

早在2007年，人类制造的信息量有史以来第一次在理论上超过可用存储空间总量，近几年两者的差别越来越大。2010年，全球数字规模首次达到了"ZB"级别。2017年6月，我国手机网民数量达到7.51亿。随着信息科技进步，以及互联网、云计算、物联网、社交网络及智能终端的普及，大数据正潜移默化地渗透到我们的生活中。利用新兴的大数据技术，金融业将发生革命性的变化。例如，当下金融机构依靠互联网思维进行自我变革，如招商银行和平安银行；互联网企业跨界开展金融服务业务冲击传统的金融格局，如蚂蚁金服、微信支付、京东金融等。

【拓展知识】

【拓展案例】

进入21世纪后，学术界涌现了一批关于大数据与金融之间联系的研究成果。2010年，美国印第安纳大学对 Twitter 及道琼斯工业指数进行了研究，结果表明从 Twitter 中表现出来的情绪和道琼斯指数接下来几天的上涨或者下跌的相关性达到了87%。2011年，研究者将研究的范围扩展到了新闻调查、Twitter 订阅及 Google 搜索引擎数据，通过情绪追踪技术，比较这些指标对道琼斯工业指数价格、交易量、市场波动率、黄金价格的影响。同时，研究者还使用了传统的记录投资者情绪的数据，与上述互联网上的大数据进行比较，分析它们对金融市场的影响。结果表明，传统的关于投资者情绪的调查数据是金融市场的滞后指标，也就是说，利用传统的投资者情绪指标无法预测股票市场的涨跌变化。然而，每周的 Google 金融搜索数据则能够预测股票市场的变化，用 Twitter 投资者情绪指标预测一到两天后的股市收益率的结论在统计上也是显著的。这就说明，利用网络大数据来预测股市的变化是可行的。此外，美国佩斯大学在2011年的研究成果表明，社交媒体可以预测出三大国际知名品牌股票价格的涨跌，包括星巴克、可口可乐和耐克。

我国金融大数据是世界金融信息化大背景下的升级和提升。我国金融大数据来源于早期的信息化。传统的信息化已经不能适应新时代的需求，互联网、物联网带来的冲击将加快大数据金融的构建速度。

6.1.2 大数据与金融结合的优势

大数据的产生、收集、归纳和整理属于技术手段，在一定意义上是脱离金融而独立存在的。然而要将大数据与金融相结合，使之能够为金融系统乃至现代经济体系服务，传统的大数据技术与传统的金融模式都需要改变。

1. 大数据的技术优势

① 依托于互联网而存在的大数据技术先天具有开放性和多边性。在完成初期的原始数据积累后，通过对历史非结构化信息的归纳和演绎，其对未来行为预期具有无可比拟的准确性和参考意义。

② 随着云计算技术的发展，对海量数据的挖掘和处理工作已变得十分便捷，大数据的使用效率也远非传统的信息处理方式可以相比。

③ 系统兼具程序开发的开放性和数据处理的封闭性，既能够通过技术手段对数据进行编程得到精准的二次信息，也能保证在处理过程中，结果不会以人的意志为转移而掺杂主观和经验性因素。

④ 大数据会产生自身的数据更新，无论是在随时间推移产生的新信息，还是在计算过程中产生的关联信息，都能够被记录和分析。随着数据的不断增加，对以往无效历史信息的更替及对二次信息的使用都能够使整个系统更具有效率性和准确性。

2. 大数据与金融的天生适应性

经过多年的发展，国内金融机构的数据量已经有了一定的原始积累，其中的非结构化数据也在快速增长，因此，金融机构在大数据应用方面具有天然的优势，其数据库中所包含的信息大部分属于金融企业在开展业务过程中积累的，包括客户身份信息、资产负债状况和资金收付交易等大量高价值密度的数据，这些数据相较于互联网电子商务信息能够收集到的线上商务信息具有更高的商业价值。当然两者的结合也必将促进整个线上金融生态网络的完整，使线上跨界金融得到前所未有的发展。未来互联网金融机构，不管是由实体金融机构发展而来还是由传统互联网机构发展而来，由于大数据技术与金融业天生具有适应性，都会给金融业的革命性发展带来巨大的机遇。

① 大数据能够推动传统金融机构的战略转型，并为其注入新鲜的血液。在宏观经济结构调整和利率市场化的大背景下，实体金融机构受到金融脱媒的影响日益凸显，传统的金融模式期待业务转型，而且目前国内金融机构的创新往往沦为监管套利，而没有从根本上对客户的需求进行精确化服务。线上的互联网机构通过对用户行为的分析与研究，能够准确地发现客户需求，为客户提供有针对性的服务。大数据技术给传统金融机构带来了提供精准金融服务的机会，通过深入的数据挖掘，找准市场定位，明确资源配置方向，进行业务创新与战略转型，是传统金融机构的必经之路。

② 大数据技术的应用能够提高整个金融系统的运行效率，并有效地降低金融机构的管理和运营成本。虽然这意味着程序化的操作过程将在未来更少地依靠金融从业人员的数量，并且对金融从业人员的复合背景和知识技能有着更高的要求，但是对促进整个金融业的长期快速发展有着十分重要的意义。通过大数据技术，金融机构能够完善管理流程、更新管理模式、降低管理运营成本，并且能够通过全新的渠道和营销手段，更好地了解客户的消费习惯和行为特征并进行有针对性的营销工作，既提高了效率又节省了金融资源。

③ 降低金融行业的信息不对称程度，增强风险控制能力。由于大数据技术根生于互联网，其本身具有公开性、透明性，这将显著地降低金融行业的信息不对称程度，增强风险控制能力，也能过滤传统金融机构通过客户提供的财务报表进行信息获取产生的无效和虚假信息，转而通过诸如资产价格、资金流水、相关业务活动等产生的实时流动性数据，对客户进行更真实有效的分析。

④ 基于大数据技术的公开性，互联网金融的监管和改革工作也将在未来得到解决。除了内部审计之外，还有很多信用风险分析，包括压力分析，这些都需要金融机构实时、长期、频繁地对所有金融数据进行测试和检测，这对于数据的处理计算能力和计算的深度、广度要求都非常高。大数据的优势是能够针对最底层的交易数据进行全面的模式识别、分析，使整个风险分析能力和效率大大提升，使规范的互联网金融生态得到更健康长远的发展。

3. 未来金融发展对大数据技术的依赖性

(1) 从需求角度考虑

未来的金融是普惠金融，是人人金融，金融行业如果仅仅依靠传统模式，是很难与个人的日常活动产生联系的，在帮助金融进入人们生活方面，以及在普及金融涉及范围的广度和深度方面的工作，只有大数据能够胜任。中小微企业的发展与国民生计息息相关，中小微企业既是激发创新的积极力量，也是未来优秀企业家成长的重要平台。将大数据与传统金融相融合，不仅能够解决现在社会中存在的中小企业信息不对称、融资困难等实际问题，也将为未来个人的更加丰富和频繁的金融服务需求提供便捷的途径。

(2) 从效率角度考虑

一方面，未来的金融工作将向分工高度精准化的方向发展，在这一过程中，对正在产生和即将产生的数量庞大的数据的处理和提炼工作，将占用大量的储存和计算资源，这一切都非大数据所不能完成；另一方面，未来社会的高速运行和金融体系的配套工作，以及资源的愈加稀缺性都要求资源配置更加精准有效，这只有依靠大数据才能实现。

(3) 从安全角度考虑

大数据具有开放、平等、协作、分享的特性，在跨界信息的整合处理方面，具有其他方式无法比拟的特殊优势，任何想要在某一方面产生欺骗性信息的行为，在庞大的跨界信息分析面前都无所遁形，它将最大限度地保障金融体系运行的安全。

6.1.3 大数据金融的特点

1. 网络化呈现

在大数据金融时代，大量的金融产品和服务通过网络来展现，包括固定网络和移动网络，其中移动网络将逐渐成为大数据金融服务的一个主要通道。随着法律、监管政策的完善，以及大数据技术的不断发展，将会有更多、更加丰富的金融产品和服务通过网络呈现。支付结算、网贷、P2P网络借贷、众筹融资、资产管理、现金管理、产品销售、金融咨询等都将主要通过网络实现，金融实体店将大量减少，其功能也将逐渐转型。

2. 基于大数据的风险管理理念和工具

在大数据金融时代，风险管理理念和工具也将调整。例如，在风险管理理念上，财务分析、可抵押财产或其他保证的重要性将有所降低，交易行为的真实性、信用的可信度通过数据的呈现方式将会更加重要，风险定价方式将会出现革命性变化。对客户的评价将是全方位的、立体的、活生生的，而不再是一个抽象的、模糊的客户构图。基于数据挖掘的客户识别和分类将成为风险管理的主要手段，动态、实时的监测而非事后的回顾式评价，将成为风险管理的常态性内容。

3. 信息不对称性大大降低

大数据技术有助于降低信息不对称程度，增强风险控制能力。金融客户的信用状况将实现实时动态变化，随着其资产情况、经营方式和各类交易状况的变化而变化，传统金融机构直接投入大量人力、物力和财力，建立特有的信息平台，进行收集、储存、分析和决策，以解决长期存在的信息不对称问题。金融机构可以摒弃原来过度依靠客户提供财务报表获取信息的业务方式，转而对其资产价格、账务流水、相关业务活动等流动性数据进行动态和全程的监控分析，从而有效提升客户信息透明度。目前，很多银行如瑞银、花旗、富国等已经能够基于大数据，整合客户的资产负债、交易支付、纳税、流动性状况和信用记录等信息，对客户行为进行可靠性评价，计算动态违约概率和损失率，提高贷款决策的可靠性。

4．高效率性

大数据金融无疑是高效率的。许多流程和动作是在线上发起和完成的，有些动作是自动实现的。在合适的时间、合适的地点，把合适的产品以合适的方式提供给合适的消费者。同时，强大的数据分析能力能使金融业务达到极高的效率，交易成本也会大幅降低。

5．金融企业服务边界扩大

首先，就单个金融企业而言，其最合适的经营规模有所扩大。由于效率提升，其经营成本必然会随之降低，金融企业的成本曲线形态也会发生变化。长期平均成本曲线会更快到达底部，同时底部也会更平坦、更宽。其次，基于大数据技术，金融从业人员的个体服务对象会更多。换而言之，单个金融企业从业人员会有减少的趋势，或者至少其市场人员会有降低的趋势。

6．产品的可控性、可受性

通过网络化呈现的金融产品，对消费者而言，是可控、可受的。可控，是指在消费者看来，其风险是可控的。可受，是指在消费者看来，首先其收益(或成本)是可接受的；其次，产品的流动性也是可接受的；最后，消费者基于金融市场的数据信息，其产品也是可接受的。

7．普惠金融快速发展

大数据金融的高效率性及扩展的服务边界，使金融服务的对象和范围也大大扩展，金融服务也更"接地气"，如极小金额的理财服务、存款服务、支付结算服务等一般人都可享受到，甚至极小金额的融资服务也会普遍发展起来，金融深化在大数据金融时代将完全实现。

大数据金融有着传统金融难以比拟的优势。互联网的迅速发展不仅极大扩展了企业拥有的数据量，也使企业更贴近客户并了解客户需求，实现非标准化的精准服务，增加客户黏性；企业通过自己的征信系统，实现信用管理的创新，有效降低坏账率，扩大服务范围，增加对小微企业的融资比例，降低运营成本和服务成本，可以实现规模经济。

大数据能够通过海量数据的核查和评定，增加风险的可控性和管理力度，及时发现并解决可能出现的风险点，对于风险发生的规律性有精准的把握，将推动金融机构产生更深入和透彻的数据分析需求。另外，大数据金融支持业务的精细化管理。虽然银行有很多支付流水数据，但是各部门不交叉，数据无法整合，大数据金融的模式促使银行开始对沉积的数据进行有效利用。大数据将推动金融机构创新品牌和服务，做到精细化服务，对客户进行个性化定制，利用数据开发新的预测和分析模型，实现对客户消费模式的分析以提高客户的转化率。大数据必将给金融企业带来更多更新的基于数据的业务和内部管理优化机会。

案 例

大数据在保险业的应用

2014年11月15日,我国保险行业首家大数据公司——中国保险信息技术管理有限责任公司(以下简称中国保信)正式成立。中国保信由中国保险保障基金有限责任公司出资,注册资本20亿元。保监会依法对中国保信实施管理。中国保信将通过信息技术手段,采集保险经营管理数据及相关外部数据,建立标准化、系统性的数据体系,保证数据的完整性、时效性和真实性,为保险公司、保险监管部门、保险消费者等主体提供不同方式的信息服务。在条件具备的情况下,中国保信将逐步提供包括数据托管、登记认证、内部结算、作业处理、反欺诈等衍生功能,使共享平台成为保险生产的支持平台,提高保险业的经营效率和管理水平。这标志着基于数据生存的中国保险业迈入新时代。

大数据的广泛使用改变了保险公司评估客户、确定保险费的方式,这让一部分行事谨慎的人得到费用减免,也迫使风险偏好者交更多的保险费。例如,车联网记录被保险者的驾驶习惯,并据此对车险进行定价,这些能够记录客户的驾驶习惯并将信息汇总到保险公司的数据库,使保险公司能够更智能地评估客户的风险水平,这也有利于改善客户的驾驶习惯。又如,医疗保险公司开始用可穿戴设备检测用户的锻炼习惯,这种检测方式增强了客户购买可穿戴设备并加强锻炼的动机。

6.2 大数据金融的运营模式

狭义的大数据金融是指将海量数据通过互联网、云计算等信息化方式处理,结合传统金融服务开展的线上资金融通和大数据金融征信服务。而大数据金融主要通过平台金融和供应链金融两种模式将传统的抵押贷款模式转化为真正意义上的信用贷款模式和大数据金融征信。这不仅提高了金融效率,创新了传统金融业的金融模式,也重构了金融体系,促进了其他行业的跨界整合。大数据金融也对传统金融产生了巨大的冲击,迫使其进行转型发展。而在这一环节中产生的互联网机构,在涉足金融的领域也正向我们展示拥有大数据资源在当今社会具有的巨大能量。

6.2.1 平台金融模式

平台金融模式是指企业利用互联网电子商务平台,凝聚资金流、物流、信息流,通过互联网平台多年运营所积累的大量数据,向平台上的商户或个人提供金融服务的方式。其中重要的一项是,平台金融模式通过云计算对用户交易行为和交易信息进行实时分析处理,从而形成用户在该电商平台上的信用积累,并以此为依据来提供信用贷款或其他金融服务,这与传统金融依靠抵押或担保的模式不同,具有更高的可靠性和效率。

采用平台模式的企业平台上聚集了大大小小的众多商户,企业凭借平台多年的交易数据积累,利用互联网技术,借助平台向企业或个人提供快捷的金融服务。平台模式的优势在于：第一，其建立在庞大的数据流量系统的基础之上，对申请金融服务的企业或个人情况十分熟悉，相当于拥有一个详尽的征信系统数据库，能够最大限度地解决风险控制的问题，降低企业的坏账率；第二，依托于企业的交易系统，其具有稳定持续的客户源；第三，平台模式有效解决了信息不对称的问题，利用高效的信息技术将贷款流程流水线化。信用贷款以小微企业贷款为主体，在评定申请人的资信状况、授信因素后，系统自动核定授信额度。

平台模式的特点在于：企业以交易数据为基础对客户的资金状况进行分析，贷款客户多为个人及难以从银行得到贷款支持的小微企业；贷款不需要抵押和担保，能够快速发放，且多为短期贷款。同时，这也使平台模式具有了寡头经济的特点，平台模式中的企业必须在前期进行长时间交易数据的积累，在交易数据的积累过程中完善交易设备和电子设备，以及进行数据分析所需的基础设施积累和人才积累。

案例

基于大数据技术的阿里小贷

当大数据开启一个时代时，拥有海量交易数据的阿里巴巴已经认识到这是一座富矿，并开始摸着石头过河。阿里巴巴最初成立小贷公司可追溯到2010年，如今主要通过阿里巴巴、淘宝(含天猫)和速卖通三个平台开展信用贷款。目前阿里贷款和淘宝贷款是纯信用贷款，不需要任何抵押或担保，授信完全靠大数据自动审批。

阿里小微信贷利用阿里巴巴、淘宝、支付宝等电子商务平台上客户积累的信用数据及行为数据，引入网络数据模型和在线资信调查模式，将客户在电子商务网络平台上的行为数据映射为企业和个人的信用评价。其中，小微企业大量数据的运算依赖于互联网云计算技术，判断买家和卖家之间是否有关联、是否炒作信用、风险概率的大小、交易集中度等，从而把握贷款的安全性。

目前，阿里贷款和淘宝贷款背后的出资者均为阿里小贷公司。近年来，大股东不断增加投资，根据最新数据，目前资本金超过20亿元。阿里小贷业务于2012年年底开始实现盈利，其中，成本主要包括资金成本、运营成本、税务成本、风险成本等。在阿里小贷的风险控制中，大数据是核心，近年来，风险控制的升级就是不断在其中加入新的模型。目前有70多人专职做模型，在模型的基础上，发放贷款全部由机器自动审批。目前，阿里各种小微信贷产品的平均坏账率为1.3%。

阿里风控使用的模型多达几百种，包括防欺诈、市场分析、信用体系、创新研究等多种用途。以下介绍两个风控使用的探索类模型，即滴灌模型和水文模型。

滴灌模型基于卖家成长概率模型和卖家生存概率模型，通过这两个模型的结果交叉对比，对每家店铺做出长期生存和短期发展综合的评价。例如，某家店铺最近促销力度很强，利润率很低，那么卖家成长模型的评价结果可能是，这家店铺短期成长速度可期但长期生存有忧。此外，成长模型还能指出这家店铺具体是在哪个经营维度太过激进需要调整，或是哪些运营方面应持续改进。阿里金融会利用成长模型的输出结果，给出具体的扶持计划和资金支持。

水文模型是阿里小贷从2012年开始使用的风控模型，通过预判店铺未来经营情况来对客户的资金需求进行判断。举例来说，每年的七八月份是很多店铺的销售低谷，传统的信贷投放会在此时收紧，但实际上客户这个时候会为了年底的旺季进行大规模的采购备货，融资需求比较大。水文模型通过预知这种趋势，就可以指导阿里小贷对店铺提前进行信贷收放。

通过大数据模型的不断完善，阿里小贷发展迅速。2012年年初，淘宝和天猫信用贷款的准入客户量控制在三四十万户，2013年使用滴灌模型以后，准入客户开放到了300多万户。有了模型作为支撑，客户可以不断向下扩展，现在哪怕只开两三个月、只有几颗心的店铺，也可以获得授信。不过，阿里小贷靠自有资金放贷，和银行的资金体量相去甚远，其业务模式和贷款额度必然受到限制。

6.2.2 供应链金融模式

供应链金融模式是指供应链中的核心企业利用其所持产业链的上下游资源优势，充分整合供应链资源和客户资源而为整个供应链上的其他各个参与方提供融资渠道的金融模式。

1. 供应链金融与互联网金融

供应链金融并不是互联网金融的原创产物，早在19世纪初，荷兰就有银行以仓储质押融资形式推出了早期的供应链金融。在20世纪80年代有人提出了供应链管理的概念，并在实践中不断整合供应链上的各类资源，实现整个动态网链中的信息流、物流、资金流的高效控制，以促成链上企业的协商与合作，来获得最佳竞争优势和丰厚的利润。

供应链金融的本质是信用导向的金融创新。信用导向的金融创新使不流动的资产流动起来，并可以用其支付新的贷款，达到增加中小企业贷款的目的。供应链金融的发展伴随着供应链管理重心的变化及信息技术的发展。供应链管理重心的延伸，使人们从关注物流到关注财务层面，从关注货物本身到关注货物的财务属性变化对资金流的影响，而其与信息技术的融合，最明显的表现就是从传统的线下操作转化为线上操作，与B2B平台和ERP(Enterprise Resource Planning，企业资源计划)系统的整合，与银行的数据交换及大数据技术的应用。

21世纪，电子商务的崛起使传统的供应链金融能够依托互联网的新平台得到新的发展，解决之前发展中存在的包括供求关系预测不确定性、上下游企业合作协调能力差、动态供应链变化难以得到实时体现等实际性问题，使上下游资源能够真正整合，有效地降低沟通协调成本，加快资金融通使用效率。供应链金融与传统金融融资方式对比，见表6-1。

表6-1 供应链金融与传统金融融资方式对比

对比项目	供应链金融	传统金融
授信主体	单个或多个企业群体	单个企业
评级方式	主体评级或债项评级	主体评级
评级范围	企业及整个供应链	企业本身
授信条件	从动产质押、货权质押到创新的数据信用	固定资产抵押、有效第三方担保人
银行参与	动态跟踪企业经营过程	静态关注企业本身
银行承担风险	较小	较大

续表

对比项目	供应链金融	传统金融
服务品种	多样	较少
服务效率	及时解决企业短期资金周转	手续烦琐，效率低下
服务内容	为单个企业或供应链提供持续的信贷支持	解决单个企业一时的融资需求

供应链金融通过特定的产业链将核心企业与上下游配套企业联系起来形成一条稳定的"产－供－销"链条，借以提供全面的金融服务，一方面降低整个供应链运营成本，另一方面借助金融资本与实体经济的协同运作，在银行与企业间努力构建一个互利共存、持久发展的产业生态圈。供应链金融参与主体主要包括核心企业、信贷企业、物流企业、银行。核心企业是整条供应链资金流与物流的信息集合中心，是配合银行控制供应链金融风险的关键。然而当核心企业出现道德风险，或担保的质押品价值超出其债务上限时，将引发更广泛的系统性风险。信贷企业若违约则影响其与核心企业之间正常的合作关系，该安排提高了中小企业的违约成本，在一定程度上降低了其违约概率。物流企业主要担任第三方监管的角色，通过对货物出库、运输和入库等物流信息的掌握，了解整个供应链上下游企业的动态，缩短信息采集的半径，提高信息的深度和准确性，辅助银行开展仓单质押、融通仓和保兑仓等多项业务。

互联网金融是借助移动支付、搜索引擎、大数据、云计算等信息技术，具备资金融通、支付和信息中介等职能的一种新兴金融业态，是传统金融行业结合互联网精神的产物。供应链金融与互联网金融均推动了"金融民主化"进程。金融民主化进程呼吁公众参与金融活动，学习金融知识，预防社会出现财富和权力过度集中。更重要的是，"金融民主化"与"金融人性化"是同步的，在设计金融体系、模型和预测时应把人类心理因素考虑在内。供应链金融的创新之处在于"以大带小"，利用核心企业的信用担保，使整条供应链上符合信贷要求的中小企业能够享有金融服务，银行拓宽市场的同时使更多的中小企业参与到信贷市场中。互联网金融则借助电子技术尤其是移动支付、社交网络等互联网技术的发展，吸引越来越多的个体参与到金融市场中。供应链金融与互联网金融均一定程度上体现了"金融民主化"精神。不同的是，供应链金融从整条供应链出发，以企业为单位服务更多的客户，而互联网金融则以互联网为依托，并以个体为单位扩大金融市场的深度与广度。

供应链金融与互联网金融均降低了交易成本。供应链金融服务通过供应链上相关企业的互相协调与优化设计降低交易成本，提高整条供应链的经济效率。供应链金融主要从交易频率、交易稳定性、资产专用性三个方面降低交易成本。首先，供应链金融能够有效降低交易频率。供应链金融为供应链联结的产业系统提供金融解决方案，若银行能够与供应链上的企业维持稳定的交易关系，必然能促使交易各方主动沟通，降低交易频率与交易成本。其次，供应链金融可以提高交易稳定性。在上下游企业及第三方物流企业合作的基础上，供应链能够发挥协同效应，减弱交易的不确定性，进而降低交易成本。最后，供应链金融还能提高资产专用性。供应链金融基于真实的交易背景，能够使供应链内上下游企业更加主动地进行专用性投资，链内企业之间的互相监督能够降低企业违约可能性，信贷企业能够维持其资产专用性从而降低交易成本。

互联网金融在交易的不同阶段降低交易成本的能力不同。在交易初期，互联网金融机构弱化了客户接触与服务渠道实体的重要性，利用即时通信、社交平台、电商平台等界面完成与客户的沟通，降低交易初期的成本；在交易中期，互联网金融机构利用网络广泛收集客户的各类数据，并且通过数据挖掘分析判断客户资质，其信息分析的成本非常低，如以阿里小贷为代表的电商金融机构通常采用自动化、量化交易模型，显著提高放贷效率，降低放贷成本；在交易后期，互联网金融机构缺乏资金回收与监管资金使用的实体机构，很难有效约束贷款资金的专用性，在此阶段无法显著地降低交易成本。

供应链金融与互联网金融均能降低交易成本，不同的是，供应链金融借助供应链来降低交易频率、提高交易确定性、确保资产专用性，最终降低交易成本。只有当供应链与银行合作长期且稳定、供应链内上下游企业为实现共同利益互相协作，以及供应链内上下游企业互相监督时，银行才有可能向该供应链上的信贷企业提供供应链金融服务。互联网金融降低交易成本的能力来自获取大量相关数据，并对数据进行有效处理，因此需要所服务的对象在互联网中留下足够的数据，包括交易数据、物流数据、信用数据等信息。互联网金融机构必须获取满足放贷模型需求的足够数量与质量的信息，才有可能提供适合的互联网金融服务。

2. 大数据应用于供应链金融需要满足的条件

(1) 基础数据的真实性

要使用大数据，就必须保证数据的真实性，尤其是基础数据的真实性。当前，国内生产总值(Gross Domestic Product, GDP)、货运量、仓储设施、投资额、主营收入等数据都缺乏一定的真实可靠性，导致数据失真。因此，改革考核体制、统计体制已是当务之急。

(2) 数据要能聚焦成指标

科学地设定指标，确定指标之间的勾稽关系，才能准确地判断事物发展的规律和路径。先行指标有重要的指导作用。数据的负面影响是信息污染，影响判断。

(3) 不同数据体系要互相连通

在市场化条件下，数据是资源和产品，利益分割使信息孤岛现象更加严重，甚至连公共信息也被当作部门利益而垄断起来。若部门数据、行业数据、企业数据、国际数据相互割裂，大数据就难以发挥应有的作用。

(4) 积累准确的参数

在实际工作中，基础参数极为重要，尤其是临界参数。在我国，货币发行量、货币流通量、仓储业投资规模、物流园区投资规模、港口数量和吞吐规模、物流强度、投资强度、投入产出比等均缺少基准，致使出现货币超发、通货膨胀、港口过剩、产能过剩等问题。

(5) 先进的数据应用理念

数据不仅是客观的，使用数据的人还要有先进的应用理念，这与经验、学识、能力有关。决策，尤其是关于企业命运的决策，不能掺杂私念和人情因素。

3. 大数据应用于供应链金融的优势

(1) 大数据的应用降低了供应链金融业务成本

供应链金融的操作较传统授信复杂，对贷前调查和贷后管理的要求更高。例如，现货质押业务通常面临权属确认、品质辨别和押品监管的问题。在实际操作中，银行要求融资申请人提供能够证明押品权属和品质的材料，但是频繁的赎换货导致操作成本较高。部分银行通过监管公司收集这些材料，不过银行和监管公司之间难以达成对责任划分的共识。押品监管通常需要引入合格的第三方监管公司，代银行履行押品监管和日常管理工作，这就需要融资申请人支付监管公司的监管费用，即使监管费用由银行支付，最终的成本也会分摊给融资申请人。物流电子信息数据的使用，帮助金融机构从源头开始跟踪押品信息，因此更容易辨别押品的权属，减少实地核查、单据交接等操作成本；通过对原产地标志的追溯，帮助金融机构掌握押品的品质，减少频繁的抽检工作；金融与核心企业的信息互动，甚至可以实现押品的去监管化，节约监管成本。

(2) 大数据的应用提高了供应链金融现货押品的管控能力

如何有效管控现货押品是融资银行和监管公司共同面临的问题。银行需要监管公司为其管控现货押品，监管公司承担着管理监管员的道德风险。重复出质、虚假仓单等问题的暴露，说明金融机构和物流公司的现货监管能力仍待加强。互联网技术的发展和大数据技术的运用，有效地提高了金融、物流机构的现货管理能力。

(3) 大数据的应用提高了客户筛选和精准营销能力

传统的线下供应链金融操作方式，无法解决跨区域和实效性问题，收集到的交易数据也缺失严重，难以实现客户筛选和对不同客户的差异化营销策略。大数据技术，通过引入客户行为数据，将客户行为数据和银行资金信息数据、物流数据相结合，得到"商流＋物流＋资金流＋信息流"的全景视图，提高了金融机构客户筛选和精准营销的能力。

(4) 大数据的应用提供了供应链金融贷后管理能力

传统供应链金融贷后管理手段落后，需要用大量的人力实地核查和通过电话、邮件沟通，这种贷后管理手段虽然投入了大量的人力，但仅能进行片段管理，难以实现对供应链的实时、全面监控。

案 例

京东供应链金融："秒级"融资背后的大数据武器

【拓展视频】

对许多电商企业来说，供应链金融或许还是新鲜事，但对京东来说却不一样。"一文钱难倒大网店"的事情并非孤例。向工厂下单需要定金，日常运营需要费用，遇到"双11"这样的大型促销活动，商家更要提前大量备货，仅靠自己的营运资金短期内难以应对。京东为了缓解自身平台上电商企业的这一困境，从2012年就开始做供应链金融业务。

1. 京保贝

2012年年底，京东开始做供应链金融服务，当时的做法与很多有应收账款的企业一样，主要是和银行合作。具体来说，就是京东把供应商的应收账款按单笔的融资推给银行，但这种做法效率比较低，基本需要 2～5 天才能放款，而且事后也比较难监管，整个操作过程的局限性很多。2013 年 7 月，在整理和分析整个京东平台数据后，京东发现，其实可以通过数据整合的方式把一些金融风控点放到数据层面，这样就可以利用数据系统自动去判断风险，因此这些数据集成了一个庞大的数据池。同时，也把应收账款的各种进项和负项放进去，这样就形成了京东供应链金融最初的授信和风控管理系统。供应商通过这个系统就会自动生成一个授信额度，只要在这个额度内，申请任何一笔融资，京东都可以以"秒级"速度放款，而且是动态调整的，这就是京东最初的京保贝 1.0 时代。

(1) 京东供应链金融贷款服务类型。

京东供应链金融在交易的各个环节为供应商提供贷款服务，具体可分为四种类型：采购订单融资、入库环节入库单融资、结算前应收账款融资以及担保、保单业务扩大融资。

① 采购环节。供应商与京东签订采购订单的同时提出融资需求，京东将该需求传达给银行，银行依据订单信息向供应商放款，当账期结束后，京东将款项付给与供应商约定的指定账户，用以偿还银行贷款。

② 入库环节。银行以入库单、仓单等货权凭证为质押物向供应商提供贷款，京东与银行进行结算。

③ 结算前环节。供应商取得采购合同后，以应收账款债权转让或质押给银行，银行向供应商提供贷款。这个环节还包括票据业务、资产包转移计划和信托计划。资产包转移计划是指供应商 A 将应收账款质押或者转卖给银行融资，银行将应收账款打成资产包，并以理财计划的形式发售给京东，京东和供应商 B 购买理财并获得理财收益，账期到期后付款给供应商 A，供应商 A 再还款给银行。信托计划则分为 A、B 两部分，A 为随时申购、随时赎回，B 为定期开放申购和赎回。

④ 扩大融资。京东提供资金，由银行代为发放、监管使用并协助收回。在此过程中，京东根据历史数据对供应商进行评级。这个环节包括担保业务和保单业务。

(2) 京保贝 2.0 的优势。

自从京东推出这样的融资方式后，京东的供应商融资效率得到了很大的提高，从而大大提高了京东商城对供应商的吸引力。目前京东的京保贝已经升级为京保贝 2.0。京保贝 2.0 不仅适用于京东，还适用于各种核心企业，让这些企业自身就具备做供应链金融的能力。相较于商业保理同类产品，京保贝 2.0 在融资成本、系统设计、风险策略等方面有着显著优势。

① 低成本的全线上自助化融资。京保贝 2.0 能通过系统全自动管理降低运营成本，实时放款，并支持可融资额度下随借随还、按日计息，从而节约客户融资成本。客户可以通过线上快速签约，系统自助操作融资及还款，便捷高效。

② 灵活的系统对接和安全的数据管理。京保贝 2.0 采用开放式的系统架构设计，实现与客户系统的灵活对接。它不会获取客户的敏感交易数据，只接收应收账款必要特征值，拥有完善的技术架构和数据安全措施，确保客户信息安全。

③ 基于数据深度分析的全供应链条应收账款池管理及动态风控授信策略。京保贝 2.0 采用动态风控和动态授信策略，为客户提供全贸易流程的资金支持，实现可融资额度实时更新和管理。基于供应链运营过程中呈现的数据特征，将风控点布局到贸易状态中的每次流转环节，将风控下沉到每一笔应收账款。京保贝 2.0 尤为适用于对应收账款产生频次高及金额分散的应用场景，配合动态应收账款管理做到动态风险控制管理。同时，基于实时数据分析，利用策略引擎将标准化的应收账款转化为融资额度提供给融资客户，实现对单笔应收账款进行对价比例的动态提升，支持客户多次融资。

2. 京小贷

2014年10月28日，京东第二条产品线上线，这就是京小贷。这是京东供应链金融在数据上更进一步的成果。京小贷是一款强调以信用为基础的金融产品，利用大数据实现自动授信和准入，并有多个数据模型控制贷款流程及贷后监控，具有操作简便、无须抵押、自主利率、循环额度、1分钟融资到位、全线上审批、随借随还等优势。根据大数据信用基础，京东就可以对线上供应商提供无抵押、额度最高达200万元的小额借贷。商家通过商家账户登录京东金融平台，即可在线查看贷款资格并申请贷款，成功贷款后，资金将会即时到商家所绑定的网银钱包账户，并与客户在京东的支付、结算等流程无缝连接。正是基于京东商城对商家的准入门槛较高、对销售正品行货的监管严格，积累了一大批诚信经营商家，京小贷设计了线上自主申请、系统自动审批的贷款流程，并支持最长12个月的贷款期限。平台商家的贷款年化利率为14%~24%，低于同业水平。

在风控上，京小贷其实延续了京保贝的一些理念，而且是业内不多的基于交易数据的风控技术之一。基于京东高质量的大数据优势，京小贷在风控体系上创新出了天平模型、浮标模型等用于商家评价和风控的辅助手段。融资需求方只要选择申请此项业务，自动化风控系统就会高效运转，2秒之后就可计算出这一贷款申请是否可以放款，客户体验相当好。例如，天平模型实现了对不同行业的商家更为统一、公平的准入标准，并可定期测量跟踪商家经营状况的变化；浮标模型则通过预测店铺的季节性销售对资金的需求，用以提前发现商家需求，及时修正贷款额度，并能通过预测店铺的生命周期来提高贷后预警的可靠性。京小贷的风控不仅依靠大数据来做，基于信用的审核流程也是必要的。

可以看出，京保贝、京小贷这两项京东金融产品，都是在京东大数据、实时数据基础上，通过京东金融团队强大的数据分析能力探索出来的。这两项金融产品，就是为服务于京东生态系统而开发的，加速了京东的整个生态体系的高效运转，为京东生态圈做了巨大贡献。首先，京保贝解决了供应商快速回款的问题，这样对京东体系来说减弱了对供应商的资金占有额。其次，京小贷针对的是一些小微商家，据有关数据，商家做京小贷的次数和其业务增长率有着非常明显的正向关系，即利用京小贷贷款次数越多的商户，其业务增长率越高。

4. 供应链金融模式的类型

供应链金融在国内经过近几年的发展，已经有了一些成功的应用案例，按照企业融资阶段的不同可以将其归纳为以下三种。

(1) 预付账款融资模式

企业向银行等金融机构办理融资类业务，用来支付企业的预付账款，这种融资方式称为预付账款融资模式。在供应链金融下，买卖双方签订真实贸易合同而产生预付账款，将该合同下买方对卖方的提货权或在途物资与库存存货作为融资担保，银行在买方支付一定货款的基础上，为其提供信用融资服务。这种运作模式主要针对商品采购阶段的资金短缺问题。一般来说，物流企业对供应商和购货方的运营状况都相当的了解，能有效地防范这种信用担保的风险，也解决了银行等金融机构的风险控制问题。

(2) 动产质押模式

这种运作模式主要针对中小企业运营阶段。该模式的主要特征是以动产质押贷款的方式，将存货、仓单等动产质押给银行而取得贷款。第三方物流企业提供质物监管、拍卖等一系列服务,如有必要,核心企业还会与银行签订质物回购协议。这种模式将"死"的物资或权利凭证向"活"的资产转换,加速动产的流动,缓解了企业现金流短缺的压力。动产质物具有很大流动性,风险很大。第三方物流企业和核心企业与银行等金融机构合作,可有效降低信贷风险,提高金融机构参与供应链金融服务的积极性。

(3) 应收账款模式

这种模式主要针对企业商品销售阶段。由于应收账款是绝大多数正常经营的中小企业所具备的,这一模式解决中小企业融资问题的适应面相应也较广。这种模式的具体操作方式是中小企业将应收账款质押给银行进行融资,将中小企业的应收账款变成银行的应收账款,之后核心企业将货款直接支付给银行。核心企业在供应链中拥有较强的实力和较好的信用,所以银行在其中的贷款风险可以得到有效控制。

案例

永业钢铁与深发展的预付账款融资模式合作

重庆永业钢铁(集团)有限公司(以下简称永业钢铁)是一家钢铁加工和贸易民营企业。由于地域关系,永业钢铁与四川攀枝花钢铁集团(以下简称攀钢)一直有着良好的合作关系。永业钢铁现有员工150多人,年收入超过5亿元,但与上游企业攀钢相比在供应链中处于弱势地位。永业钢铁与攀钢的结算主要是采用现款现货的方式。2005年,永业钢铁由于自身扩张的原因,流动资金紧张,无法向攀钢打入预付款,给企业日常运营带来很大影响。2005年年底,永业钢铁开始与深圳发展银行(以下简称深发展)接触。深发展重庆银行在了解永业钢铁的具体经营情况后,与当地物流企业展开合作,短期内设计出一套融资方案:由物流企业提供担保,并对所运货物进行监管,深发展重庆银行给予永业钢铁4 500万元的授信额度,并对其陆续开展了现货质押和预付款融资等业务模式,对永业钢铁的扩大经营注入了一剂强心针。在取得深发展的授信以后,当永业钢铁需要向攀钢预付货款的时候,深发展会将资金替永业钢铁付给攀钢,或替永业钢铁开出银行承兑汇票。与深发展合作以来,永业钢铁的资金状况得到了极大改善,增加了合作钢厂和经营品种,销售收入也稳步增长。

6.2.3 大数据金融征信

目前我国的征信系统数据主要以各种金融机构和公共机构的数据为判断。而大数据征信是什么呢?一般认为大数据是指所涉及的资料量规模巨大到无法通过目前主流软件工具,在合理时间内达到撷取、管理、处理并整理成为服务于经营决策的资讯。与阿里小贷和京东金融作为放贷机构运用内部大数据信息进行风险管理不同的是,大数据金融征信机构之"征信",是为放贷机构的风险管理提供外部信息支持的活动,包括来自征信系统的通用化征信报告和来自资信调查机构的定制化资信调查报告两大类。技术的加速发展,使征信从原本放贷机构之间信息报送和共享的范畴中跳了出来,一跃而至五彩斑斓的生活场景。在当今中国市场,个人征信牌照的实行加速了这种发展趋势。互联网公司背景的征信机构更是将大数据征信作为抓手,希望利用电商、社交、金融交易等广泛的数据来源,开启"大数据征信"的崭新时代。

【拓展知识】

大数据金融征信系统通过放贷人之间的信息共享机制，为放贷人提供以其自身之力很难获得的信息，服务于放贷活动和信贷市场。征信系统一般坚持两大原则：一是互惠原则，只有首先报数据才能查数据；二是全面共享原则，同质信息的共享是全面(正面信息和负面信息都有)对等的。此外，通过征信系统业已建立的信息共享渠道，集中采集、使用公共信息，可满足放贷机构"虽能获得但成本高"的那部分信息需求，也是征信系统的潜在作用。

2015年1月5日，中国人民银行下发了《关于做好个人征信业务准备工作的通知》，芝麻信用管理有限公司(芝麻信用)、腾讯征信有限公司(腾讯征信)、深圳前海征信中心股份有限公司(前海征信)、鹏元征信有限公司(鹏元征信)、中诚信征信有限公司(中诚信征信)、中智诚征信有限公司(中智诚征信)、拉卡拉信用管理有限公司(考拉征信)、北京华道征信有限公司(华道征信)八家民营征信机构成为中国人民银行首批获得个人征信发牌准备的机构。在这八家中，芝麻信用、腾讯征信、考拉征信、前海征信定位于"互联网+大数据"的征信公司；中诚信征信和鹏元征信的大股东是以企业信用评级业务起家，这两家主要面向机构提供服务；中智诚征信和华道征信则以反欺诈业务见长。其中，最受市场关注的无疑是芝麻信用和腾讯征信两家。

案例

芝麻信用

芝麻信用是蚂蚁金服旗下独立的第三方征信机构，通过云计算、机器学习等技术客观呈现个人的信用状况，已经在信用卡、消费金融、融资租赁、酒店、租房、出行、婚恋、分类信息、学生服务、公共事业服务等上百个场景为用户、商户提供信用服务。

芝麻信用是依据方方面面的数据而设计的信用体系，推出了中国公民个人首个信用评分"芝麻分"。芝麻信用分是芝麻信用对海量信息数据的综合处理和评估，主要包含用户信用历史、行为偏好、履约能力、身份特质、人脉关系五个维度(表6-2)，分值范围为350~950。持续的数据跟踪表明，芝麻分越高代表信用水平越好，在金融借贷、生活服务等场景中都表现出了越低的违约概率，较高的芝麻分可帮助个人获得更高效、更优质的服务。芝麻信用分的用途见表6-3。

表6-2 芝麻信用评分构成

评分维度	具体内容
信用历史	过往信用账户还款记录及信用账户历史
行为偏好	在购物、缴费、转账、理财等活动中的偏好及稳定性
履约能力	稳定的经济来源和个人资产
身份特质	在使用相关服务过程中留下的足够丰富和可靠的个人基本信息
人脉关系	好友的身份特征及与好友的互动程度

表6-3 芝麻信用分的用途

芝麻信用分	可获得的服务				
高于600分且无不良记录	免押金租用永安城市自行车	阿里旅行,多间酒店享受信用住宿	阿里旅行,深圳华侨城先旅游后付费	相寓租房减免押金	享受花呗额度
高于650分且无不良记录	神州租车、一嗨租车免押金	分期申请线上极速贷款			
高于700分且无不良记录	方便申请新加坡签证				

芝麻信用基于阿里巴巴的电商交易数据和蚂蚁金服的互联网金融数据,并与公安网等公共机构及合作伙伴建立数据合作,与传统征信数据不同,芝麻信用数据涵盖了信用卡还款、网购、转账、理财、生活缴费、租房信息、住址搬迁历史、社交关系等。通过分析大量的网络交易及行为数据,可对用户进行信用评估,这些信用评估可以帮助互联网金融企业对用户的还款意愿及还款能力做出结论,继而为用户提供快速授信及现金分期服务。

不管是机构还是他人,要查看芝麻信用分,都必须获得用户本人的授权,加上信用评估是直接以分值的形式呈现,以保护个人的具体信用信息和隐私。芝麻信用不会采集用户聊天、短信、通话等个人信息,也不会采集、追踪用户在社交媒体上的言论。即便经过用户授权,也只采集必要的、有效的与经济信用评价相关的各维度数据。除法律法规另有规定的情形外,用户信息的收集、整理、加工、输出,无论是芝麻信用还是第三方合作机构,都要获得用户的授权。没有用户的授权,无论是芝麻信用还是各合作伙伴,都不能调用用户的数据。所有数据都通过科学的评分模型运营计算,没有人工的接触。系统还会通过运算规则自动将敏感数据进行脱敏处理。

案 例

腾 讯 征 信

腾讯征信是首批经中国人民银行批准开展征信业务的机构之一,专注于身份识别、反欺诈核查、信用评估服务,帮助企业控制风险、远离欺诈、挖掘客户,切实推动普惠金融。

(1) 身份识别产品。人脸识别技术正成为IT产业的技术浪潮,国内外诸多知名企业在积极布局该领域,作为国内顶尖互联网企业之一的腾讯,已率先在该领域取得重要突破。腾讯财付通已与中国公安部所属的全国公民身份证号码查询服务中心达成人像比对服务的战略合作。双方通过深度合作,结合腾讯独创的技术算法,大力提升人脸识别的准确率及商业应用可用性,联手帮助传统金融行业解决用户身份核实、反欺诈、远程开户等难题。人脸识别技术能够应用的关键核心在于图像识别核心技术、丰富权威的样本数据库及灵活便捷的应用场景。腾讯的图像识别核心技术能力已积累了独有的优势,采集标注了海量生活照训练样本数据,而腾讯与微众银行正在对金融、证券等业务进行人脸识别的应用尝试,将促使人脸识别出现在更多的应用场景里。

【拓展知识】

(2) 反欺诈核查产品。腾讯征信反欺诈产品是国内首个利用互联网数据鉴别欺诈客户的系统,主要服务对象包括银行、证券、保险、消费金融、小贷、P2P网络借贷等商业机构。其能帮助企业识别用户身份，防范涉黑账户或有组织欺诈，发现恶意或者疑似欺诈客户，避免资金损失。腾讯征信反欺诈产品通过市场应用验证查得率和查全率是行业的数倍，优异的实用验证表明其高效性和可靠性。

(3) 信用评估产品。腾讯信用评分及报告则来自腾讯社交大数据优势，全面覆盖腾讯生态圈8亿活跃用户，通过先进大数据分析技术，准确量化信用风险，有效提供预测准确、性能稳定的信用评分体系及评估报告。对于个人用户不但可以查询个人信用报告，还可提高和完善自身信用情况，形成良性循环；对于银行等商业机构，该信用评分体系可以与自有体系形成交叉比对，帮助机构更准确地对用户个人信用做出判别，挖掘更多价值用户。通过多家金融机构使用验证，腾讯信用评分体系预测效果适用于银行且评分性能稳定。

案例

惠人贷对接中关科融　用大数据征信升级金融风控

近两年，伴随互联网金融的高速发展，行业对于征信体系的需求愈发强烈。由于目前国内征信系统的不完善，中国人民银行征信系统尚未接入民间数据，民营征信覆盖面小，行业大部分平台仍在承担征信职责，这将导致平台的风控运营成本耗费较大，且信息索取存在盲区。对此，业界不少专家学者纷纷呼吁，"互联网金融行业亟须全面而规范的征信体系加以支持"。2016年4月，国内知名的互联网金融平台惠人贷与北京中关科融信用管理有限公司(以下简称中关科融)正式达成合作意向。基于征信体系在金融风控中所扮演的关键性角色，未来，双方将围绕大数据征信工作开展一系列的深入交流与合作。

2015年年底，凭借自主研发的多项专利，惠人贷在技术领域取得了创新性成果，并顺利通过了"中关村高新技术企业"的认证。而中关科融正是为中关村园区内的企业、政府及金融机构开展专业的信用服务的专业机构。据了解，中关科融是金电联行(北京)信息技术有限公司(以下简称金电联行)的控股子公司。金电联行具有丰富的大数据征信服务经验，是我国第一家大数据信用信息服务机构、中国人民银行首批备案的全国性企业征信机构，并且拥有具有自主知识产权的大数据信用技术体系。

此次的合作意向达成后，中关科融将利用其自身大数据信用服务的技术优势，向惠人贷推送具有参考价值的企业征信报告，以益于惠人贷面向中小微企业开展更为可控的融资服务，有效防范信用风险。惠人贷通过企业信用信息的量化，能够掌握企业信用的变化情况，提前做出预警，并有效防范不良贷款。在企业融资风险可量化、评估的同时，有助于中小微企业解决"融资难、融资贵"的问题，是践行普惠金融的有效途径。

拓展链接

中国的征信系统及其发展

"征信"的英文单词是 Credit Reporting 或 Credit Sharing，可以理解为信用报告或者信用分享，这种报告和分享的需求最早来自放贷机构，它们在放贷之前需要了解借款人的信用状况，而征信中心就是这样一个信息交流和共享的平台。

1992—2006年，在中国人民银行的主导下，中国逐渐建立起了全国统一的企业和个人征信系统，基本覆盖了所有征信机构及每一个有信用活动的企业和个人。目前，这个征信系统已经成为我国重要的金融基础设施。

2013年，国务院发布了《征信业管理条例》(以下简称《条例》)，《条例》的公布为中国征信业的发展奠定了法治的基础。《条例》对从事个人和企业征信业务的征信机构规定了不同的设立条件，前者采用审批制，后者采用备案制。

中国人民银行个人征信中心在数据的覆盖面上也有不足之处。目前个人征信中心的数据主要是放贷数据，对于那些没有贷款记录的人，征信中心并没有数据，从这个角度上说，很多互联网征信机构将自己定位为中国人民银行征信中心的有益补充。新技术给了新兴民营征信机构新的发展契机。目前，大数据和云计算已被广泛地应用在了包括征信在内的各个金融领域，这有望给征信业带来新的变化。从更大的背景看来，一个以数据驱动经济的时代正在悄然到来。未来，各家征信机构的数据来源都将更加丰富，特别是一些线下采集的、来自政府等机构的数据将陆续接入。

数据之上还要有算法。面对如此庞大的数据，如果没有算法，数据就可能是废料。对于征信机构来说，传统和主流的算法是逻辑回归，而前沿的方法则包括决策树、随机森林、神经网络等。运行算法要有强大的数据处理和计算能力作为保证。例如，要考察一个有家庭责任感又经常进行爱心捐助的人的信用水平，就要靠这两个因子进行组合验证运算。更多的情况下，变量不止两两组合，这就要求更复杂的运算。

但征信的过程还不止于此。对于众多的大数据征信机构来说，在此基础上，还要经历一个与各个合作伙伴一起的数据共创，只有这样，才能更好地运用数据，并从数据中获得知识、寻找行业规律。

6.3 大数据金融带来的机遇与挑战

6.3.1 大数据金融带来的机遇

1. 促进金融行业转型

大数据给我国金融业带来转型发展的历史机遇，未来的金融企业将以智能数据分析系统为平台，利用大数据技术来挖掘信息，支持业务创新和服务创新。

① 大数据将促成我国金融行业建立全新的风控体制，向有效监管转型。大数据技术对客户资信信息和交易信息进行深度挖掘、实时监控，潜在风险容易被审查出来，降低管理成本。

② 大数据将支持中国金融企业转型为以精细化管理为主导的现代企业。大数据的核心优势在于信息挖掘，精细化管理的首要条件是充分信息化，涉及对象包括业务信息化和管理信息化。

③ 大数据推动金融企业从"一切为了利润""实现股东利益最大化"向"一切都以客户的满意度为标准"转型。大数据掌握的海量客户信息可以用于分析客户消费行为模式和客户偏好选择，使客户对产品服务更满意，并可根据不同客户的需求开发出不同产品，达到差异化竞争的目的。唯有如此，金融企业才能真正实现以客户为中心，并促进金融业良性循环发展。

2. 在现代金融业中的应用

大数据在现代金融业中有广阔的应用空间。传统静态化、结构化数据都以报表、数字形态存储于数据库。大数据时代，数据大多以图片、声音、影像等非结构化形式存在。企业进行数据分析需要建立相应的非结构化数据平台，集中文本、图片、视频、社交网络数据，进行流数据处理及内容计算。大数据技术分析手段通过流计算和内容计算，在现代金融业中涉及以下应用。

(1) 利用大数据进行社交媒体及舆情分析

通过爬虫技术将数据从社交网络中"爬"下来置于非结构化数据平台中，利用内容计算方式进行分词处理、句法分析，分析金融机构在客户中的口碑、品牌知名度及其提供的产品服务质量，帮助金融机构实时了解市场动向，做好舆情监控。

(2) 利用大数据进行风险暴露分析、事件监测

进行关联企业、交易对手风险暴露分析需要整合的数据有两类：一是监管机构的监管文件，监管机构包括但不限于交易所、证监会、银保监会、公安部门等；二是囊括新型社交网络及传统媒体数据，这些数据可以分析企业的社交网络，实时展现企业和外界的联系。

(3) 大数据提供全新的沟通渠道和营销手段

社交媒体与移动互联的兴起产生大量交互数据，为金融企业提供全新的客户接触渠道。金融企业积累了大量的客户数据，对客户数据的挖掘可以获得更为完整的客户拼图。客户信息的激增引起数据革命，大数据的作用是挖掘客户价值使其走向消费智能，为金融企业创造大量增值服务商机。借助大数据，客户可以方便地依据信息做出决策，提供消费智能服务的金融企业则能有效增加客户黏性，提高客户忠诚度，实现互利双赢。

(4) 加强大数据的风险管控

大数据加强风险管控，有助于小额借贷业务转型，加速在高频交易、精准营销等领域的推进。在风险管控、小额借贷方面，利用大数据可将银行本身收集的客户交易数据和客户的外部交互数据，包括市场趋势、监管信息、新闻信息等联系起来。保险公司可将投保系统和全国医疗系统整合，获取客户体检信息及病历，有效地减少投保信息不对称，降低逆向选择。

在高频交易方面，交易双方大量实时、准确、全面的交易信息能够有效降低交易的摩擦成本。高频交易具有实时性和数据规模巨大等要求，金融投资机构基于大数据技术对历史和实时数据进行挖掘，改进交易模型。

在精准营销方面，依托信息技术手段建立个性化的客户沟通服务体系，使公司的营销沟通更精准、可衡量，并产生较高的投资回报率。金融企业基于客户的内外部数据，对客户进行细分，进行无缝推送。

3. 助力征信体系的变革

大数据的出现，使征信业面临的外部环境发生了巨大的变化。

(1) 优化征信市场的格局

随着征信机构市场化运营机制的确立，更多有信息资源优势的企业将会借助互联网、

大数据等信息技术的创新进步，从征信业薄弱环节切入，通过服务创新或产品创新打破原有的征信市场格局。一是电商企业将组建征信机构。以阿里巴巴为例，其利用淘宝、天猫、支付宝平台上的行为数据和信用情况，建立涵盖数十万企业的数据库，具备了开展网络征信服务的基础和实力。二是金融机构建立征信机构。例如，平安集团拟整合网贷信息、银行信贷信息、车辆违章信息等，建立金融数据挖掘中介机构。三是新型征信机构应运而生。一些大数据公司依靠技术手段，以电子商务、社交网络为平台，采集信息，提供信用信息服务，可能成为新型的征信机构。

(2) 推动征信业的转型升级

大数据给征信业带来转型升级的历史机遇，未来的征信业将以智能数据分析系统为平台，利用大数据挖掘技术，支持征信业发展创新。大数据支持征信业升级和转型主要体现在两个方面。一方面，大数据促成征信业建立全新的风险控制体制，向有效监管转型。大数据技术对客户信用信息进行深度挖掘、实时监控，防范潜在的信用风险。另一方面，大数据支持征信机构向精细化管理转变，大数据的核心优势在于信息挖掘，精细化管理的首要条件是充分信息化，包括业务信息化和管理信息化。

(3) 促进征信业差异化竞争

征信机构通过采用不同的数据来源、不同的数据处理方式，针对不同的客户开发出不同的产品，满足不同层次客户的市场需求，实现差异化竞争。例如，金融机构对征信服务的需求将从单个借款主体的信用报告，扩展到运用信用信息拓展网络影响和金融服务渠道。P2P 网络借贷、电商金融等业态需要借助信用信息共享防范风险，降低交易成本。

(4) 拓展征信数据来源

大数据使征信数据来源呈现多元化、多层化和非结构化的特点，更加全面和真实地反映信息主体的信用情况。征信机构从在政府部门、金融机构等实体机构中采集信息，转向从互联网等虚拟世界中获取信息。在数据采集的广度和深度上，征信数据量将激增，采集包括证券数据、保险数据、商业信用数据、消费交易数据和公共事业缴费数据等，全面地覆盖与信息主体相关的各项因素。

6.3.2 大数据金融带来的挑战

1. 大数据金融的风险分析

(1) 数据窃取

大数据采用云端存储处理海量数据，对数据管理比较分散，对用户进行数据处理的场所无法控制。合法用户与非法用户难以区分，容易导致非法用户入侵，窃取重要数据信息。

在网络空间，大数据更容易成为攻击目标，大数据不仅意味着海量数据，也意味着更复杂、更敏感的数据，吸引更多潜在攻击者，成为更具吸引力的目标。数据的大量聚集，无形中降低了攻击成本，一次成功的数据窃取可以获得更多的信息。

(2) 非法添加和篡改

大数据技术从海量非结构化数据中获取信息，大数据本身必须可靠。黑客入侵大数据系统，添加非法数据，将导致用户的大数据分析结果不可靠，有可能对企业或政府的决策造成误导。

(3) 个人信息泄露

大数据时代，新型移动设备广泛用于数据收集、数据存储、数据访问和数据传输。互联网金融业面临用户移动终端的安全管理和个人金融隐私信息保护的安全挑战，安全与便利性较难平衡。金融企业应制定金融服务用户设备的安全政策，并指导用户在安全政策下管理好个人隐私。

个人隐私等信息安全问题需要一种新的安全观，在互联网金融服务中需要找到开放和保护的平衡点。国际通常做法是设置安全机制，采用第三方信息安全审计，对数据使用做出明确规定。我国在个人信息保护方面刚刚起步，如何应对大数据时代的个人隐私信息保护将任重而道远。

(4) 数据存储安全

"数据大集中"在我国金融业获得广泛认可。一些大型券商和银行纷纷建设数据中心作为金融服务的核心和基础。大数据对数据存储的物理安全性、多副本和容灾机制要求较高。例如，2005年花旗集团承认丢失了一盘包含近400万个零售客户数据的备份磁带；在线交易商Ameritrade声明，丢失了一盘包含大约20万个客户资料的磁带。该类事件为互联网金融数据存储安全敲响了警钟。

金融大数据存储还带来了其他新的安全问题。各类复杂数据集中存储，如开发数据、客户资料、交易数据存储在一起，可能出现某些开发数据放在经营数据存储位置的情况，造成安全管理违规；大数据规模影响安全控制措施，安全防护手段的更新升级速度可能无法跟上数据量的非线性增长，大数据安全防护将出现漏洞。

(5) 云计算安全

作为一种新兴技术，云计算要求大量用户参与，不可避免地会出现安全问题。云计算安全问题涉及三个方面：一是云计算服务提供商所用的网络是否安全，提供的存储服务是否安全，用户所使用的账号是否安全；二是租户在使用云计算平台提供的云服务时，需要在云计算服务提供商的安全性和个人数据安全性之间进行平衡，重要数据在云中加密存储，核心安全数据不放进云中独立安全管理，不依赖于云服务提供商的安全承诺和安全措施；三是用户主动管理好个人身份信息、账户信息等隐私信息，防止攻击者盗取。

(6) 法律风险

大数据金融服务平台中，涉及数据的采集、处理及应用，拥有大数据的企业跨界金融也涉及金融监管的问题。从数据的采集、处理及应用中，互联网相关企业，尤其是电商企业在为客户提供金融服务的过程中，积累了大量的客户个人信息，而其中所隐含的商业价值逐渐被人们发现和利用。在利益驱使下，越来越多的机构或个人采取种种手段获取他人信息，加之部分企业保护意识不强，导致近年来个人信息的侵权行为时有发生，已引起社会广泛关注。造成此种侵权行为发生的一个重要原因是，目前我国尚无一部专门的法律对个人信息数据特别是个人金融信息的收集、使用、披露等行为进行规范，主要通过《中华人民共和国宪法》和相关法律法规对个人信息进行间接保护。近年来，我国加快了个人信息安全保护的立法和修法进程，如《中华人民共和国刑法修正案(七)》《中华人民共和国侵权责任法》《中华人民共和国居民身份证法(修订)》等法律相继出台，民事、行政和刑事责任三位一体的个人信息保护法律框架基本构筑起来。全国人民代表大会常务委员会于2012年12月28日通过的《关于加强网络信息保护的决定》进一步强化了以法律形式保护公民个人信息安全。但这些法律法规仍然过于原则化、抽象化，导致缺乏实际操作性，并存在规制范围狭窄、公民举证困难等不足。此外，现行"谁主张、谁举证"的司法规则在大数据时代下存在很大的局限性。由于现代信息技术环境下收集和滥用个人用户信息的主体众多，渠道隐蔽，方式先进，被侵害合法权益的个人用户举证难度极大，即使最后举证成功，在请求损害赔偿时也很难证明和评估个人的实际损失。

另外，对于大数据企业跨界金融，政府本着金融创新、加快金融改革的理念在态度上表示支持，但是金融监管机构尚无明确的法律法规及规章制度给予规范。而且大数据企业和金融机构基因上的不同，使二者的商业规范、运营模式存在差异，这就要求大数据企业必须在认真学习传统金融机构的监管政策的同时，也积极关注政府出台的新的监管措施，对业务进行调整。

2．大数据金融对现代金融的挑战

(1) 对金融行业的硬件基础设施造成冲击

据麦肯锡报告分析，全球企业2010年在硬盘上存储了超过7EB的新数据(1EB数据相当于美国国会图书馆存储数据的4 000多倍)，消费者在PC和笔记本电脑等设备上存储了超过6EB的新数据。硬件技术发展已跟不上数据容量的增长速度，数据存储和处理面临较大压力。

金融业是信息密集型产业，每天要产生海量数据。据统计，目前上海、深圳两市在交易时间内，每4小时就会产生3亿多条逐笔成交数据，数据积累速度和规模对存储要求非常高。

大数据对数据基础设施架构带来冲击：传统架构在扩展性、实时性、可靠性方面都有所欠缺；数据量激增要求金融企业的IT基础设施具有良好的可扩展性和伸缩性；社交网络、移动互联产生的海量交互数据需要进行实时挖掘分析，以创造和改进产品与服务，金融业需要对IT基础设施架构进行改良与创新。

(2) 影响金融市场竞争格局

互联网企业跨界涉足金融业日趋常态，初创企业大量涌现，对传统金融业多个领域形成冲击。新兴金融业态参与市场竞争的原因包括但不限于如下因素：信息技术飞速发展、金融业开放竞争市场格局及监管滞后等，客观上降低了金融服务业的准入门槛。支付结算、投融资服务、流通货币、银行、保险、证券、基金等均受冲击。

新型金融业态或潜在进入者借助互联网、大数据等信息技术的创新进步，从金融业薄弱环节切入，通过创新商品或服务打破原有市场结构。传统金融机构受现有组织架构和内部数据结构条块分割的限制，难以有效挖掘自身竞争优势。

金融业潜在进入者由两类企业构成：一是以互联网企业为代表的跨界企业，如阿里巴巴、京东商城、谷歌等，其主要优势是凭借在互联网领域的多年积累，掌握大量用户数据，通过对用户数据的精确分析和深度挖掘为用户提供专业金融服务；二是互联网金融时代的初创企业，如支付宝、财付通等第三方支付企业，人人贷、宜信、Lending Club 等 P2P 网络小贷企业，以及一些小额借贷公司如 Kabbage 等。

【拓展案例】

此外，大数据还使金融数据安全问题更为突出。大数据的基本特征及安全隐患，对政府制定规则及监管部门发挥作用提出了新挑战。

6.4 大数据金融的发展机遇与发展趋势

6.4.1 大数据金融的发展机遇

1. 互联网企业自身转型需要

随着电商竞争愈演愈烈，最初的零售领域与支付领域的竞争已逐渐延伸到了整个供应链的其他环节，包括物流、仓储，自然也包含最重要的金融服务。尽快发展自身原有业务引申出来的大数据金融服务，有利于建立用户黏性。积极地进行专业化、个性化定制金融服务对未来电商领域的全方位竞争有着十分重要的意义。

2. 实体产业需要大数据金融的支持

大数据金融通过各种方式给市场带来了活力，整个产业链的效率提升、资源配置优化是有目共睹的，虚拟经济与实体产业的下一步发展，必定都离不开大数据金融的支持。打通上下游环节，使资金更有效率，无论是对电商的未来发展还是对传统金融的突破都大有益处。

前瞻产业研究院发布的《大数据金融行业市场前瞻与投资分析报告》数据显示，2016 年我国大数据金融市场规模为 15.84 亿元，随着政策逐步实施与落地，以大数据为核心手段、核心驱动力的产业金融，将迈入时代发展正轨成为主流趋势，预计 2018 年中国金融大数据应用市场会突破 100 亿元，金融业开始进入大数据时代快车道。

6.4.2 大数据金融的发展趋势

大数据技术还远未成熟，而大数据金融带给我们的变化已足以让人惊讶，大数据金融的未来将一片光明。未来，随着大数据技术的不断成熟，大数据金融的发展也必将进一步改变人们的生活、生产方式。

1. 大数据金融跨界发展

由于互联网技术的开放性，信息不对称将显著减少，金融在日后也许就不是少数传统的金融从业者的专属领域了。从供应链要求的技术来看，互联网企业、软件企业都纷纷加入大数据金融的开发中,大数据进入跨界发展的趋势越来越明显,金融业的竞争也将因未来力量的冲击变得更加激烈,这也可能导致将来金融业内部混业经营的进一步发展,银行金融与非银行金融的界限、证券公司与非证券公司之间的界限都可能变得非常模糊。

2. 大数据金融服务多样化

大数据金融从电商平台发展出来以后,不断地整合发展传统产业,从零售的日用百货发展到电子产品,再到汽车,甚至是大宗商品交易,未来也会发展到房地产、医疗等方面,日常的金融服务也将不断地扩展,实现综合化、社会化、日常化。大数据金融作为一个综合性的概念,在未来的发展中,企业坐拥数据将不再局限于单一业务,第三方支付、信息化金融机构及互联网金融门户都将融入大数据金融服务平台中,大数据金融服务将在各家机构各显神通的基础上,实现多元业务的融合。

3. 大数据金融服务专业化

随着涉足领域越来越广泛,大数据金融必将走向专业化,产生更明确的产业链分工,根据不同的环节或者不同的行业,其服务内容都将产生一系列的变化。同时随着发展水平的提高,必定会有更高的定制化服务、个性化服务要求,未来的大数据金融企业必将以客户为中心,高度精准定位客户需求来制定专业的个性化服务。

伴随互联网金融的纵深发展,大数据优势更加凸显。前瞻产业研究院认为,在整个互联网传统金融服务领域存在三个不对称,即信息不对称、知识不对称、服务不对称。今后大数据金融行业的努力方向,应该是以完备的大数据为基础,基于用户需求提供智能化一站式产品购买及定制化服务,以及数据挖掘、数据整合、数据产品、数据应用及解决方案等。

总而言之,大数据金融凭借高度数据化的管理和运作模式,在互联网发展的今天具有不可替代的作用,将来大数据金融必将是金融业发展的中流砥柱,它将进一步渗透到各行各业,不断地促进金融业态的发展。每个人都将能够切身体会到大数据金融带来的变化,都能从大数据金融的发展中获得益处。

本章小结

大数据金融是指集合海量非结构化数据,通过对其进行实时分析,可以为互联网金融机构提供客户全方位信息,通过分析和挖掘客户的交易及消费信息掌握客户的消费习惯,并准确预测客户行为,使金融机构和金融服务平台在营销和风险控制方面有的放矢。

在大数据给社会带来巨大经济价值的同时,也伴随着一定的风险与不安全因素,如数据窃取、非法添加和篡改、个人信息泄露、数据存储安全、云计算安全和法律风险。

大数据给金融行业带来了不小的冲击,促进了金融行业转型,多方面应用于现代金融业,如高频交易和精准营销,促进了征信体系的变革。

将我国大数据应用情况与国外相比较发现，国外很多发达国家已经将大数据提升到国家战略的高度，我国仍需战略规划和政策扶持。相比国外，我国的软硬件厂商处于落后状态，大数据的意识和重视程度甚至创新精神仍有待提高。另外，虽然我国有多个产业资本注资大数据产业，但仍然缺乏领军企业，生态系统不完善。

复习思考题

(1) 大数据对金融业产生了怎样的影响？
(2) 大数据有哪些特点？大数据金融有哪些特点？
(3) 大数据对征信系统的变革产生了怎样的影响？
(4) 大数据金融有哪些风险与挑战？
(5) 京东的供应链金融模式是如何运作的？
(6) 比较分析国内外大数据金融的应用现状，阐述我国大数据金融存在的问题及发展措施建议。
(7) 未来大数据金融发展面临的挑战是什么？

第 7 章
互联网金融门户

门户网站的出现大大推动了互联网的发展,直到今天,无论是信息覆盖的广度还是信息内容的深度,以及门户的运营模式及盈利模式等,都已经发生了翻天覆地的变化,从最初的综合门户逐渐演化出如今众多的垂直门户。互联网金融门户对各类金融产品信息等原始数据进行筛选和提炼,建立符合其经营产品类别的金融产品数据库,同时根据客户的行为变化及信息反馈,及时了解客户实时需求,为客户提供差异化金融服务,有效地适应了互联网时代人们对于各类金融产品、服务的需求。

学习目标

了解互联网金融门户的发展现状及发展趋势,了解互联网金融门户的运营模式,了解互联网金融门户对金融业态发展的影响,了解互联网金融门户面临的风险及规避措施。

知识架构

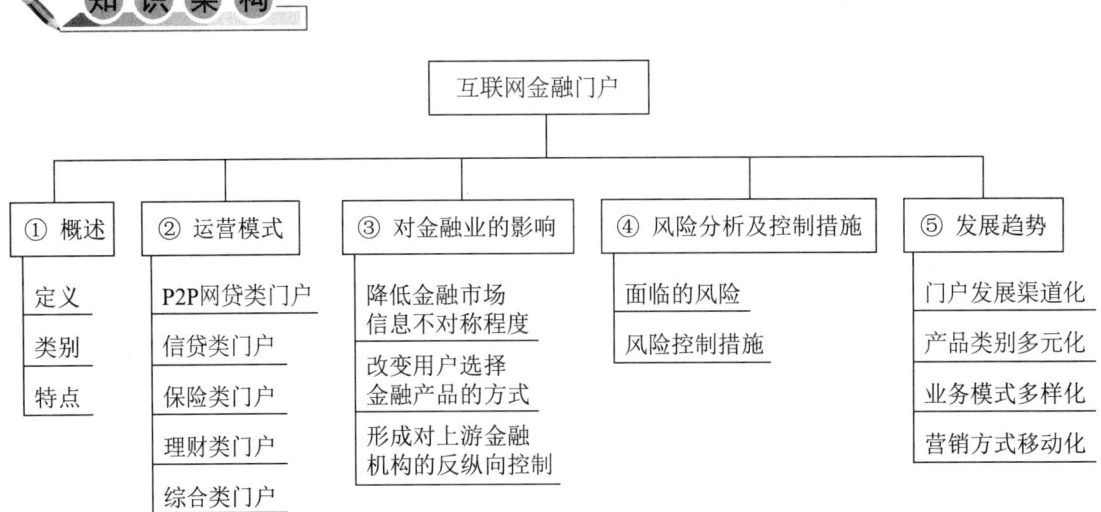

> **导入案例**

金 融 之 家

金融之家,是一家互联网金融企业的名称,以普及金融知识、普惠中国民众为己任。通过搭建互联网金融数据平台为用户提供网络服务,可使金融业界精英与新用户迅速在金融之家内展开交流与互动。同时推出金融专业注释、个人金库等特色板块,让个人用户在金融领域中了解更多金融讯息,解决更多金融类问题,并办理适合自己的金融理财产品。金融之家,一直努力致力于创办一个要让普通民众能看懂、能比较、能办理的互联网金融网站,金融之家是帮助中国普通用户明明白白了解金融的网站,是为众多金融机构打造阐释金融产品的一个优秀的互联网金融平台。金融之家提供的服务有很多。

(1) 为投资者提供财经资讯,每日实时发布;善于把错综复杂的财经问题,用通俗易懂的文字表达出来。

(2) 为广大股民免费提供股票资讯以及相关金融市场报道,服务内容覆盖 A 股、美股、港股、市场、大盘等,每天为中国股民提供不间断的服务。

(3) 致力于为基民服务,通过互联网途径发布基金资讯消息,服务于基金资讯领域。提供每天基金交易情况,基金公司、资本、公告等最新动态信息,基金持仓数据、私募机构介绍、私募动态等数据实时更新。另外,有基金分析专家提供基金分析评论,为广大基民提供方便快捷的信息渠道,成为基民在互联网浏览基金资讯的好去处。

7.1 互联网金融门户概述

7.1.1 互联网金融门户的定义

互联网金融门户是指专门用于提供金融产品、金融服务信息,汇聚、搜索、比较金融产品,并为金融产品销售提供第三方服务的网站。

门户网站的发展经历了从综合门户到垂直门户、从通用搜索平台到垂直搜索平台两个重要阶段。而互联网金融门户便产生于第二阶段,即垂直门户的快速发展时期。此时,随着国内互联网逐步向公众渗透,网络应用逐渐深化,网络服务垂直化已成为重要的发展趋势,为互联网金融门户的产生提供了可能性。其核心就是"搜索+比价"的模式,采用金融产品垂直比价的方式,将各家金融机构的产品放在平台上,用户通过对比挑选合适的金融产品。互联网金融门户多元化创新发展,形成了提供高端理财投资服务和理财产品的第三方理财机构,提供保险产品咨询、比价、购买服务的保险门户网站等。这种模式不存在太多政策风险,因为平台既不负责金融产品的实际销售,也不承担任何不良的风险,同时资金完全不通过中间平台。

7.1.2 互联网金融门户的类别

1. 根据服务内容和服务方式进行划分

根据服务内容和服务方式，互联网金融门户基本上可以划分为三个类别，分别是第三方资讯平台、垂直搜索平台及线上金融超市。这三类门户与其上游用户和下游金融机构之间的关系，如图 7.1 所示。

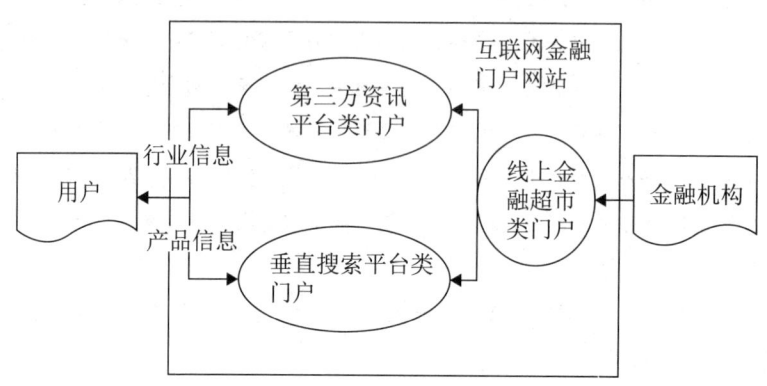

图 7.1　互联网金融门户产业链图谱

(1) 第三方资讯平台

第三方资讯平台是提供全方位、权威的行业数据及行业资讯的门户网站，典型代表为网贷之家、网贷天眼、和讯网等。这类门户不直接把互联网金融产品在平台上销售，而是以客观中立公开的角度将相关的资讯信息进行整合和分析，为用户提供更全面、更专业的相关参考信息。

由于这类网站提供了海量权威的客观信息，可以将优质流量转换成经济价值，以及利用大量信息资源来获得优质的浏览量。具体而言，第三方资讯平台类门户向用户提供金融产品的信息，并将用户的浏览量转化为金融产品的购买力和消费力。

(2) 垂直搜索平台

垂直搜索平台是指针对某一特定行业的专业化搜索，对某类专业信息进行提取整合及处理，然后将结果反馈给客户。客户在该类门户上可以快速地浏览到相关的金融产品信息。这个平台通过提供信息的双向选择，能有效地降低信息不对称的程度，大大提高客户的满意程度。聚焦于金融产品的垂直搜索平台，消费者在平台上可以快速地搜索到相关的金融产品信息，典型代表为融360、安贷客等。

传统的借贷模式有着太多的限制，通过在垂直搜索平台进行搜索可以大大减少信息不对称的情况，找到适合自己的理财融资渠道。如今金融搜索族越来越多，通过金融搜索和推荐服务获得的融资贷款案例也越来越多。

(3) 线上金融超市

线上金融超市的业务形态是在线导购，提供直接的购买匹配。因此，该类门户集聚着大量金融类产品，利用互联网进行金融产品销售并提供与之相关的第三方服务，典型代表为大同网、格上理财、91金融超市及北京软件和信息服务交易所(以下简称软交所)科技金融超市等。

互联网金融超市在一定程度上扮演了中介的角色，这个平台上汇聚了大量的金融产品并提供在线导购及购买匹配，在利用互联网金融产品销售的过程中解决服务不对称问题。

2. 根据汇集的金融产品、金融信息的种类进行划分

根据汇集的金融产品、金融信息的种类，互联网金融门户可以细分为 P2P 网贷类门户、信贷类门户、保险类门户、理财类门户及综合类门户五个子类。

(1) P2P 网贷类门户

P2P 网贷类门户主要以 P2P 网贷行业为服务对象，但它与 P2P 网贷平台存在明显的区别，它不参与直接的 P2P 网贷业务。P2P 网贷类门户是 P2P 网贷行业的第三方资讯平台，是 P2P 行业的外围信息和资讯服务提供商。它可为用户提供最新的 P2P 网贷行业信息，以及互动的交流平台，促进 P2P 网贷行业的发展。目前我国主要的 P2P 网贷类门户有网贷之家、网贷天眼等。

(2) 信贷类门户

与 P2P 网贷类门户不同，信贷类门户主要与银行及相关金融机构直接对接，目前信贷类门户的核心业务形态主要是"资源整合 + 垂直搜索 + 比价"的方式，也就是说，实际上是各类信贷产品的垂直搜索平台。除了信贷产品信息，还将传统的线下贷款申请及初审流程转移到网络，将传统的信贷业务逐步网络化，扩大信贷业务范围。目前国内信贷类门户最具代表性的是融 360。

(3) 保险类门户

保险类门户是指以第三方服务平台的身份，根据用户需求为其提供详细的保险行业相关行业信息，并协助用户完成保险产品的选购的平台机构。

(4) 理财类门户

理财类门户是独立的第三方理财平台机构，能够客观分析用户的理财需求，为其提供理财产品的推荐和理财规划等服务的平台机构。

(5) 综合类门户

综合类门户汇聚多种金融产品，其自身不参与交易，只是为客户搭建对接平台。

7.1.3 互联网金融门户的特点

1. 搜索方便快捷，匹配快速精准

互联网金融门户打造了"搜索 + 比价"的金融产品在线搜索方式，即采用金融产品垂直搜索方式，将相关金融机构各类产品集纳到网站平台，客户通过对各类金融产品的价格、收益、特点等信息进行对比，自行挑选适合其自身需求的金融服务产品。

具体来看，从互联网纵向分层的角度分析，搜索层是互联网金融门户的重要革新目标，是对海量金融产品的信息进行挖掘、甄别、加工、提炼的过程和服务。互联网金融门户通过网络内容挖掘和网络结构挖掘，对各类金融产品信息等原始数据进行筛选和提炼，建立符合其经营产品类别的金融产品数据库，以便客户对金融产品进行快速、精准的搜索比价。同时，互联网金融门户还可以通过网络内容挖掘，将客户在网络交互过程中的网络行为数据抽取出来，进行智能分析，以便于更好地了解客户的需求倾向。

2．顾客导向战略，注重用户体验

互联网金融门户的另一核心竞争优势是顾客导向战略，即通过对市场进行细分来确定目标客户群，根据其特定需求提供相应服务。其宗旨是提升客户在交易过程中的用户体验度，通过产品种类的扩充和营销手段的创新，动态地适应客户的需求。

从经济学角度分析，互联网金融门户注重用户体验的原因在于网络金融产品和服务具有规模经济的特性。具体来看，虽然互联网金融门户额外增加一个产品或提供一次服务的成本较低，而且随着门户规模的扩大，其平均成本会随着产品供给的增加而不断下降。但是，互联网金融门户获取规模经济的先决条件是掌握大量的客户资源。因此，顾客导向战略可以使互联网金融门户根据客户的行为变化及信息反馈，及时了解客户实时需求，为其提供差异化金融服务，甚至可以协助金融机构为其设计特定金融产品，更好地满足客户特定需求，从而使互联网金融门户进一步扩大市场份额，赚取更多的利润。

3．占据网络入口，凸显渠道价值

从产业链角度分析，互联网金融门户的上游为金融产品供应商，即传统金融机构，下游为客户，而作为中间桥梁的互联网金融门户，其最大的价值就在于它的渠道价值。被引入商业领域后，其引申意为商品销售路线，是商品的流通路线，所指为厂家的商品通过一定的社会网络或代理商而卖向不同的区域，以达到销售的目的。

【拓展案例】

7.2 互联网金融门户的运营模式

互联网金融门户提供了除交易环节之外的在线金融服务。这种智能化的运营模式将大数据技术、垂直搜索技术与金融顾问、贷款初审等传统金融服务相结合，实现了金融搜索方式及金融业务流程的更新。其核心在于数据的可追踪性和可调查性，依托数据分析及数据挖掘技术。根据客户的特定需求，为其筛选并匹配符合条件的金融产品。在盈利方面，现阶段互联网金融门户的主要收入来源有佣金、推荐费、广告费、培训费及咨询费等。总体来看，无论是佣金、广告费还是推荐费，互联网金融盈利的核心都在于流量及其转化率。与吸引流量相比，更为重要的是在流量的基础上提高转化率，因为要在短期内降低互联网金融门户处理信息的成本是不易的，所以在流量固定的假设条件下，互联网金融门户的转化率越高，收益也就越高。因此，互联网金融门户要注重网站内容与页面设计，提供内在价值高的金融产品，同时创新搜索方式，简化操作流程，努力增强用户黏性，从而提高转化率，使互联网金融门户获取稳定且可持续的收入。

7.2.1 P2P 网贷类门户

1. P2P 网贷类门户的定位

P2P 网贷类门户仅仅聚焦于 P2P 网贷行业，并没有涉及银行等金融机构的传统信贷业务，因此，需要将其与传统信贷类门户加以区分，单独归类并进行分析。

【拓展案例】

P2P 网贷类门户与 P2P 网贷平台存在本质的差异。P2P 网贷平台通过 P2P 网贷公司搭建的第三方互联网平台进行资金借、贷双方的匹配，是一种"个人对个人"的直接信贷模式。而 P2P 网贷类门户的核心定位是 P2P 网贷行业的第三方资讯平台，是 P2P 网贷行业的外围服务提供商，为投资者提供最新的行业信息，并为其搭建互动交流平台，致力于推动 P2P 网贷行业健康发展。

2. P2P 网贷类门户的运营模式

P2P 网贷类门户网站秉承公平、公正、公开的原则，对互联网金融信息资源进行汇总整理，努力实现信息对称，并具备一定的风险预警及风险揭示功能，起到了对网贷平台的监督作用。因此，在 P2P 网贷类门户网站上，用户可以搜索到大量相关的 P2P 网贷行业的资讯行业数据，有效地降低了借贷双方的信息不对称程度。同时，P2P 网贷类门户以客观中立的立场，通过门户工作人员走访考察等方式，将全国各地具备资质且运营状况良好的 P2P 网贷平台纳入网贷类门户的导航栏中，为有理财需求和有贷款需求的客户提供相关信息参考，有效地解决了其对 P2P 网贷平台信息获取问题。

【拓展案例】

此外，P2P 网贷类门户还具备一定的风险屏蔽及风险预警功能。例如，网贷之家通过平台准入审核筛选出具备相关资质及良好信誉的 P2P 网贷平台，并对进入平台的信息进行实时监控，以便于在携款跑路等事件发生前及时进行风险预警。

3. P2P 网贷类门户的盈利模式

目前 P2P 网贷类门户网站的盈利模式与传统资讯类网站的盈利模式相比差异并不大，依然是通过广告联盟的方式来赚取利润，该盈利模式的核心就在于流量，依靠网站的流量、访问量和点击率吸引广告。门户日均访问量越多，越容易吸引企业投放广告从而获取更多利润。此外，有一部分 P2P 网贷类门户还通过对 P2P 网贷平台进行培训及提供相关咨询服务的方式来实现营收。

案 例

网 贷 天 眼

网贷天眼创办于 2012 年 3 月，以"正心、正念、正行"的理念服务于广大 P2P 网贷投资者，受到了网贷投资者的推崇。网贷天眼目前已经成为以论坛为基础交流方式，综合提供网站数据、平台交流、网贷资讯等一系列功能服务，并以监督 P2P 平台运营为目的的综合性网络社区。

2012年，网贷天眼开始着手构建网贷第三方体系，为广大投资者出谋划策、搭建桥梁、进行服务监督。网贷天眼注册用户超过30万人，打造了投资者交流投资经验和获得投资信息的重要阵地。网贷天眼一直以服务网贷投资者为中心，并通过提供专业的、及时的、海量的网贷资讯信息，满足了广大网贷投资者对网贷资讯和平台信息的需求，成为国内网络借贷投资最具权威的第三方门户网站。

网贷导航是网贷天眼为广大投资者提供网贷索引而推出的功能服务，该板块于2013年2月4日正式改版为以省份划分平台，帮助投资者收集和整理当前在正常运营中的P2P网贷网站，方便了用户。网贷天眼默认分类方式是按照P2P网贷平台所在省份进行划分，当然用户也可以根据平台名称的首字母进行快速查询。平台既提供了大量可供选择的P2P产品，又能方便用户快速查找。同时，网贷天眼从数据和社会征信角度出发，通过对P2P网贷平台运营及市场反馈信息的搜索、整理和分析，不断完善P2P网贷平台征信体系建设，对其进行实时监控和风险预警，以降低P2P网贷平台携款跑路等事件造成的客户损失。目前网贷天眼已经通过平台公告、平台曝光、平台考察对多起国内P2P网贷平台跑路、挤兑等事件进行风险预警。

曝光平台的建立，体现了网贷天眼作为第三方资讯平台公开、公平、公正的立场，为P2P网贷行业的发展提供了良好的保障。更重要的是，网贷天眼对于不同的P2P网贷平台进行了不同背景的分类，有银行背景、国资背景、上市公司背景、VC/PE背景，以此来满足不同风险偏好消费者的需求。另外还有按照P2P网贷平台不同功能进行的分类，如债券可转让、自动投标类别，这些精致的细分有效地减少了信息不对称的程度，极大地方便了消费者按照自己的需求进行P2P网贷平台的选择。在盈利模式方面，网贷天眼依托广告费用的方式赚取利润。现阶段，网贷天眼用户黏性较强，印证了网贷天眼信息量大且具有阅读价值，同时较强的用户黏性良好地维系了以流量为核心的广告联盟盈利模式的运转，保障了网贷天眼的收入稳定。

7.2.2 信贷类门户

1. 信贷类门户的定位

目前信贷类互联网金融门户网站的核心业务形态主要以"垂直搜索＋比价"为主，因此，信贷类门户的定位是信贷产品的垂直搜索平台，将传统的线下贷款流程及信贷产品信息获取转移到网络，将互联网基因植入传统信贷业务。现阶段，信贷类门户虽然将线下信贷产品业务流程转移到线上，初步实现了信贷业务流程的在线化，但由于信贷产品极其复杂并具有一定的风险性，因此，目前国内客户购买信贷产品的方式依然以O2O模式为主，即客户通过在线搜索信贷产品信息进行比对，然后线下进行相关金融机构产品的购买，这就是ROPO(Research Online Purchase Offline，在线／离线购买)模式，而距离在线自助式购买还有很长的一段路要走。

2. 信贷类门户的运营模式

鉴于信贷类门户的核心定位为垂直搜索平台，因此，该类门户不参与借贷双方的交易，也不做属于自己的信贷产品。在该类网站上，客户可以搜索到不同金融机构的信贷产品，并通过各类产品之间的横向比较，选择出一款适合自身贷款需求的信贷产品。

在信贷产品信息采集方面，新的门户通过数据采集技术及合作渠道提供的信息建立数据库，汇聚各类信贷产品信息，并对产品信息进行实时更新，以确保客户搜索到的产品信息真实可靠。在信贷产品搜索及匹配方面，信贷类门户设计了简明的信贷产品搜索框，包括贷款类型、贷款金额及贷款期限等条件，便于精准定位客户的贷款需求，并根据其不同的需求进行数据分析和数据匹配，为客户筛选出满足其特定需求的信贷产品，供其进行比价。最后，在客户申请贷款完成后可通过信息反馈系统及信贷经理评价，以及用户短信评价两种方式来实现金融O2O模式的闭环。信贷类门户的具体业务模式，如图7.2所示。

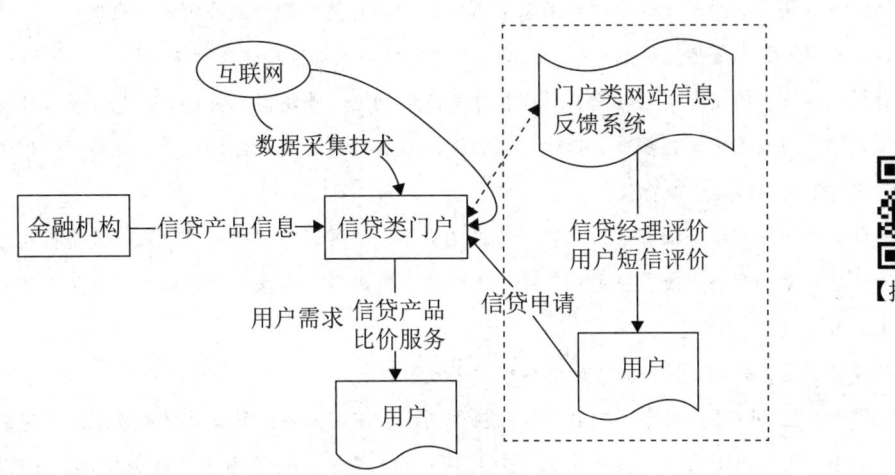

图 7.2 信贷类门户的具体业务模式

以好贷网为例，作为国内领先的金融垂直搜索代表网站，虽然本身不提供贷款，但其着眼于帮助个人及中小企业筛选金融市场上的正规贷款渠道，让需要贷款的人和提供贷款的业务人员直接沟通匹配，打造一个方便的信贷直销平台。具体而言，用户只需在网上输入贷款金额、期限及选择用途的关键词，系统就会进行比对和处理，输出一份相应的银行及其他信贷机构的列表。这张列表上呈现了银行名称、月供、信贷产品、放款时间、利率、总利息和贷款总额等信息。用户进行比较后就可以在线填写申请材料，申请一家或多家银行的贷款。好贷网以这种方式为用户提供多样的产品选择，以便其能够找适合自己的信贷产品。

3．信贷类门户的盈利模式

互联网金融门户是信贷产品的垂直搜索平台，由于涉及具体的金融产品，而不是行业资讯及行业数据，因此，信贷类门户的盈利模式与第三方资讯平台有所不同。现阶段其收入来源主要以推荐费及佣金为主，广告费、咨询费及培训费等收入相对占比较低。

案例

融 360

融360于2011年10月在北京成立，随后在上海及天津等地设立了区域中心。作为国内互联网金融垂直搜索平台的典型代表，融360集融资贷款及信用卡搜索推荐与服务于一身，聚焦于中小微企业和个人贷款市场，是典型的顾客导向型企业。其运营和销售团队通过前期大量的市场调研，力图确保门户提供的所有产品均以客户为导向，为小微企业和个人客户免费提供便捷、划算、安全的金融服务。融360目前的主要客户为小微企业和个人用户，其中个人用户占65%以上，小微企业则占30%以上，两者贷款金额差不多各占一半。

在市场定位方面，融360将传统的线下贷款的流程信息搬到线上，并致力于培养客户找贷款上融360的习惯。

在产品类别方面，融360通过互联网技术帮助金融机构高效率、低成本地获取优质客户，是金融机构最佳的网络直销平台。平台上的金融产品来自国内各大银行及小额贷款公司等金融机构，并通过信贷经理入驻的方式引入了大量相关业务人员，以便于客户和业务人员直接联系对接。

在运营模式方面，有贷款需求的用户只需登录融360网站，先填写相关信息，包括贷款用途、贷款金额及贷款期限，再点击搜索按钮就可以快速查询到适合自己的信贷产品，并通过信贷产品间的横向比较选择自己满意的金融机构申请贷款。

这种运营方式不仅可以降低金融机构客户筛选的成本，还可以有效提升贷款人与放贷机构之间匹配的精准度。此外，融360还上线了信用卡频道，用户除了可以浏览各家银行信用卡信息外，还可以申办信用卡及信用卡贷款。

在盈利模式方面，融360通过向金融机构推荐贷款客户收取推荐费，每个用户的推荐费是50～100元人民币。同时，融360还通过撮合交易收取相应的佣金，在用户申请贷款过程中帮助用户完成整个贷款流程。贷款获批后融360收取贷款金额的一定比例作为反佣。广告费用也是融360的收入来源之一，但在线广告收入并不是其营收重点。

7.2.3 保险类门户

1. 保险类门户的定位

保险类门户的核心定位分为两类。一类聚焦于保险产品的垂直搜索平台，利用云计算等技术，精准快速地为客户提供产品信息，从而有效地解决保险市场中的信息不对称问题。另一类则定位于在线金融超市，充当网络保险经纪人的角色，能够为客户提供简易保险产品的在线选购、保费计算及综合性保障方案等专业性服务。

在这种模式下，网络平台把所有保险公司的保险产品信息放在一个网站上介绍，让用户根据自身实际情况自主选择所需要的保险产品，将用户与保险公司联系起来，用户可以快速寻找到自己需要的各种保险产品信息，可以针对多家保险公司的产品进行对比选购。国外比较典型的InsWeb已经与世界上50家著名保险公司签署了业务协议，还通过与其他180多个著名站点链接进行合作的方式吸引源源不断的客户访问该站点，客户只需要在网上输入需求信息，网站就会根据相关信息自动对各家会员保险公司的产品进行比较和分析。

保险类门户为客户提供了一种全新的保险选购方式，并实现了保险业务流程的网络化，具体包括保险信息咨询、保险计划书设计、投保、核保、保费计算、缴费、续期缴费等。

2. 保险类门户的运营模式

保险类门户对各家保险公司的产品信息进行汇总,并为客户和保险公司提供交易平台,同时为客户提供诸如综合性保障方案评估与设计等专业性服务,以确保在以服务营销为主的保险市场中,依靠更好的增值服务争取到更多的客户资源。

目前,虽然国内外保险类门户数目繁多,但按其业务模式划分,保险类门户主要以 B2C 模式、O2O 模式、兼具 B2C 和 O2O 的混合业态经营模式这三类模式为主。

其中,慧择网是国内保险类门户中的典型代表,其网站性质为 B2C,也可以将其理解为一种在线金融超市。与其他保险公司网络直销平台不同,大童网搭建了垂直电子商务平台,选取各家保险公司的优质产品供客户选择,客户可以通过网站提供的详细产品信息,按照自己的偏好进行选择,逐步筛选,最终选择适合自身需求的保险产品。

【拓展案例】

国内的"大家保""富脑袋",以及国外的 eHealth Insurance、Insurance Hotline 则是 O2O 模式的典型代表,其本质类似于信贷类门户中的垂直搜索平台融 360。门户本身并不从事保险销售,而是通过"搜索+比价"的方式为客户提供保险机构、保险产品的深度信息搜索和比价服务。客户只需要填写托保人信息,门户即可为其筛选出适合投保人的保险产品及投保方案,在确定所要购买的产品后,客户直接点击相关链接,即可进入保险机构进行投保,极大地节约了交易成本。"大家保"首页的设计与 eHealth Insurance、Insurance Hotline 等国外保险类门户极其相似,主体是一个简约的需求提交框,其中包括"给谁投保"及"出生年月"两个选项。客户只需输入相关信息并完成后续信息的填写,即可免费获取五家保险公司的产品报价及保险定制计划,在客户完成保险挑选后即可进入相关保险机构进行保险购买。"大家保"的 CEO(Chief Executive Officer, 首席执行官)方玉书将其称为"客户需求导向模式"。通过"大家保",客户足不出户就可获取为自己量身定制的保险计划,在详细对比保障内容和价格后,还可以轻松约见自己心仪的保险经纪人,服务价格公开透明,服务质量也能得到良好的保证。

在国内众多的保险类门户中,大童网是唯一一家兼具 B2C、O2O 模式的保险产品电子商务平台,与"大家保"相比,大童网的运营模式与其既有相似,又有区别。相似之处在于二者都通过"搜索+比价"这样的方式将各家保险机构的不同产品进行分类展示,并通过不同的标签加以区分,为客户提供直观的对比,提高其搜索效率。而不同之处在于大童网不仅具备保险产品 O2O 模式,还兼具了带有电商属性的保险产品 B2C 模式,是可以为客户提供在线选购、在线支付的电子商务平台。

此外,现阶段保险类门户汇聚的险种还是以复杂程度低、同质化较高的意外险和车险为主,其原因不仅在于该类产品易于横向比较,还在于其边际成本较低,在保险类门户达到一定规模后,有助于其实现规模经济效益,从而发挥门户的渠道优势。保险类门户业务模式,如图 7.3 所示。

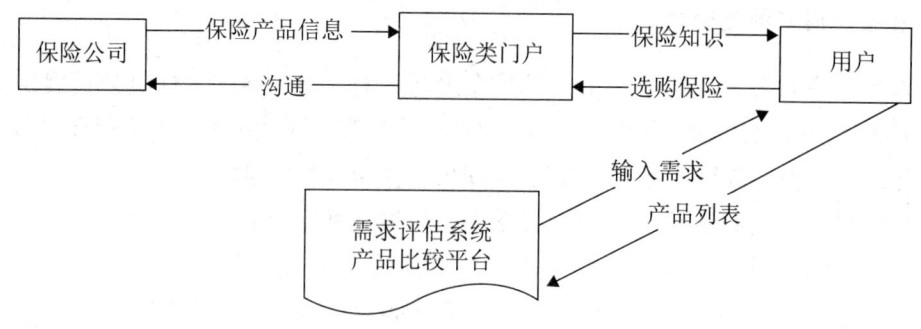

图7.3 保险类门户业务模式

3. 保险类门户的盈利模式

综观国内外的保险类门户，其盈利模式通常可以分为三种：第一种是客户完成投保后收取手续费；第二种是依托保险类门户规模大、种类全、流量多等优势，通过广告联盟的方式收取广告费用；第三种是向保险机构或保险代理人提供客户信息和投保意向，从中收取佣金。

案例

大童网

大童网于2008年8月1日成立，总部设在北京，是目前我国最大的专业性保险网上超市，为保险消费者提供简易保险产品的在线选购，以及综合性保障方案的评估与设计，以专业、客观、中立、公正的立场帮助广大消费者轻轻松松选保险、明明白白享保障，是目前国内唯一兼具B2C和O2C业务模式的保险产品网络销售平台。

大童网由北京大童保险经纪有限公司创立，该公司系保监会批准设立的全国性专业保险中介机构，综合经营财产保险、人寿保险、中介服务业务及法律许可的其他金融产品销售服务业务。大童网依托大童集团良好的信息技术支持和产品采购能力，拥有电子商务平台、电话服务平台、核心业务系统、核心财务系统等专业化、规范化、标准化的运营支持平台，提供近40家保险供应商的1 000余种金融保险商品供客户选购，这些保险商品涵盖了健康、养老、医疗、子女教育、旅游出行、人身保障、投资理财等各个方面。大童网对保险条款进行了简明化的分类、通俗化的解读和形象化的展示，便于消费者快速定位自己的需求，对同类商品进行对比，挑选出最适合自己的商品和组合方案。

大童网在线直接投保的产品流程，即B2C模式的业务流程为：首先，消费者通过保险计算器计算相关保费；其次，单击"立即购买"按钮进入信息栏，填写真实信息，在信息经过审核后，客户预览自动生成的保险订单，确认投保信息是否准确，然后进行购买确认；最后，通过网银进行在线支付，支付成功后保单生效。

大童网预约现场服务的产品流程，即O2O模式的业务流程如下：首先，客户选择具体的保险产品，单击"立即预约"按钮进入信息栏，然后填写客户的联系方式，预约下单；其次，待理财顾问收到相关信息后，会对客户进行电话回访，帮助其进行投保需求分析，量身定制投保方案；最后，客户签署保单，保险合同生效。

7.2.4 理财类门户

1. 理财类门户的定位

理财类门户作为独立的第三方理财机构,可以客观地分析客户理财需求,为其推荐相关理财产品,并提供综合性的理财规划服务。它与信贷类门户、保险类门户的定位并无太大差异,只是在聚焦的产品类别上有所不同,本质依然分为垂直搜索平台及在线金融超市两大类,并依托于"搜索+比价"的核心模式为客户提供货币基金、信托、私募股权基金等理财产品的投资理财服务。此外,部分理财类门户还搜集了大量的费率信息,以帮助客户降低日常开支。

理财类门户最基本的功能就是进行理财产品的推荐。例如,存折网为客户提供银行理财产品、P2P理财及货币基金的深度搜索。理财类门户的业务模式是典型的O2O模式,客户只需根据自身需要搜索到符合条件的理财产品列表,从中比较筛选适合自身理财需求的产品,然后到发行机构预订购买即可。理财类门户业务模式如图7.4所示,从图中可以看出整个流程极大地缩短了客户搜寻产品的时间,从而有效地降低了交易成本。

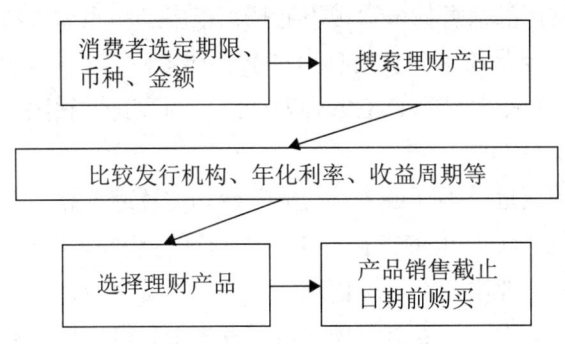

图 7.4 理财类门户业务模式

理财类门户的第二大作用是帮助用户节约生活成本。例如,美国的LowerMyBills就是一家致力于帮助客户节约生活成本的一站式免费网站,该网站涵盖了500多家不同种类的服务提供商来匹配客户的需求,主要业务包括家庭贷款、信用卡车辆及健康保险,以及远程服务、无线服务。客户可以便捷地检索筛选出性价比最高的金融产品和服务,从而有效降低自己的各种日常支出。

除了传统的PC端门户网站,理财类门户还开拓了移动端市场,涌现的一批手机理财软件,包括理财产品交易平台铜板街、记账理财APP挖财及存折网客户端等,客户可以在任何时间、地点查询金融服务并进行交易。移动端理财APP的出现不仅使客户可以随时随地查询和购买理财产品,还有助于理财类门户发挥其自身的渠道优势,积累更庞大、更优质的客户资源。

铜板街、挖财及随手记的比较,见表7-1。

表 7-1 铜板街、挖财及随手记的比较

比较项目	铜板街	挖财	随手记
定位	理财超市	资产管家	记账
数据	无	信用卡账单、日常消费数据记录、金融机构数据共享	信用卡账单、日常消费数据记录
服务	基金销售	用户数据分析、基金销售	用户数据分析

2．理财类门户的运营模式

理财类门户并不参与交易，其角色为独立的第三方理财机构。理财类门户结合国内外宏观经济形势的变化，依托云计算技术，通过合作机构等供应渠道汇集了大量诸如信托、基金等各类理财产品，并对其进行深度分析，甄选出优质的理财产品，供客户搜索比较。同时，理财类门户通过分析客户当前的财务状况和理财需求，如资产状况、投资偏好及财富目标等，根据客户自身情况为其定制财富管理策略，以规避投资风险，向客户推荐符合条件的理财产品，并为之提供综合性的理财规划服务。

以存折网为例，存折网可以帮助用户在线比较各种理财产品。在没有互联网金融门户网站时，用户获取理财产品信息的渠道很不通畅，很多产品不为人所知。随着社会经济发展，很多用户手里有钱但是买不到好的理财产品，或者对于不同理财产品的特性不了解，对风险的了解有限，所以很难选取合适的理财产品，而存折网解决了这些问题，及时有效地将大量产品信息展示给用户。

虽然现在存折网的流量还不算很大，与大平台相比还需要更多投入，需要继续坚持拓展平台规模，不放弃对产品深度的挖掘。国内银行理财产品、P2P产品、金融产品都有，很多用户是在银行或者专业平台上了解信息，对资源了解有限，缺少横向比较的机会，也缺少对产品深度了解的能力，这点对于理财需求者来说，做出更加竞争有效的购买决策是非常艰难的。存折网意识到个人理财方面存在的这些不足，因此在产品选择上，在做出横向比较的同时，还会对同类型产品进行深度挖掘，对具体产品的运作情况进行分析汇总，并给出具体风险系数，给予理财用户更多选择。

存折网的业务模式是典型的O2O模式。用户只需根据自身需要选定期限、币种、金额及发行机构即可搜索到符合条件的理财产品列表，从中比较各种理财产品的发行机构、年化收益率、收益类型及理财周期等信息，选择适合自身理财需求的产品。在客户确定所要购买的理财产品后，只需在理财产品销售截止日期前到发行机构预订购买即可，整个流程极大缩短了客户搜寻产品的时间，从而有效地降低了交易成本。

除推荐理财产品外，理财类门户还可以帮助客户节省日常开销，其典型代表为国外的LowerMyBills。目前该公司业务已涉及信用卡保险及长途话费等领域。打开LowerMyBills的首页，客户可以很容易地检索并比较不同产品或服务的价格及相关费率，在质量相同的条件下可以选择费用最低的金融产品或服务，从而有效降低各种日常支出。

3. 理财类门户的盈利模式

现阶段，理财类门户的盈利模式较为单一，主要以广告费和推荐费为主。理财类门户通过带给理财产品供应商用户量和交易量，收取相应的推荐费。因此，其盈利模式的关键在于流量，所以有效地提高转换率，将流量引导给供应商完成整个现金化过程，将成为理财类门户稳定收入来源的重要保证。

案例

格 上 理 财

北京格上理财顾问有限公司(以下简称格上理财)成立于2007年11月，是独立的第三方理财机构、专业的投资研究中心、国内领先的理财服务平台，提供包括信贷、阳光私募基金、私募股权基金等理财产品的投资顾问服务。

格上理财的服务理念是一对一服务和一站式服务，其中一对一服务是由专业人员提供专业理财顾问，一站式服务是从众多理财产品中甄选出最具投资价值的理财产品，供客户进行搜索和比较，并通过"优选产品"专栏为客户推荐经过格上理财优选的理财产品。

在交易完成后，格上理财还为客户做出追加及赎回等动态调整建议，并传递最新的投资情报。除此之外，在理财学堂中，客户可以通过阳光私募学堂及私募股权学堂了解相关理财产品的投资门槛、运作方式及风险控制等详细的专业知识，降低了客户与传统理财机构之间的信息不对称，为其选购适合自身需求的理财产品奠定基础。

格上理财作为一个全面的理财门户网站，给客户带来丰富产品的同时，也提供了与产品相关的全面信息，客户可以充分利用信息仔细挑选，选择适合自己的产品。

7.2.5 综合类门户

1. 综合类门户的定位

综合类门户的本质与信贷类门户、保险类门户及理财类门户并无太大差异，其核心定位依然是互联网金融领域的垂直搜索平台和线上金融超市。综合类门户与其他门户的不同之处在于所经营的产品种类，后三者均聚焦于某种单一金融产品，而综合类门户则汇聚多种金融产品。

综合类门户本身不参与交易，而是引入多元化的金融产品和大量相关业务人员，为客户搭建选购各类金融产品及与业务人员联系对接的平台。现阶段以垂直搜索平台为核心定位的综合类门户的典型代表有百度金融等，以线上金融超市为核心定位的综合类门户的典型代表有91金融超市及软交所科技金融服务平台等。

2. 综合类门户的运营模式

综合类门户主要起到金融产品垂直搜索平台及线上金融超市的作用，业务模式仍然以B2C及O2C模式为主。

在以垂直搜索平台为核心定位的综合类门户网站上，客户不仅可以快速精确地搜索到各类金融产品，对其进行比较，还可以通过平台与相关业务人员联系进行线下咨询及购买，并通过信息反馈系统实现金融O2O模式的闭环。

以百度金融为例，面对互联网金融广阔的市场空间，百度展开了有针对性的布局。为了卡位金融产品搜索入口，百度于2013年9月上线了百度金融测试版。

目前对于百度而言，其最大的优势在于搜索领域的市场份额，以及在客户心目中形成的品牌效应。因此，百度金融的未来发展趋势是成为一个汇聚多元化金融产品的搜索平台，但百度金融的出现更多的是为了完善百度在金融领域的整体布局，建立百度自己的金融业态系统。

而以线上金融超市为核心定位的综合类门户，充当的是金融中介的角色，其业务形态是在线导购，不提供信息的双向选择，只提供直接的购买匹配及导购服务，解决的是服务不对称的问题。

以软交所科技金融超市为例，其定位为专业的中介服务平台，通过连接科技创新链条和金融资本链条，致力于打造我国领先的科技金融服务平台。目前，软交所科技金融服务平台通过合作渠道及相关从业人员提供的信息建立的数据库，汇聚企业贷款、股权融资、政策融资、企业理财及新三板/IPO(Initial Public Offerings，首次公开募股)五大类金融产品信息，并对产品信息进行实时更新，以确保客户搜索到的产品信息真实有效。其中科技金融产品和服务供应链覆盖商业银行、投资机构、证券公司、信托公司、保险公司、担保公司、个人投资者及其他金融机构和中介服务机构，科技金融产品和服务需求链覆盖机构客户、企业客户及个人客户的投资需求、融资需求及理财需求等。同时，根据客户不同的需求进行数据分析和匹配，筛选出满足客户特定需求的金融产品，并且为客户提供各类金融产品的专业计算器供其进行比较。

在企业理财栏中，软交所科技金融服务平台采用多条件搜索的方式为客户呈现产品搜索途径。客户填写相关信息，如理财金额、理财期限及风险保障，再单击"产品搜索"按钮即可搜索到符合条件的企业理财产品信息列表，再详细比较产品详情，确认所需购买的产品后，客户便可提出购买申请，并提交订单完成在线购买。

科技金融超市通过线上网络平台与线下活动平台相容的运营模式，为客户提供种类齐全的金融产品和服务，这些产品和服务分类明晰，并且与合作机构的信息对接非常顺畅，大大降低了客户的信息搜寻成本。另外，科技金融超市严格把关金融产品和服务质量，大大降低客户交易风险。同时，科技金融超市跟踪交易数据，在积累大量的客户交易数据的基础上，对客户的特定需求实现精确匹配。

3. 综合类门户的盈利模式

综合类门户的盈利模式可以划分为三种。首先，依托其流量价值吸引在线广告的入住，从而收取广告费用；其次，通过向金融机构推荐客户和交易量，从中收取相应的费用；最后，通过撮合交易收取相应佣金，在客户购买金融产品的过程中，综合类门户可为其进行全程协助，在交易完成后向金融机构收取一定比例的费用作为佣金。

案 例

91 金融超市

91 金融超市成立于 2011 年 11 月，是一个在线金融产品导购和销售平台，通过计算机、手机 APP、400 电话等渠道为金融消费者提供金融产品信息、产品比较、消费决策依据及直接购买等服务。

91 金融超市的产品分为增值宝、91 旺财、91 贷款、车险通、91 金融圈、91 配资六大产品体系，拥有较多种类的金融产品，为用户解决同类金融服务机构的比较问题，汇聚了大量的金融机构和优惠渠道，用户可以通过打开链接的方式，享受涵盖的金融服务。其中还包括还房贷计划、个税计算等在内的 20 多种计算器，帮助用户解决有关计算问题。91 金融超市增加了用户的社交体验，实现了跨屏使用。用户不仅可以通过网站访问，还可以通过手机 APP 直接在手机上完成操作，也可以通过微博、微信等社交软件完成。

作为一个"超市+导购"的金融中介，91 金融超市的核心竞争力主要体现在三个方面，首先是产品的丰富程度高。目前 91 金融超市直接和相关金融机构合作，参与合作的银行及保险公司达到 300 余家。通过这种合作方式，91 金融超市不仅可以获得相关金融机构的海量金融产品信息，还可以掌握每家金融机构在不同阶段的具体执行政策。其次是数据分析能力。对于每一个通过平台来购买产品的客户，91 金融超市都会通过引导客户主动填写的方式获取超过数十项的相关数据，以便于进行数据分析，从而提升 91 金融超市的服务水平和品牌知名度，积累优质的客户资源。最后，91 金融超市拥有较高的转换率，在吸引了大量客户后最终达成的交易才是综合金融超市最大的价值来源。在这方面 91 金融超市凭借其用户数据系统、金融产品数据系统及匹配量系统良好的运营获得了较高的成交率。

在盈利方面，与其他综合金融超市一样，91 金融超市不仅通过广告联盟的方式收取广告费用，还通过向金融机构推荐客户和交易量从中收取相应的费用，也通过撮合相关金融机构的交易收取相应的佣金。

7.3 互联网金融门户对金融业的影响

近年来，互联网对于零售业的冲击已经越来越强烈，而在利率市场化、国内金融消费逐渐递增的形势下，越来越多的金融行业信息、金融产品及金融服务将涌现出来，届时，金融机构的信息处理和反馈、金融产品的销售及金融服务的提供都需要通过更为高效的渠道才能实现，而互联网金融门户就是其中之一。因此，互联网金融门户对金融业是一种有效的补充而非变革式的颠覆。具体来看，互联网金融门户并未对金融脱媒产生直接影响，而是对传统金融业的创新形成良好的补充，促进了金融产品信息化程度的提高，给客户带来了更为丰富的金融产品及更加便利的购买方式，从而加快了传统金融业适应互联网的步伐。

从短期来看，互联网金融门户对金融业的影响主要体现在提高信息对称程度及改变用户搜索金融产品信息的方式两个方面。

从长期来看，当互联网金融门户拥有了庞大的客户资源积累的渠道优势后，势必会对上游的金融产品供应商形成反纵向控制。

7.3.1 降低金融市场信息不对称程度

众所周知，市场信息不对称往往会导致道德风险与逆向选择，从而使低质产品逐步代替优质产品，这便是"柠檬市场"现象。而现阶段以信息服务为核心的互联网金融门户对金融业最显著的影响就是有效地降低了金融市场的信息不对称程度，进而有效地降低了"柠檬市场"现象出现的概率。

首先，互联网金融门户通过搜索引擎对信息进行组织排序和检索，有效缓解了信息超载问题，其形成的"搜索＋比价"模式为客户提供了充足且精致的金融产品信息，有针对性地满足了客户的信息需求，从而减少了逆向选择的发生。其次，针对P2P网贷市场、保险市场存在管理滞后、发展模式粗犷等问题，互联网金融门户还起到了一定的监督作用，通过企业征信及风险预警等方式对相关企业进行实时监督，减少了道德风险的出现。

7.3.2 改变用户选择金融产品的方式

现阶段国内用户选择购买金融产品还是以向金融机构咨询及代理商推荐等线下方式为主。在传统搜索方式下，客户只能逐一地浏览各家金融机构网站，比较相关金融产品，从搜索到购买的整个流程，时间投入过于冗长，客户的搜寻比较成本较高。

而随着大数据及云计算等互联网金融核心技术的发展，互联网金融门户将金融产品从线下转移到了线上，形成了"搜索＋比价"的方式，让用户快速且精准地搜索和比较非标准化、风险性和复杂性较高的金融产品成为可能，使其足不出户就可以搜索到满足自身需求的金融产品。与传统的搜索方式相比，"搜索＋比价"的方式大幅提高了客户的搜索效率，既节省了时间，又降低了交易成本，加快了信息及资金的流通速度。

【拓展知识】

对此，融360的判断是两三年内在线搜索申请产品的比例有望上升到50%以上。先去搜一搜、比比价，会成为网民购买金融产品的一种普遍习惯。

7.3.3 形成对上游金融机构的反纵向控制

从长期来看，随着利率市场化水平不断提升，资本市场不断完善，国内金融市场将会步入金融产品过剩的时代，金融领域的竞争格局也会从产品竞争逐步转向产业链竞争。届时，最稀缺的资源莫过于稳定的客户群体。而当互联网金融门户成为掌握客户资源的重要渠道后，其势必会拥有金融产品销售这些纵向结构的决策权，以及对上游金融产品供应商(如银行、基金公司、保险公司、投资公司等)的议价能力，逐渐形成对上游供应商的反纵向控制。

目前具备垄断性的传统金融机构实施纵向控制的主要目的之一就是凭借其垄断地位，

通过制定高价格来维持高额的利润，但在反纵向控制中获取了市场势力后的互联网金融门户并非如此。由于其需要通过吸收大量长尾客户逐步降低边际成本，从而更好地发挥渠道和成本优势，因此，作为销售渠道的互联网金融门户将会更多地采取低价策略来吸引客户。

从经济学中静态分析的角度来看，反纵向约束的低价约束更为直接有效。互联网金融门户通过这种方式迫使上游供应商及传统金融机构从维持高价格获取高利润的策略，转变成通过高销量获取高利润的新策略，从而增加了消费者剩余，提高了整个社会的福利水平，真正实现了经济效益与社会效益的统一。

能够实施反纵向控制的互联网金融门户需要拥有大量的企业规模，其核心就是所占有的客户数量。据 91 金融超市 CEO 许泽玮介绍，只有当互联网金融门户的成交量占到单一金融机构的 20% 左右时，才能掌握单一客户的定价权。现在 91 金融超市只有个别客户的定价权，而从整个行业来看，无论是互联网金融门户的整体规模还是拥有的客户资源，还远未达到能够对上游的金融产品供应商实施反纵向控制的程度。

虽然目前互联网金融门户很难实现对金融产品供应商的反纵向控制，但从长期来看，当其积累了庞大的客户资源，拥有了强大的渠道优势后，势必会像零售商一样通过反纵向控制推动互联网金融行业的发展。

由上所述，可以看出，互联网金融门户并未对金融脱媒产生直接影响，但是其对传统金融业的创新形成了良好的补充，促进了金融产品信息化程度的提高，给客户带来了更为丰富的金融产品及更加便利的购买方式，提高了金融交易效率，从而加快了传统金融业适应互联网的步伐。

7.4 互联网金融门户面临的风险及控制措施

互联网金融门户是基于网络信息技术运行的互联网金融模式，不直接参与交易，仅作为第三方咨询平台或垂直搜索平台为用户提供相关信息及增值服务。因此，互联网金融门户在延续了部分传统金融风险的同时，更多地体现了网络风险的特征。

7.4.1 互联网金融门户面临的风险

1. 技术风险

互联网金融门户的技术风险是针对互联网金融门户网络安全性而言的，是目前互联网金融门户面临的最主要的风险之一。

首先，互联网金融门户直接连接到外部不同门类不同级别的网络。其次，互联网金融门户与业务主机应用系统之间存在大量的数据通信，因此，一旦互联网金融门户出现内部操作失误或受到外部黑客攻击，不仅整个系统面临停机或瘫痪的风险，更为严重的是金融机构的交易数据及用户的个人信息将存在泄露的可能性，导致难以估量的损失。

鉴于目前互联网金融门户一般采用 Web 访问形式，其应用操作系统及网络通信所依赖的 TCP/IP 协议等核心技术会存在安全漏洞，互联网金融门户面临的技术风险难以完全规避。

2. 法律风险

互联网金融门户面临的主要问题是，传统金融机构所适用的法律是否能够应用到互联网金融门户形式下的金融机构，以及互联网金融门户网站对交易信息的虚实是否负有保证责任等。互联网金融门户是传统金融机构拓展业务的一种渠道，将线下宣传和交易通过第三方服务平台搬到线上，其交易主体市场并未发生变化，交易双方所产生的法律关系性质并未改变，因此，对于其中所涉及的法律问题，基本上是沿用法律规范对传统金融机构的相关规制。无论是银行、信托公司、财富公司还是保险公司，都是法律所规定的传统金融机构，仍可沿用法律对传统金融机构进行规制所指定的法律。

互联网金融门户之下，确定金融机构的法律地位之后，金融交易的另一方及消费者的定位问题一直是一个热点。目前，我国尚未出台专门性的保护金融消费者的法律法规，只能参照《中华人民共和国消费者权益保护法》(以下简称《消费者权益保护法》)。该法第二条规定，消费者为生活消费需要购买、使用商品或者接受服务，其权益受本法保护；本法未作规定的，受其他有关法律法规保护。国内外普遍将金融交易视为一种服务行为。因此，笔者认为金融服务也可以纳入《消费者权益保护法》所规定的接受服务的范围之内。

在进入消费领域时，一个主要问题是双方地位不平等，金融机构处于明显的优势地位。知情权是《消费者权益保护法》规定的消费者基本权利之一，但是，金融产品与服务的专业性、技术性非常强，金融机构往往会刻意隐匿产品潜质、潜在风险、后果责任等重要信息，在交易时普遍采用格式条款的方式订立合同，因此，对于金融机构而言，保证交易信息的真实性、对格式条款进行提示说明是基本义务。

在互联网金融门户的场景下，门户网站作为信息提供的中间人相对于消费者而言也处于明显的优势地位。其是否负有和金融机构同等的信息披露义务？发生法律纠纷时，门户网站是否需要就虚假信息承担责任？这种责任是过错责任还是无过错责任？这些都有待确认。目前对金融产品的风险评估，有业内人士建议引入第三方评价机构。互联网门户网站为金融交易提供搜索服务及交易平台，其是否需要负担起类似于第三方评价机构的责任？目前互联网金融门户网站的服务条款基本一致，免除了自己对交易风险的责任，对交易信息的准确性、真实性也不负保证责任。例如，网贷之家《服务条款》2.2 指出，用户明确同意其使用网贷之家网络服务所存在的风险将完全由其自己承担，因其使用网贷之家网络服务而产生的一切后果也由其自己承担。融360 的《服务条款》5.4 也指出，用户明确同意使用融资租赁服务所存在的风险及产生的一切后果由其自己承担。这说明，门户网站在服务条款中完全将自己放在了第三方的位置，只提供搜索服务或者交易平台，不负有审查义务和保证责任，不存在构成第三方评价机构的可能。对金融消费者的救济只能依据《中华人民共和国合同法》(以下简称《合同法》)第四十一条关于格式条款解释规则的规定，而在互联网金融门户的场景下又缺失了面对面的提示说明和解释行为，这对消费者而言具有比传统金融交易方式更大的风险。

3. 信用风险

互联网金融门户的信用风险主要体现在信息失真和信息泄露两个方面。

(1) 信息失真

现在是一个信息快速传播的时代，从信息传播角度来看，第一时间快速传播有助于抢占重要信息的首发权，但随着信息传播的提速，信息的准确性和精细度可能会呈现下降的趋势，甚至会出现信息失真的情况。具体来看，互联网金融门户的信息失真主要表现在信息不准确、不安全及虚假信息等方面，其风险在于一旦出现有披露的相关信息被广泛援引、转载，不仅会导致互联网金融门户的专业水准及公信力遭到质疑，还会导致因客户的经济损失而面临赔偿或法律纠纷等严重后果。

(2) 信息泄露

互联网金融门户更多的是充当客户和金融机构中间渠道的角色，因此，客户在交易过程中会留下详尽的私人信息，如身份证号码、详细住址及银行账号和密码等。一旦互联网金融门户监管不严，内部员工为了一己私利向不法机构兜售客户信息，或互联网金融门户受到诸如黑客等外部攻击，客户的私人信息遭到泄露，将会给其信息安全和经济利益带来严重的损失。

7.4.2 互联网金融门户控制风险的措施

1. 技术预防措施

(1) 提升核心技术水平

互联网金融门户的技术风险方案是保证其良好的生存环境、健康有序发展的关键。因此，通过开发利用多种网络安全的核心技术，如认证授权、数据加密技术、数字签名技术及防火墙技术等，针对网络安全可能出现的问题，采取相应的防范措施，以提升网络安全核心技术水平，有效降低技术风险，保证互联网金融门户安全稳定顺畅地运行。

(2) 完善网络安全管理

互联网金融门户可通过设立专职部门及建立相关规章制度两个方面完善其技术风险管理体系的建设。首先，设立专职部门，专门从事网络安全技术的开发及管理，以实现对技术风险的防范及管理。其次，建立健全网络安全防范章程及违约惩罚制度，通过内部制约机制规范并完善技术风险管理体系，切实保障互联网金融门户的安全运行。

2. 法律法规保护措施

健全法律法规、完善监管体系是预防相关风险的有力措施。一方面，建议尽快出台专门的金融方面的消费权益保护法。目前，全国人民代表大会常务委员会法制工作委员会正在对《消费者权益保护法》进行修订，笔者建议扩大其适用范围，加入金融服务、金融产品保护方面的相关规定。另一方面，针对互联网金融门户在交易中的法律地位，笔者建议法律给出明确的规定，进而对其是否负有信息披露义务、对信息的真实有效性的形式审查义务给出答案，为互联网金融门户模式下处于弱势地位的金融消费者提供更为宽广的维权途径。

3．消费者需提高自我保护意识

《消费者权益保护法》对消费者的基本权利进行了规定，消费者要善于利用这些权利维护自身的合法权益。这种自我保护意识既包括事后的维权意识，如积极寻求消费者协会的帮助、向人民法院提起诉讼等，也包括事前的维权意识，如对信息的真实性做出积极的调查、思考，不盲目地相信网站上的介绍，不依赖网站提供的评估信息。另外，还包括事中的维权意识。在互联网金融交易的领域，目前普遍存在的一个问题是电子证据的固定问题，若交易中发生争议，当事人一方提起诉讼，电子证据的固定是一个难点，在交易过程中，消费者一般没有意识去截取交易过程中的图文，在事后的诉讼中处于极为不利的地位。所以，笔者建议消费者提高自我保护意识，在交易中充分行使知情权，要求金融机构或门户网站对重要信息做出详细的说明和解释，对这些过程中涉及的重要信息做好保留工作。除此之外，消费者本人也应该恪守诚实守信原则，对所提供的个人信息的真实性负责，对交易的真实性负责，严禁任何掩盖非法目的的交易行为，切实维护好国家的金融市场秩序。

7.5 互联网金融门户的发展趋势

目前，不仅互联网金融门户的商业模式获得了投资机构的认可，而且市场空间广阔，总体上呈现出良好的发展态势。笔者在总结互联网金融门户发展现状的基础上，对其发展前景进行了合理的展望，认为未来互联网金融门户的发展趋势主要有以下四点。

7.5.1 门户发展渠道化

互联网金融门户依托大数据技术，通过垂直搜索的方式解决了交易过程中的信息不对称问题，不仅为客户提供快速而全面的行业信息、便捷精准的金融产品推荐服务，还为金融机构提供智能化的金融产品销售服务，有效地降低了金融机构的交易成本。

因此，在互联网金融生态系统中，互联网金融门户将成为集资讯、在线销售及相关增值服务于一体的金融产品销售渠道，并通过结构化的垂直搜索方式搭建一个产业联盟平台，聚集产业链上的下游企业。互联网金融门户，不仅为产业链提供了技术协助，还为供需双方实现信息交流、业务对接及利益共赢提供了良好的平台。

7.5.2 产品类别多元化

对于垂直搜索平台而言，信息不对称是其致力于解决的首要问题，因此，平台上的产品覆盖面越广，产品数量越多，其上游企业的资源越分散，信息传递越充分，平台的价值也就越大。融360在信贷搜索之后又上线了以信用卡搜索、记账理财为核心业务的手机APP挖财，该软件于2013年7月推出基金交易服务及软交所科技金融超市，产品包括企业贷款、股权融资、政策融资、企业理财及新三板/IPO五大类，这其中一个很重要的原因正是源于产品类别多元化带来的价值。

由此可见，在基金产品类别方面，以垂直搜索平台为核心地位的互联网金融门户未来必将呈现产品多元化，即门户将汇聚不同种类的金融产品，从单一金融产品的垂直搜索平台转化为汇聚不同种类金融产品的综合类垂直搜索平台。例如，信贷类垂直搜索平台可以开展P2P网贷信用卡的搜索业务，而保险类垂直搜索平台可将业务范围延伸到理财、中期信托、短期保险基金等，供用户搜索比价，从而深层次、多角度地挖掘和满足用户需求。

7.5.3 业务模式多样化

互联网金融门户的核心是客户。随着人民生活水平日益提高，金融产品不断创新，在满足客户对金融产品多元化需求的同时，提升用户体验将成为保障互联网金融门户核心竞争力的关键。

因此，在业务模式方面，互联网金融门户不会仅局限于当前的B2C模式。随着依托大数据、云计算等互联网金融核心技术的不断发展深化，互联网金融门户将对客户搜索习惯和行为特征进行有效的记录和智能分析，从而协助金融机构为客户量身设计金融产品，通过自主定制产品的方式增强客户在交易过程中的自我成就感，提升用户体验，逐步形成互联网金融领域的C2B(Consumer to Business，消费者到企业)模式。

7.5.4 营销方式移动化

随着移动通信技术和手机终端设备的发展，越来越多的客户形成了使用手机浏览和支付的消费习惯。因此，结合移动互联网的发展趋势，未来互联网金融门户势必会涌现出一批与铜板街及挖财等类似的手机APP，便于客户随时随地进行搜索比价。通过PC端到移动端的全方位布局，互联网金融门户将使产品信息的传播更加及时，业务流程更加便捷，从而更好地聚拢客户资源，充分发挥其渠道优势。

【拓展知识】

【拓展视频】

本章小结

本章从互联网金融门户的概念入手，对互联网金融门户的发展进行了介绍。互联网金融门户是指专门用于提供金融产品、金融服务信息、汇聚、搜索、比较金融产品，并为金融产品销售提供第三方服务的互联网网站。在未来，互联网金融门户将成为集资讯、债券销售及相关增值服务于一体的金融产品销售渠道，并通过结构化的垂直搜索方式搭建一个产业联盟平台，聚集产业链上下游企业。互联网金融门户不仅为产业链提供了技术协助，还为供需双方实现信息交流业务对接及利益共赢提供了良好的平台。

互联网营销与互联网搜索技术的革新，为互联网金融门户的产生和发展提供了宝贵的契机，促使其形成了依托垂直搜索引擎、云计算等网络技术，以金融产品信息汇集和金融产品在线销售为主的门户网站。互联网金融门户对传统金融业的创新形成了良好的补充，促进了金融产品信息化程度的提高，给客户带来了更为丰富的金融产品及更加便利的购买方式，提高了金融交易效率，从而加快了传统金融业适应互联网的步伐。与此同时，互联网金融门户也面临着诸多风险，其中技术风险、法律风险、信用风险是互联网金融门户较为突出的风险。一方面需要通过开发运用多种网络安全的核心技术来提升网络安全水平，保障互联网金融门户安全稳定顺畅地运行；另一方面也需要尽快健全法律法规，完善监管体系，为互联网金融的发展提供有力的法律保障。同时，消费者也应提升自我保护意识，切实维护自身的合法权益。

复习思考题

(1) 根据服务内容及服务方式，互联网金融门户可以分为哪几类？各有哪些特点？
(2) 简述互联网金融门户的特点。
(3) 简述互联网金融门户的运营模式。
(4) 互联网金融门户对金融业发展态势的影响有哪些？
(5) 你认为互联网金融门户应有哪些风控措施？
(6) 简述互联网金融门户的发展趋势。

第8章 互联网金融对传统金融行业的影响

在互联网金融模式下,银行、券商和交易所等中介作用都被削弱,贷款、股票、债券等的发行和交易及券款支付直接在网上实现,大大减少了信息成本和交易成本,可以更加有效地进行资源配置,真正实现低成本、高效率的管理运作,满足客户的金融需求。互联网金融正以迅猛的态势,以抢入口、抢流量、抢客户为切入点,以更快速、更便捷、更省心为服务优势,以产品新、门槛低、收益高为卖点向传统的金融行业发起强烈的挑战,无疑会对传统金融行业产生重大的影响。一个崭新的互联网生态正在形成,互联网生态必将深刻影响中国的金融体系。传统金融行业不得不对此问题进行认真思考,慎重研究,积极面对,调整转型,投身变革,加快创新,迎接挑战。

学习目标

从功能地位、经营理念、经营模式、服务模式、收入模式等角度了解互联网金融对传统银行业、证券业、保险业等行业的影响,并进一步了解各传统金融行业应对互联网金融冲击的对策。

知识架构

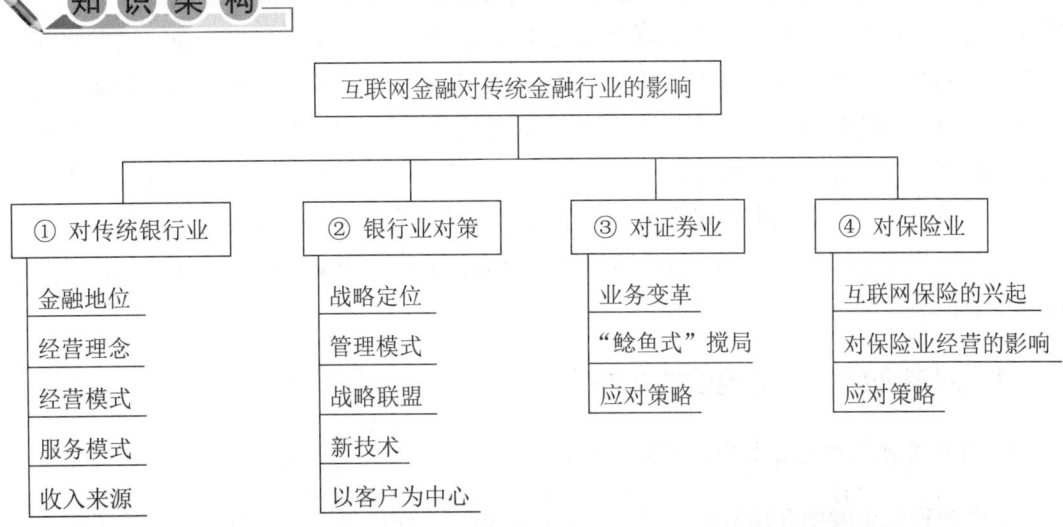

> **导入案例**

善融商务

善融商务是中国建设银行推出的以专业化金融服务为依托的电子商务金融服务平台,融资金流、信息流和物流为一体,为客户提供信息发布、在线交易、支付结算、分期付款、融资贷款、资金托管、房地产交易等全方位的专业服务。

善融商务以"亦商亦融,买卖轻松"为出发点,面向广大企业和个人提供专业化的电子商务服务和金融支持服务。在电子商务服务方面,提供B2B和B2C客户操作模式,涵盖商品批发、商品零售、房屋交易等领域,为客户提供信息发布、交易撮合、社区服务、在线财务管理、在线客服等配套服务;在金融支持服务方面,为客户提供从支付结算、托管、担保到融资服务的全方位金融服务。

2010年3月,阿里巴巴获得了小贷资格,面向小微企业的信贷业务蓬勃发展起来。据报道,仅2012年上半年,阿里金融就完成了170万笔贷款,累计投放贷款130亿元。虽然这个业务量对中国建设银行来说还不足为惧,但银行介意的是,面向企业客户的在线信贷服务,是一块战略性的新兴市场,有可能影响未来银行业的竞争格局。

这种情况下,中国建设银行决定做电商。2010年下半年开始,中国建设银行就开始探索大型国有商业银行在电子商务环境下提供金融服务的课题,在自己的几十家咨询商里征求银行做电商的方案,但一直没有找到合适的。一方面,以前服务于银行的咨询商大多是传统IT企业,对互联网了解不多;另一方面,互联网企业对银行行事规则不完全适应。历经一年多的筹备,于2012年6月才推出了善融商务。

8.1 互联网金融对传统银行业的影响

2013年以来,互联网金融的蓬勃发展及其对传统银行业的冲击已经成为当下热门的话题。其中的佼佼者当属以百度、阿里巴巴和腾讯三家为代表的互联网企业,它们将互联网平台资源与金融产品或服务进行整合,创新出了包括小额借贷、移动支付、余额宝等众多新型的互联网金融业务模式及产品,这些业务模式及产品一经推出便产生了巨大的反响。互联网金融既通过互联网特色的用户体验优势迎合了广大客户对便利的金融服务的需求,也凭借互联网本身强大的媒介影响力改变着客户的传统金融行为和资金流转方式。互联网金融的快速发展给传统金融行业带来越来越大的影响,以商业银行为代表的传统金融机构正面临前所未有的挑战和冲击。

8.1.1 对商业银行金融地位的影响

1. 弱化商业银行的金融中介功能

商业银行的金融中介功能包括以下两方面。第一,银行具有资金清算中介的功能。银行是货币流通的媒介，银行业间有配套及成型的清算、支付系统，便于银行与客户、银行与同业间的清算，同时能降低资金融通的交易成本。第二，银行又具有信息中介的功能。银行为客户办理业务的过程中，在客户信息的收集、处理、分析等方面有较强的能力，能够缓解储蓄者与资金短缺者之间的信息不对称。而互联网金融的产生及快速发展，使商业银行面临金融中介功能弱化的风险，主要体现在以下两个方面。

① 互联网技术的高速发展，使各种信息的获取成本和交易成本都有所降低，因此弱化了商业银行信息中介的功能，从而降低了其作为金融中介的服务需求。互联网技术的快速发展，诞生了移动支付、社会网络和搜索引擎等，市场信息的不对称问题将大大改善，交易双方能够很便捷地找到匹配的对方，资金供求双方相应分担的交易成本非常低。因此，银行的信息中介功能将被进一步削弱。

② 面对互联网金融的冲击，商业银行资金中介的功能也将被削弱。随着互联网金融加速脱媒，互联网金融模式下的资金供求双方可不再通过商业银行进行匹配，后续的资金交易过程也将由供求双方自行完成，而完全脱离了商业银行这个资金融通的资金平台，银行的资金中介功能被弱化。在支付过程中，第三方支付平台已经开始跨过商业银行，利用自身的支付手段完成支付预结算。因此，互联网金融对商业银行的资金中介功能的冲击是巨大的。

2. 冲击了商业银行的支付中介地位

商业银行支付中介功能的发挥主要基于债权债务清偿活动中人们在空间上的分离和在时间上的不匹配。但是，自 2011 年 5 月中国人民银行颁发首批第三方支付牌照(支付业务许可证)开始，截至 2015 年 9 月底，已有 271 家企业获得第三方支付牌照，业务涉及货币兑换、互联网支付、数字电视支付、预付卡发行与受理及银行卡收单等多种类型。从 2016 年 8 月起，在四次续牌中，有 24 张支付牌照被注销。目前，第三方支付模式已经成为电子商务领域应用最广泛的支付模式。以充值业务为例，只需通过支付平台将该账户中的资金划转到收款人的账户中，即可完成支付。第三方支付模式打破了商业银行对线下支付的垄断，商业银行的垄断收益将被持续分流。

第三方支付涉及的客户数量越来越多，第三方支付平台的功能越来越重要，交易量也越来越大，不断将银行结算功能弱化。2014 年，第三方支付交易量已接近 23 万亿元。中国人民银行公布的数据显示，2016 年，第三方支付机构累计发生网络支付业务 1 639 亿笔，金额达 58 万亿元，同比分别增长 99.5% 和 87%。2017 年，第三方支付交易量超过 100 万亿元。

8.1.2 对商业银行经营理念的影响

互联网金融独有的竞争优势，对商业银行的经营理念与经营行为产生了很大的冲击，发挥"鲶鱼效应"，倒逼商业银行从经营理念、业务结构、盈利模式、客户群体、服务水平等各个方面进行大规模的调整，商业银行的价值创造和价值实现方式也将被互联网金融改变。

【拓展知识】

(1) 商业银行的发展模式和盈利方式发生改变

近十年来，中国商业银行虽处在快速稳定的发展阶段，但目前为止，仍是传统上"重投入轻效益、重数量轻质量、重规模轻结构、重速度轻管理"的外延粗放式增长模式。在盈利方式上，利差仍然是商业银行的主要收入来源，我国银行业利息收入仍占较大比例，非利息收入占比仍较少。

(2) 客户的价值诉求发生根本性转变

在互联网金融模式下，客户的消费习惯和消费模式发生了变化，目标客户类型也悄然改变。客户更为大众化，参与各种互联网金融交易的人群包括中小企业和普通大众。互联网技术的日新月异，使客户更多地关注效率与成本，同时追求多样化、差异化和个性化服务，注重方便、快捷、参与和体验成为客户的基本诉求。

(3) 商业银行的竞争基础发生改变

商业银行为客户提供的是复杂技术的金融产品，而互联网金融机构依托互联网技术，提供的是简单、快捷、低成本的金融产品。互联网金融的发展将由安全、稳定、低成本和低风险转向快捷、便利，进而对商业银行核心业务造成冲击。

8.1.3 对商业银行经营模式的影响

(1) 银行信贷供给格局被改变

网络借贷平台提供的贷款模式不同于商业银行的操作模式，资金供求双方依赖平台寻找与其资金期限、金额、利率相匹配的对方，即可完成资金的借贷。这种模式不仅手续简便、操作简单，也适合个性化的要求，能够很好地满足客户的需求，因此受到大众的认可。截至2014年上半年仅阿里巴巴小贷发放的贷款已累计超过2 000亿元，服务的小微企业达80万家，而2016年阿里巴巴发放小额贷款达到8 000亿元。互联网的直接融资模式正在形成，这对商业银行的信贷业务尤其是小微企业贷款业务给予了重创。

(2) 银行客户基础被动摇

伴随互联网技术的高速发展及金融脱媒，银行赖以生存的客户群体也受到了互联网金融的冲击。大量的客户在办理金融业务时借助互联网，摆脱了商业银行这个中介，客户信息被互联网金融企业沉淀下来。

8.1.4 对商业银行服务模式的影响

(1) 商业银行"以客户为中心"的服务模式需要进一步完善

商业银行一向以客户为业务开展的基础，客户是商业银行持续发展的源泉，但受到互联网金融的冲击后，互联网企业的客户数量大幅提升。互联网金融模式下，商业银行原有的物理网点的优势被弱化，客户将更多地以互联网为媒介，尤其是中小企业和个人客户比较关注便捷性、高效性，同时又倾向于个性化的服务。在这种状况下，商业银行的客户群体一是会有所调整，因此，商业银行原有的"以客户为中心"的服务模式不再适合于现有互联网金融模式下的客户群体，需要进一步改进。客户积极寻找自己喜欢的终端，这些对商业银行原有的服务模式提出了挑战。原有的商业银行的服务理念与服务模式是以"物理网点"为基点，由此产生对客户需求的满足及客户体验的满意度。例如，银行从业人员的服务礼仪、文明用语、网点布置与设计的现代化程度等方面曾是商业银行比拼的重点，但在互联网金融时代，客户的所有操作均已通过计算机等设备来完成，原来的比拼重点就有所转移。当前的互联网金融尊重客户体验，在平台开放的基础上体现个性化、多样性的服务模式。

(2) 商业银行针对小微企业的金融服务模式尚需进一步创新

互联网金融模式下信息更加透明化，增强了人与人之间的信任，而信用恰恰是金融的本质与核心。在无抵押、无担保的情况下向陌生人成功融资，这种状况在传统金融模式下是不可想象的，而在互联网金融时代却成为现实。互联网金融企业拥有大数据、云计算等技术，这些技术能够帮助互联网金融企业在信贷审核时，把借款人的网络交易和信用记录作为参考和分析的指标，从而降低投资者的风险。因此，互联网金融模式可以超越传统融资方式，使资源配置更有效率，交易成本大幅减少，有力地支持实体经济的发展。中国银行在2004年就曾提出，将中小企业业务作为银行的转型方向，但推进难度比较大，依旧没有解决中小企业融资难的问题。而与此同时，网络小微贷款模式的竞争力迅速显现，如阿里小贷结合互联网技术，针对国内小微企业数量多、融资需求频率高、需求额度小的特点，建立了以网络数据为核心的小额贷款模式。该模式体现出"小额、信用、期限灵活和较高利率"的特点，在放款规模、贷款方式、社会影响力等方面都堪称行业内的翘楚。互联网金融企业灵活多变的应对方式与积极创新的行动力，要求商业银行加快调整步伐，方可不被互联网金融击败。

(3) 商业银行互联网化经营进程尚待进一步加快

面对互联网金融的猛烈冲击，商业银行也不能坐等互联网企业夺走自己的业务，尤其是在有超过271家互联网企业获得第三方支付牌照，有资格经营涉及货币兑换、互联网支付、数字电视支付、预付卡发行与受理及银行卡收单等多种类型业务的情况下。近年来，商业银行利用互联网技术将线下业务转移到线上，但面对互联网金融的重大影响，商业银行要想稳住当前的市场份额，逆转互联网金融发展的凶猛势头，就要以互联网技术为依托，结合金融产品进行大胆创新，而不能将商业银行产品简单地互联网化。以网上银行为例，以往的商业银行的网上银行业务仅涉及存款、转账等几种常见业务，但新网上银行业务借助互联网金融平台，功能增加了，在网上银行可以实现基金的购买与赎回、记账式国债的购买与出售、股票保证金账户的实时划转等。

8.1.5 对商业银行收入来源的影响

商业银行的收入来源主要是利差收入和中间业务收入。互联网金融的快速发展，使价格发现功能凸显，推动了利率市场化进程。互联网金融模式打破了商业银行利率固定化的特征，能够通过市场反映供求双方的价格偏好，双方通过议价成交。利率的市场化使商业银行的定价权不受央行基准利率指导的限制，互联网金融利用其高效、便捷、低成本等特点，将商业银行的客户吸引过去，使商业银行的客户量减少，从而严重影响商业银行的盈利状况。

【拓展知识】

(1) 网络借贷将影响商业银行的利差收入

网络借贷短时间内就得到了广大中小微企业的热捧，原因有两个：一方面是商业银行难以利用传统的服务模式满足中小微企业的融资需求；另一方面是网络借贷公司不归入金融机构，不受金融监管部门的监管。网络借贷可提供"金额小、期限短、随借随还"的小额贷款，非常适合中小微企业的发展现状。因此，这些资金需求者会选择手续简单、便捷高效的互联网金融企业，商业银行的潜在信贷客户大量流失，利差收入也就大大减少。

(2) 第三方支付服务内容的不断增加将影响商业银行的中间业务收入

第三方支付牌照的发放使第三方支付的业务范围不断扩大，向商业银行分一杯羹的机会也就更多了。第三方支付模式打破了商业银行对于线下支付的垄断，商业银行的垄断利益也将被互联网公司持续分流。互联网金融企业快速抢占线上业务后，又调转车头向线下业务发起进攻，第三方支付牌照的发放，可以使互联网金融企业受理银行卡收单等业务，势必会与银行争夺 POS 刷卡手续费收入。截至 2017 年 12 月，证监会已经为 39 家公司发放了基金第三方支付牌照，他们成为基金公司的直销渠道，势必会分流商业银行的基金代销业务，使商业银行的代销手续费收入降低。

【拓展知识】

8.2 银行业应对互联网金融冲击的策略

8.2.1 确立准确的互联网金融战略定位

商业银行的互联网金融战略定位需要向互联网金融企业学习，从三个方面来确定：一是目标顾客，二是产品和服务，三是提供产品与服务的方式。围绕这三个方面，商业银行需要突破思维定式，不断质疑和审视自身的业务，确立适应互联网特征的战略定位。

(1) 目标顾客

在 2013 年外滩国际金融峰会上阿里巴巴 CEO 马云表示：银行服务 20% 的客户取得了 80% 的收益，而他看到的是 80% 没有被服务的客户，这些客户大多是年轻的网络用户。第 41 次《中国互联网络发展状况统计报告》显示，我国网民主要以 10～39 周岁的人群为主，占网民总数的 73%，其中 20～29 周岁的年轻人占 30%，因而银行互联网金融的目标顾客应该倾向于年轻化、大众化。

(2) 产品和服务

现在商业银行往往从自身出发，从盈利出发，将银行已有的产品和服务提供给客户，而不考虑这些产品和服务是否满足客户的需求。在互联网金融时代，商业银行必须从客户出发，分析目标客户有哪些没有满足的需求和没有意识到的潜在需求，从而设计相应的产品和服务满足客户需求。

(3) 提供产品与服务的方式

确定了目标顾客、设计了产品和服务后，银行需要思考如何把合适的产品和服务更好地提供给合适的目标顾客，使他们拥有更好的体验。众所周知，银联在线支付在互联网支付方面不如支付宝，一个重要的原因就是用户体验感不佳，使用起来不够便捷。

【拓展案例】

8.2.2 调整组织架构并优化管理模式

商业银行应该改变原来发展互联网金融的方式,即让原有的部门、员工遵循原有的业务流程,使用原有的思维进行互联网金融业务,而应该根据竞争和业务的需求,通过新立、收购和联盟等多种方式建立互联网金融组织机构。

开展互联网金融,应该以客户需求为中心,改变中规中矩的管理模式,改革银行的激励机制和企业文化,根据互联网的特点,重新梳理银行业务,为客户打造零距离银行、智慧银行和全能银行,增强客户体验感。

8.2.3 构建互联网金融战略联盟

在发展互联网金融业务方面,很多公司积极开展战略联盟。例如,阿里巴巴与天弘基金合作推出"余额宝",华夏基金与百度合作推出"百发百赚",光大保德信基金与中国银联推出"天天富"等,这些都是战略联盟的产物。

商业银行要想发展互联网金融,组建战略联盟就成为很重要的决定因素。商业银行要依托互联网建立支付中介平台,与其他资质良好的金融机构、通信运营商、第三方支付公司、企业等开展广泛合作。

8.2.4 运用新技术掌握移动金融

互联网金融中大量采用搜索引擎、移动支付、云计算、社会化网络和数据挖掘等技术,这些技术给互联网金融带来了金融服务和产品的创新、用户体验的改善及新的业务处理和经营管理模式,显著提升了金融体系的多样性。

因此,商业银行要进一步提升科技研发水平,积极推进数据整合,建立起人性化的客户管理和市场细分系统,提升商业银行的竞争优势。当前移动互联网已经成为互联网最显著的特征和趋势,在此基础上诞生的移动金融,正全面改变着传统金融模式。商业银行应该通过异业联盟、异业合作、金融 APP 和其他 APP 平台等多种方式构建移动金融生态,为用户提供更好的金融体验。表 8-1 展示的是国内部分商业银行在移动商务中的举措。

表 8-1 国内部分商业银行在移动商务中的举措

银行名称	相应举措
中国工商银行	推出移动生活客户端、移动在线客服、手机银行捐款和营销服务
中国农业银行	推出"掌尚 e 达"全系手机银行,引入理财产品,推进农村地区手机支付试点
中国银行	全新推出手机银行企业服务,首家推出 Windows Phone 系统手机银行客户端,保持对主流手机终端的基本覆盖
中国建设银行	推出新版客户端和"摇一摇"账户余额查询功能,并在同业首家推出二维码理财产品销售;短信金融方面推出短信人工、智能客服和彩信发送服务
交通银行	推出黑莓手机银行,受邀同步发布 Windows 8 与 Surface 平板银行服务;率先采用双屏主菜单模式,梳理整合"生活门户"与"金融服务"两大板块

8.2.5 以客户为中心，变革创新产品设计

互联网金融因其便捷性和大众化而成为越来越多的人理财的首选，其特性使客户体验了全新的金融服务，大量的客户流向了线上金融平台。因此，商业银行应当高度重视客户体验，只有打造以客户为中心的经营模式，客户才有存在感和参与的动力。在研发新产品初期应当通过数据分析、抽样调查的方式将客户的偏好分类，有针对性地根据各个客户群体研发适合他们的理财产品，同时在不影响风险控制的前提下，可免去一些繁冗的处理环节。以小额贷款为例，互联网金融信贷平台为小微企业申请贷款从受理到发放只需要几天，甚至当天就能实现；而传统商业银行则需经历多个环节，手续复杂，效率低下。在这样一个快节奏的时代，低效、繁杂的流程直接影响到商业银行的竞争力。

互联网金融的核心优势是能够提供良好的用户体验。因此，商业银行应对各操作流程进行效率评估，对可合并的环节进行整合，提高业务处理的效率，真正意义上为客户提供优质的金融服务。

8.3 互联网金融对证券行业的影响

互联网金融的出现使整个金融行业发生了创新性的变化，作为金融行业龙头之一的证券行业不可避免地受到了冲击。从根本上来看，互联网金融的出现既给证券行业带来了冲击，也为证券行业带来了发展机遇。证券公司在面临新的经济体的激烈竞争的同时，也可充分利用互联网金融工具以促进本公司的发展，帮助自身在激烈的金融市场竞争中取得优势地位，产生经济效益。

8.3.1 证券通道业务变革、两融业务成大势

1. 证券业务收入变化

根据中国证券业协会的数据，2013 年，我国 115 家证券公司全年实现营业收入 1 592.41 亿元，同比增长 23%，全年实现净利润 440.21 亿元，同比增长 33.7%。2014 年，我国 120 家证券公司实现营业收入 2 603 亿元，同比增长 63%，实现净利润 966 亿元，同比增长 119%。2015 年，我国 125 家证券公司实现营业收入 5 751.55 亿元，同比增长 121%，实现净利润 2 447.63 亿元，同比增长 153.4%。

传统的证券公司业务范围主要由四个板块组成：经纪业务、投资银行业务、资产管理业务和自营业务，各个业务增长速度占收入比重有明显变化。2013 年，证券公司经纪业务收入(含通道收入、代销金融产品收入等)占据券商全部收入的一半。作为主要由自营业务获得的证券投资收益只占到了 20%，其余业务收入微乎其微，收入占比最少的为财务顾问、投资咨询和资产管理这三项业务。2014 年各大券商的主要收入仍然来源于经纪业务，不过相比 2013 年的数据，经纪业务收入占比有所下降，由占比过半下降

至39.42%。同时，承销业务所带来的收入占比也有所下降，取而代之的是两融业务(融资融券)收入的上升，占比为16.76%。另外，收入占比最小的仍然是财务顾问、投资咨询和资产管理这三大业务。而2015年证券公司各主营业务收入分别为：代理买卖证券业务净收入2 690.96亿元，证券承销与保荐业务净收入393.52亿元，财务顾问业务净收入137.93亿元，资产管理业务净收入274.88亿元，证券投资收益含公允价值变动1 413.54亿元。

通过2013年、2014年和2015年的数据对比，我们发现券商的盈利结构单一，主要依赖于经济承销和自营业务来获取利润，面临越来越激烈的行业竞争，这种对业务的依赖会使证券公司丧失竞争优势。为了解决这一问题，券商应该积极拓展业务空间，优化业务结构，在调整经纪业务的同时开拓投行业务，大力发展和创新财务顾问、投资咨询和资产管理业务。当然，券商不仅要在业务结构方面努力改进，还需要提供个性化、专业化的品牌金融服务。具体应从产品设计、佣金定价、销售渠道、售后服务等方面进行整体策划，建立服务品牌；遵循市场化、专业化的原则，培育一批有市场影响力的投资分析师；增加更具超前性的产品，注重用资信品牌、专业咨询服务来吸引客户；实施品牌管理，统一标识、统一业务流程、统一服务标准，真正通过有特色的品牌服务来进行竞争，赢得客户和市场。

2. 融资融券业务势如破竹

2010年出台的《关于开展证券公司融资融券业务试点工作的指导意见》在释放融资融券业务增长潜力后，两融业务广受关注，融资融券余额快速增加，券商的利息收入在营业收入中的比例逐渐上升。2012年，两融业务收入仅占全部营业收入的4.06%；2013年，融资融券业务在各项业务中的排名仅次于代理买卖证券业务的净收入和证券投资收益，占比为12%；2014年，两融业务收入已占全部营业收入的17%，同比增长141.71%。

【拓展知识】

3. 收入影响因素多，稳健差异化经营

2014年，上海、深圳两市成交总额为73.78万亿元，同比增长59.15%，而与成交金额密切相关的券商经纪业务收入仅为38.23%，明显低于两市成交额的增长率，主要原因是佣金率的下滑。2013年行业平均佣金率为0.079%，2014年行业平均佣金率为0.071%。

根据美国互联网金融的发展经验，嘉信、E*TRADE等股票经纪商通过网络化运营实现自身成本优化，同时积极推行低佣策略，迫使行业佣金水平逐渐下滑。2011年美国网上股票单笔交易的平均佣金仅为8.27美元，与10年前30美元左右的交易佣金相比，下滑了72.4%。而在我国，随着2014年一码通、新型营业部、网上开通等业务的开展，券商对于经纪业务客户的争夺更加激烈，从而导致佣金率下滑。随着互联网技术的发展及相关政策的配套，未来券商佣金率还将进一步下滑。

对券商而言，佣金率下滑虽然不会立即对主流客户形成分流，但互联网金融提醒了券商对长尾市场的重视，同时应该加快提升对高端核心客户的服务层次。经纪业务是资产管理的基础，经纪业务受冲击后，随之而来的是大量长尾资金，理财营销渠道也将发生变化。两融业务的利润主要来源于每笔交易的佣金和利息，利息收入占 2/3，佣金率下滑会波及两融业务，但是影响不会太大。

我国证券业务盈利模式以经纪、自营和承销等传统业务为主，行业的收入和利润与证券市场变化趋势依赖程度较高，上证综指与行业营业收入有着高相同趋势性，单一通道业务占比过高带来的是证券公司收入不稳定，受股票指数波动影响较大。近年来，随着我国多层次资本市场建设的不断推进，互联网金融的多种思维和技术创新不断涌现，证券公司加快创新转型和业务多元化、差异化，降低收入、利润对股票市场的依赖度，从而有利于稳健中国的金融市场。

8.3.2 互联网金融的"鲶鱼式"搅局

1. 佣金宝引发的佣金战

2014 年 3 月 7 日，佣金宝手机开户上线。

2014 年 3 月 24 日，佣金宝开通创业板投资权限在线转签功能。

2014 年 5 月 20 日零时起，佣金宝把新开户客户佣金上调至万分之二点五，2014 年 5 月 20 日零时前开户的股民，仍享受万分之二的沪深 A 股、基金交易佣金率。

2014 年 7 月 7 日，佣金宝官方微信正式上线，实现闲散资金理财份额微信取现、理财收益查询、账户持仓信息查看等功能，其中成交回报提醒与银证转账提醒功能是其他券商不具备的。微信端服务中的最大亮点是实现了货币基金微信一键快速取现，成就了佣金宝再一次互联网式的颠覆。佣金宝开启微信服务，一方面表现了国金证券的互联网创新意识，另一方面也标志着国金证券与腾讯的战略合作再度深化。

2014 年 11 月 17 日，佣金宝沪港通业务正式起航，其港股交易佣金为万分之一点五。

面对国金证券的大动作，券商反应不一。华泰证券客户可以选择上海武定路营业部在网上开户，基础佣金万分之三起，客户完成开户申请并成功激活后，则赠送一个月"成交回报(短信)"资讯，算是对国金证券的回应。中山证券以零佣金的噱头吸引客户后被叫停，但中山证券仍奉行超低佣金策略誓将佣金战进行到底，一些大券商也在暗暗降价。

随着券商佣金战的全方位开展，券商经纪业务的利润率也经历了由高到低的过程。2010 年券商经纪业务利润率基本上维持在 50%～60% 的水平，到了 2013 年平均水平已降至不到 40%，互联网金融搅局的触手已经开始发挥威力，面临着佣金革命的一触即发。由于交易规费近万分之二的刚性成本，零佣金是不可能的，但市场平均万分之七的佣金水平的确有下降的空间。互联网证券加速客户的分层，仅需要通道的客户会从传统营业部转移到网络渠道，对服务有需求的客户会得到更好的服务，从而不会抵制低价策略。但在投资者机构化的趋势下，定位高端业务的券商也同样有巨大的发展空间。

2. 互联网证券的竞争格局

(1) 互联网三巨头布局金融

如今,互联网发展迅猛,中国互联网市场已经形成三股力量:BAT(百度、阿里巴巴、腾讯)巨头公司,海量创业公司,变量公司(小米、美团等互联网企业及传统企业)。虽然这三股势力此消彼长互相博弈,但是市场中占据份额最大的一直是三巨头BAT,他们不甘心只做互联网巨头,纷纷涉足金融领域,试图从中分得一杯羹。

2013年,BAT纷纷进入金融领域推出金融服务,其中最受人瞩目的当属阿里巴巴推出的余额宝货币基金理财服务。鉴于余额宝的巨大成功,腾讯推出了微信支付功能和微信理财通服务,百度的动作虽小,但也推出了相应的理财服务。

BAT布局金融领域的范围,如图8.1所示。阿里巴巴独占鳌头,布局范围最为广泛,涉及第三方支付、基金、保险、担保等领域,包括用户熟知的支付宝、余额宝、阿里小贷和阿里保险;百度也推出相应的理财和贷款服务;腾讯最少,只有财付通、微信支付和基金超市三项。

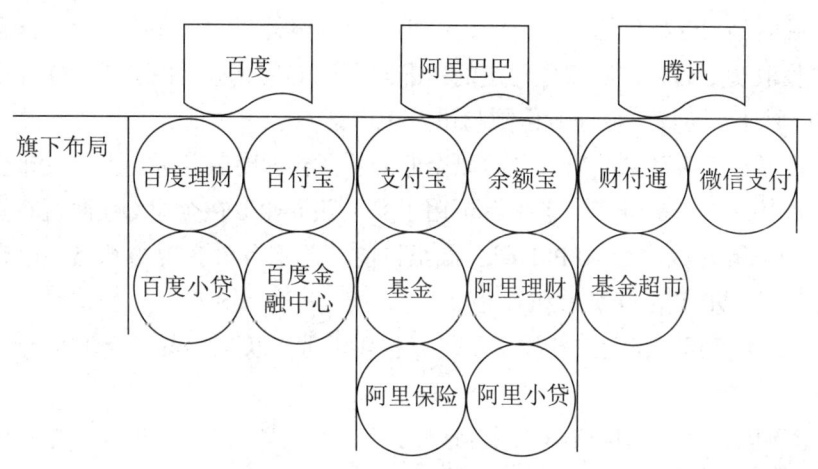

图8.1 BAT布局金融领域的范围

关于BAT旗下金融产品的优劣势比较,优势最多的是腾讯,不仅拥有海量用户,而且大量用户基于移动支付旗下的微信和QQ,使用户具有较强的社交属性,社交能力强,而且腾讯拥有雄厚的资金流量作为支撑。阿里巴巴次之,不过阿里巴巴拥有大量商户的信用信息和资源,可以利用大数据进行分析,对客户进行甄别,从而提供个性化的服务。至于百度,在三者里面拥有最强的搜索能力和流量入口,但是相比其他两家,百度的劣势也比较明显,不仅晚一步进入金融领域而错失了先机,而且用户在百度上消费金额较低,更重要的是百度缺乏较为完善的布局金融领域的思路。

(2) 互联网证券已成体系之争

随着互联网企业逐步涉足移动支付、理财、保险、基金和信贷等金融领域,也有不少互联网企业将触角伸到了证券行业,如今互联网企业与券商开展合作的例子屡见不鲜,券商纷纷牵手互联网巨头向互联网证券迈进。例如,方正证券在天猫商城开设了全友汇旗舰店，国际证券联手腾讯推出佣金宝，华泰证券与网易展开深度战略合作等。随着互联网证券的形成和初步发展，目前国内的互联网证券业可划分为四大体系，分别为腾讯体系、阿里巴巴体系、大智慧体系和东方财富体系。

① 腾讯体系。腾讯自选股 APP 于 2014 年 3 月 27 日发布安卓 3.0 版本，新版本中增加了股票交易功能，首批接入的七家证券公司分别为国金证券、中山证券、中信证券、海通证券、同信证券、民族证券和湘财证券。腾讯自选股交易功能采用外部模块接入自选股，只提供入口，交易模块功能由各券商自主开发，用户的交易行为完全通过券商进行，腾讯不介入其中任何环节。

A. 腾讯与国金证券合作。2013 年 11 月 22 日，腾讯与国金证券签署战略合作协议，双方在网络券商在线理财、线下高端投资活动等方面展开全面合作，合作期间，腾讯向国金证券开放核心广告资源，协助其进行用户流量导入，并开展证券在线开户和交易、在线金融产品销售等服务。国金证券则每年向腾讯支付 1 800 万元的广告费。2014 年 2 月 12 日，国金证券又发布了与腾讯战略合作的补充公告，披露了具体合作项目。

B. 腾讯和金证股份合作。2014 年 6 月 24 日，腾讯与金证股份签署合作协议，金证股份可将定制版营销 QQ 推广给证券行业、信托行业、银行行业、保险行业、基金行业等机构。向用户收取费用后，按照双方约定的标准向腾讯支付其应得的营销 QQ 分成收益。合作期限为 36 个月。同日，金证股份同腾讯及中山证券、华林证券、华龙证券、西藏同信证券、广州证券五家券商共同召开了腾讯企业 QQ 证券理财服务平台上线发布会，五家券商也成为首批接入平台的券商，该平台可用于实现证券业务在企业 QQ 面板右侧的全流程办理，无须业务跳转或进行 APP 下载。截至目前，该平台可实现 Q 服务、Q 咨询、Q 开户，未来还将进一步实现 Q 交易和 Q 柜台。

腾讯从 2014 年起，连续三轮投资了可以提供港股、美股交易的富途证券，三度加持达 2 亿美元。

② 阿里巴巴体系。2014 年 4 月由阿里巴巴创始人马云控股 99.14% 的浙江融信收购恒生集团百分之百的股权，交易完成后，浙江融信持有恒生电子 20.62% 的股份，恒生电子进入了阿里金融的版图。

阿里巴巴是最早布局互联网金融的公司，但是在互联网证券领域一直没有布局，直到 2018 年 7 月，蚂蚁金服向社交投资平台雪球战略投资 1.2 亿美元，才算打响进入互联网证券赛道的第一枪，而雪球仅是为其他券商引流，并未有自己的实体交易核心系统，蚂蚁金服战略投资雪球，相对腾讯三轮跟投富途证券，阿里巴巴在互联网证券的布局仍较为克制。

③ 大智慧体系。大智慧正在加强互联网金融方面的扩展，向基金销售、OTC(Over The Counter，场外交易市场)、彩票及理财产品的研发与营销等方面持续发力。2014 年 8 月 12 日，大智慧发布公告，拟以股份发行方式整体收购湘财证券 96.5% 的股份，剩余 3.5% 的股份将由财汇科技以现金方式购买，后者为大智慧控股子公司。大智慧在收购湘财证券后将成为首个拥有证券牌照的互联网金融公司，未来有望发挥资源协同效应，深入挖掘互联网证券领域的"金矿"。

④ 东方财富体系。东方财富公司以互联网采集服务为基础，逐步发展财经媒介和数

据终端服务，集合了包括东方财富网财经门户、天天基金垂直频道、股吧互动社区在内的网络财经媒体业务，以及服务于个人投资者、机构投资者的金融数据终端业务。东方财富公司凭借用户规模、用户忠诚度及品牌优势，于2012年获得首批第三方基金销售牌照，正式进军金融电子商务，未来有望借助平台优势发展证券经纪等各类证券业务。

(3) 腾讯体系——互联网证券体系之争的赢家

一个互联网证券平台的建立需要考虑诸多因素，而最主要的当属用户来源、IT系统、证券牌照这三大要素。

① 从用户来源视角看，我们可以得到这样的关系：腾讯体系＞阿里巴巴体系＞大智慧体系＞东方财富体系。随着中国老龄化程度的加深，A股股民的年龄结构呈现出老龄化的趋势，股民老龄化暗含客户流失的风险。根据生命周期消费理论，随着股民的年纪渐长，消费倾向会升高，证券公司将流失这部分客户的资金。相对于老龄股民，年轻股民的资金实力处于上升趋势，年轻股民交易更为频繁，成为证券公司乐于挖掘的"金矿"。腾讯、阿里巴巴平台覆盖了中国几乎所有的年轻人，可以给予证券公司充分挖掘新用户的空间，而这正是东方财富和大智慧不具备的。

② 从IT系统视角看，腾讯体系＞阿里体系＞大智慧体系、东方财富体系。金证股份和恒生电子的金融证券IT技术实力处于绝对领先地位，他们都是国内最为领先的金融证券软件提供商和系统集成商，具备专业的金融证券IT技术实力。目前在资产规模排名前四十的券商中，集中交易系统的市场份额基本被四家主导厂商瓜分，其中金证股份和恒生电子作为行业领导者共计占据72%的市场份额，而金证股份更是以37%的比重稳坐头把交椅。腾讯和阿里巴巴分别与金证股份和恒生电子展开合作，其优势不言而喻。而大智慧和东方财富是互联网金融信息服务商，其劣势在于金融数据服务在金融证券、IT系统的开发实力上相对较弱。

③ 从证券牌照视角看，腾讯体系＞阿里巴巴体系＞大智慧体系＞东方财富体系。腾讯平台拥有最多的合作券商，主要依托与软件供应商金证股份的合作，由其带来券商资源。QQ证券理财服务平台2013年已接入五家证券公司，而阿里巴巴的互联网证券平台虽然暂未与证券公司合作，但与腾讯＋金证股份模式相似。阿里巴巴依托恒生电子丰富的客户资源，未来与券商的合作轻而易举。大智慧则于2014年8月收购湘财证券，成为首家拥有证券业务牌照的互联网公司。东方财富网目前仅有第三方基金销售牌照。

综合上述三个方面的分析，未来腾讯体系有望成为互联网证券平台中的领军者。根据IT行业赢者通吃的理论，未来腾讯体系很有可能占到互联网证券平台50%以上的市场份额，简单换算，即腾讯体系有望拥有整个证券市场25%以上的市场份额。

3. 互联网金融对证券业的影响

互联网金融不仅可以促进国民经济的发展，还能够最大限度地降低交易成本，达到融资目的，这对我国证券业的发展产生了很大的影响。

(1) 证券行业价值实现发生改变

互联网金融的虚拟性特征，使证券业的价值创造更加快速，从而引起价值的扩张。一方面，互联网金融使金融产品和服务的交易结构及交易主体发生了一定程度的变化，使金融变得更加民主化，导致证券业传统的价值实现和创造方式在本质上发生了一定程度的改变。另一方面，互联网技术在减少信息不对称上起到了巨大的作用，同时很大程度上节约了金融交易的中间成本。互联网技术使金融业信息不对称，由传统的金字塔形变成了扁平形，这使参与者可以在进行决策时基于对称化的信息，减少信息不对称带来的不利影响，提高了金融服务的民主化和有效性，使证券业的服务边界进一步扩大。

同时，互联网实现了证券业非现场开户，为证券业带来了新的业务增长点。另外，基于互联网的移动客户端能为客户提供更为方便快捷的金融服务，对优化证券业服务质量和效率起到了很大的作用，也是证券业新的业务增长点之一。随着电子商务、社交网络及第三方支付的发展和服务的完善，这些网络信息将产生大量的有价值的数据，通过神经网络和云计算等理念对这些信息进行分析处理，证券业将获得丰富的信息，使其成为证券业的战略资产之一。

(2) 财务管理和证券经纪渠道发生改变

随着证券业与互联网的不断融合，证券业的营销渠道得到了极大的拓展，同时优化了目前的财务管理和经纪业务的业务模式，使服务边界进一步扩大。一方面，互联网金融实现了证券业网络开户和网上销售，但是这也使证券业失去了原有的地域和物联网点的优势，使其佣金比例不断下降。另一方面，其资产管理业务和新产品经纪的地位因互联网营销得到了很大的提升，使证券业传统的经纪业务模式向理财业务和信用中介的业务模式转变。可以断定，在未来一段时间内，证券业的主要财富管理和经纪业务将依托互联网平台实现，这将使证券业的目标群体更加大众化，客户需求也将趋于多样化，同时随着客户群体的扩充，客户个性化的服务需求必然增加。客户消费模式和习惯的不断变化要求证券业应该实现以客户需求为中心的服务模式的转型。这意味着证券业企业需要对其组织结构进行重构，加强各业务部门之间的协作，只有这样才能不断地跟上客户需求变化的步伐，促进自身发展。

(3) 弱化了证券业金融中介的功能

传统金融模式下，金融中介的存在主要是由于客户缺乏专门的金融知识和技术，也无法实现规模效应，而金融中介具有上述的能力可以有效地降低交易成本和进行专业化管理，同时能够在一定程度上消除投资者和融资者之间的信息不对称和由信息不对称引起的道德风险。因此，金融中介的主要功能是信息媒介和资本媒介，这两个功能的实现依托于其信息的收集和处理能力，但是信息的收集和处理是互联网最大的优势，甚至在互联网金融模式下，资金的供求双方可以避开金融中介直接进行匹配，使资源配置效率进一步提高。因此，互联网金融的发展必然弱化证券业的金融中介地位。

8.3.3 证券行业的应对策略

1. 主动争取试点资格，积极开展新业务

证券交易在网上已经开展多年，但证券行业与互联网金融行业的真正融合是在 2013 年下半年。2013 年 3 月 15 日，中国证券业协会发布《证券公司开立客户账户规范》的通

知，取消了证券开户客户本人必须到营业部现场的硬性规定。10天后，中国登记结算公司发布了《证券账户非现场开户实施暂行办法》。这两个规定为券商开展互联网金融业务清除了主要的障碍，在此政策的鼓励创新下，证券公司采用多种方式争夺客户，进军互联网金融。证券公司也逐步在市场监管下取得互联网证券业务试点，获得资格的券商提供的方案都是根据客户不同需要分别开设消费类、理财类、交易类服务，其中消费类和理财类账户通过互联网工具可为客户提供场外服务，围绕账户管理为核心的行业革命已经展开。

2．证券与互联网相结合

(1) 搭建网上商城，入驻电商平台，借道网络开展新模式

最早建立网上商城的是华创证券，但该平台的金融产品屈指可数，且脱离金融主线。华泰证券建立的股票服务网站"涨乐"，主要销售基金、信托类产品。广发证券自主开发了网上金融超市"易淘金"，实现了理财产品一站式申赎和便捷转换，主要包括网上理财、网上业务办理、网上开户、网上咨询等服务，致力于打造以顾客为中心的线上服务模式，"易淘金"也将成为广发证券为客户提供综合金融服务的网上平台。国泰君安推出了金融商城，凭借加入中国人民银行支付系统的自身优势打造了"君弘一户通"，实现了证券账户的支付功能，同时提供了丰富的理财产品，甚至引入团购模式，使金融产品像一般产品一样销售。

新的销售模式拓展了市场，将服务范围进一步扩大，地域限制的不利因素逐渐减少，同时拥有庞大的高学历客户群体，为证券行业积累了更广泛的优质客户资源。主打网上商城的券商逐渐将重点转移到账户上，理财账户和证券账户相互独立，流程不同。赢得市场的关键是重新开发账户系统。考虑到建立网上商城耗时耗力，直接入驻电商平台也是不错的捷径，因此各证券公司纷纷入驻电商平台。

(2) 开发新产品，进行差异化经营

我国证券行业业务的差异性较低，随着互联网金融的发展，中小证券公司的发展机遇较多，有利于形成差异性。佣金宝的推出使国金证券一个月内市场占有率上升到0.66%，依托微信客户端的庞大用户群体，其市场占有率预计会进一步上升。券商行业正面临客户结构转型和社会功能转型的双重挤压，加上互联网金融的业务冲击，中小型券商更应该注重差异化定位，利用互联网开辟冲出重围的蹊径，实现"弯道超车"。以中山证券、上海证券为例，虽然中山证券的零佣金被叫停，但主打中小投资者融资需求的小贷通却获得了认可，而上海证券更直接自主开发了投融资一体化的"速e融"，股票微质押直接在手机应用软件上即可实现。

3．借鉴美国市场

美国证券行业从20世纪70年代就开始了佣金自由化；80年代末，随着IT技术的发展，开始了电子化交易，典型代表为E*TRADE、嘉信等；到了90年代末，传统的券商如美林证券也开始了电子化交易。由于网络经纪商只为客户提供交易通道服务，其产品标准化程度高，运营成本低，价格优势明显，因此市场份额快速提高，对传统券商的经纪业务份额有明显的侵蚀效应，互联网证券的发展也显著降低了交易成本。1994—1999年，

美国证券市场的佣金率从 0.19% 下降到了 0.09%。

经过几十年的发展，美国互联网证券公司基本形成了纯通道服务经纪模式、财富管理模式、银证合作模式三种稳定的盈利模式，见表 8-2。根据美国市场的经验，多种价格策略降低定价透明性，网点以小而精取胜。同时，互联网证券要发展，吸引客流是第一步。互联网平台的导流能力强大，联姻互联网平台是最优通道。2013 年，证券投资商开展非现场开户、构建网上平台和开发移动终端的活动，为公司创造了新的经济增长点。搜索引擎、第三方支付及各社交网站提供的客户数据，为客户定制特定需求的个性化产品，改变原有组织结构，提供全方位服务。证券销售的电商化不仅是销售渠道形式的扩展，还可以充分发挥互联网平台的优势，致力于解决证券公司的产品创新能力与社会投融资需求不匹配问题。

表 8-2 美国互联网证券公司盈利模式

模式种类	收入来源	代表商	特　　点
纯通道服务经纪模式	主要为客户提供证券交易通道服务，获得佣金收入	Iteractive Broker	只提供通道服务，业务单一，成本低，客户稳定
财富管理模式	提供通道服务、财富管理服务，获得经纪佣金和服务收入	嘉信、富达	通过设立对个人和普通投资者免费的"共同基金全账户"，提供基金买卖双方的渠道
银证合作模式	与银行合作为客户建立资产保证存款账户，获得业务收入	E*TRADE	账户集理财和现金账户为一体

除提供创新的产品和业务之外，国内大多数中小型券商应该像美国中小型券商"小而精"的服务体系取经。很多独具特色的、成功实现综合化和国际化的中小型证券公司的共性：一是在某项传统或新业务上具有极强的专业能力，甚至专注于发展某一项业务的某一细分领域，如经纪业务的折扣市场；二是业务和产品创新能力强，有抓住新业务机遇的能力；三是各业务单元之间协调能力强。为此，国内中小型券商应该专注于自己所擅长的业务范围，在此基础上提供优秀专业的服务，细分客户市场，进行客户分层管理，进而在专业精细的框架下赢得客户市场，取得利润，实现发展。

美国市场的发展道路到现在来看仍脉络一致，盈利模式开始形成并逐渐成熟，但从美国市场成熟的互联网经纪业务发展路线来看，后续的平台转型是成功与否的关键，低价获客容易，找到盈利模式的新方向则很艰难。

8.4　互联网金融对保险行业的影响

8.4.1　互联网保险的兴起

随着互联网金融对于保险业的不断渗透，互联网保险作为一种新兴的模式，逐渐发展起来。互联网保险发展中的标志性事件如下。

1997年，第一家保险网站——中国保险信息网建成，成为我国最早的保险行业第三方网站。同年11月，该网站为新华人寿保险股份有限公司促成了第一份电子商务保单。

2001年3月，太平洋保险北京分公司开通了"网神"，推出了30多个险种，开始了真正意义上的保险网销。

2005年4月，《中华人民共和国电子签名法》颁布(于2015年4月24日修正)，使互联网保险真正开始发展起来。此后，中国人民财产保险股份有限公司实现了第一张全流程电子保单。

2011年9月，保监会正式颁发的《保险代理、经纪公司互联网保险业务监管办法(试行)》，标志着中国互联网保险业务逐渐走向规范化、专业化。

2012年12月，中国平安保险(集团)股份有限公司(以下简称平安保险)发布首个应用于寿险保单服务的APP应用程序《平安人寿E服务APP》；同月，泰康人寿保险股份有限公司(以下简称泰康人寿)携手携程网、淘宝网打造互联网保险。

之后，越来越多的保险公司推出了意外险、健康险、母婴险、重疾险等，更多的中介及第三方代理公司纷纷加入了国内互联网保险行业，使保险更加多元化，消费者的需求得到了最大程度的满足。

1. 互联网保险的含义

互联网保险是一种以计算机互联网为媒介的新兴的保险营销模式，有别于传统的保险代理人营销模式，实际上就是保险电子商务或者网络保险。互联网保险是指保险公司或新型第三方保险网站以互联网和电子商务技术为工具来支持保险销售的行为。

2. 互联网保险思维

(1) 互联网保险的碎片化思维

互联网保险的碎片化思维应该基于客户的细分需求，可以独立存在，并且不会增加客户的负担，绝不能为了碎片化而碎片化。如果单纯地把客户需求拆分开去设计产品，不会方便客户，反而很容易增加客户的负担。设计互联网保险新产品的本质是要真正做到产品的标准化、产品的组合化、产品信息的透明化和产品条款的通俗化。互联网保险碎片化思维的经典案例体现就是退货运费险。

(2) 互联网保险的创新思维

互联网不是天马行空，也不是奇思妙想，而有其独特的逻辑和价值体系。同样，互联网保险的创新思维必须是基于客户价值而创造的，互联网保险的创新是在一个足够大的市场上发掘新机会，而非在夹缝中求生存。互联网保险的创新本质是在互联网背景下为客户创造或增加价值、提高效率和降低成本。

(3) 互联网保险的免费思维

免费是互联网思维的一种逻辑模式，吸引大量的免费用户，然后转化一部分付费用户，从而实现商业模式的盈利。再看互联网保险的免费产品，无论是低价航空意外险，还是综合交易险，甚至是低额健康险，这些产品大多不具备基础的保障作用。对于用户而言，如果是可有可无的，用户便不会选择，免费的效果自然也是大打折扣。总之，免费思维不能脱离独立刚需。

案 例

出身"名门"的众安保险

众安在线财产保险股份有限公司(以下简称众安保险)于2013年9月29日获得保监会同意开业批复。据了解，众安保险所获得保监会审批的牌照是国内第一家，也是全球第一个网络保险牌照，公司注册资金10亿元人民币。

马云、马明哲、马化腾联手入股中国第一家互联网保险公司众安保险，众安保险业务全程在线，没有任何分支机构，纯粹通过互联网进行承保和理赔服务，开启了互联网保险业的新平台。交易安全、账户安全。网络金融、网络信用都是众安保险所服务的对象。

众安保险内部结构和保险公司有着很大差异，内部所有部门都是围绕产品来运转的。按照众安保险CEO陈进的说法，传统金融公司结构呈金字塔形，而众安保险呈现的是蜂群组织，即去中心化的网络型结构。

众安保险的保单普遍小而微。通过对小微险种的开发，众安保险的投保客户数量得以迅速积累，2014年前三季度其保费收入为3.6亿元。

拥有腾讯、阿里巴巴、平安保险这样的股东背景，也经历了"双11"一天保费过亿元的喧嚣，众安保险却也难免遭遇投诉量高企、产品被叫停的尴尬。根据众安保险此前披露的数据，2014年11月11日，众安保险当天保单量突破1.5亿件，保费突破1亿元，平均每份保单大约为0.5元。而"双11"的热闹过后，众安保险再度因为每亿元保费投诉量15.51件远超行业平均的1.59件/亿元，成为市场关注的焦点。

1. "大数据"风口的众安保险

众安保险成立之初，即选择将自身核心系统建立在阿里云端，通过云存储、云计算与安全等技术运用，实现以较低成本、高效地应对互联网业务海量、碎片化、高频的挑战。2014年"双11"当天，众安保险单日服务保单超过1.5亿件，相当于普通财险公司单日系统承载能力的近200倍。除拥有硬件优势以外，众安保险还拥有占公司一半人数以上的IT人员，以支持产品的技术开发和升级迭代。一般而言，众安保险一款新产品从立项到上线只需要15天，相较于一般保险公司2～3个月的产品上线周期，几乎缩短4～5倍。众安保险开放平台可基于标准化的保险产品深度拓展O2O领域，满足各种长尾市场中小而美的保险需求。正因产品标准化可复制，开放平台在开发速度和运营成本上更具优势。

2. 无限想象空间引发高溢价

众安保险2014年实现收入7.9亿元，综合收益3 300万元。众安保险成立仅一年多便实现盈利，这在保险行业内实属罕见，并且在这一年中，众安保险每个季度都出现高复合增长，这让该公司在制定业务时在数字上颇为激进。根据规划，众安保险还将拓展车险、寿险、健康险、信用保险等业务领域，目前已经有不少机构与之建立了合作关系。

差异性也是众安保险获得高溢价的重要原因。在对公司的描述中，众安保险经常会提到用互联网思维重新打造保险的价值链。目前保险业界普遍认为互联网保险并非通过互联网销售保险产品，然而真正有能力将互联网与保险深度融合的公司并不多，众安保险因为拥有独立专业的互联网牌照，因而获得了独家优势。

众安保险对于自身的估值可能采取两种方式进行参照。一种是对比当前国内大型互联网公司市盈率倍数的中位数而定,认为公司的估值倍数应为 15～20 倍。另一种是结合公司成立财年与市盈率综合考虑法。依此方法预测到 2019 年第一季度众安保险的估值将为 2 000 亿～3 350 亿元。综合这两种估值方式,众安保险对自身的估价,在首轮融资前不高于 550 亿元,在融资后是 640 亿元。

2017 年 9 月 28 日,头顶"保险科技第一股"光环的众安保险在香港交易及结算所有限公司主板上市,首日大涨 18%,市值破千亿元。

3. 互联网保险的起源与发展

作为一种新兴事物,互联网保险在我国发展的历史只有短短十几年时间,但在这十几年间,互联网正深刻影响着保险业的方方面面,互联网保险也在不断地走向成熟。按照中国保险行业协会的划分,中国互联网保险的发展大致分为萌芽期(1997—2007 年)、探索期(2008—2011 年)、全面发展期(2012—2013 年)和爆发期(2014 年至今)四个阶段。

(1) 萌芽期(1997—2007 年):企业门户资讯作用

早在 1997 年年底,我国第一家保险网站——中国保险信息网建成,标志着我国第一家保险行业第三方网站的诞生。同年,该网站促成第一张网上投保意向书,我国保险业正式开启了对互联网保险的探索。2000 年 8 月,国内两家知名保险公司中国太平保险集团有限公司(以下简称太平保险)和平安保险几乎同时开放了自己的全国性网络平台,太平保险的网站成为我国保险业界第一个贯通全国、联结全球的保险网络系统,而平安保险开通的全国性网站 PA18,以其开展的保险、证券、银行、个人理财等全方位金融业务被称为"品种齐全的金融超市"。同年 9 月,泰康人寿保险股份有限公司也在北京宣布泰康在线的开通,该网站可以实现从保单设计、投保、核保、交费到后续服务全过程的网络化。与此同时,由网络公司代理人和从业人员建立的保险网站也不断涌现,如"保险界"等。

2005 年,《电子签名法》颁布施行,扫清了电子记录在证据学上的法律障碍,使数据电文等同于纸面证据,也为互联网保险业务的开展免除了后顾之忧。

(2) 探索期(2008—2011 年):电商平台兴起,促使市场细分

这一阶段,随着大量监管政策相继出台,中国互联网保险业得到逐步规范与发展,以慧择网、优保网和向日葵网为代表的,以保险中介和保险信息服务为定位的保险网站纷纷涌现。2011 年 4 月,保监会下发《互联网保险业务监管规定(征求意见稿)》,明确保险公司、保险专业中介机构开展互联网保险业务的资质条件和经营规则。同年 9 月,保监会下发《保险代理、经纪公司互联网保险业务监管办法(试行)》,中国互联网保险逐步变得规范化与专业化。

(3) 全面发展期(2012—2013 年):商业模式与产品服务百花齐放

2012 年,我国保险电子商务市场保费收入规模首次突破百亿元大关,在售互联网保险产品达 60 余种,多数集中在交通意外险、综合意外险和境内外旅行险范畴。2012 年起,各保险公司开始依托官方网站、保险超市、门户网站、O2O 平台和第三方电子商务平台等多种方式开展互联网保险业务,中小型保险公司倾向于借助其他平台,而大型保险集团则倾向于建立自有平台。

2013年，国华人寿保险股份有限公司、生命人寿保险股份有限公司等保险公司销售以"万能险"为代表的短期高收益理财型保险，引爆第三方电子商务平台市场。2013年11月11日当天寿险产品总销售额超过6亿元，同年国内首家互联网保险公司众安保险成立，开始了互联网保险责任和模式的新探索。

(4) 爆发期(2014年至今)：监管规范与政策支持双管齐下，可望有序爆发增长

2014年，保监会下发《关于促进人身险公司互联网保险业务规范发展的通知(征求意见稿)》，成为我国保险监管部门首部针对互联网金融领域的规范性文件，主要内容涉及保险公司经营范围、认可赠险或服务赠送行为的相关规定，并强调对网络销售的严格监管。

2015年7月26日，中国保监会印发关于《互联网保险业务监管暂行办法》(以下简称《暂行办法》)，《暂行办法》对互联网保险进行了定义，互联网保险业务是指保险机构依托互联网和移动通信等技术，通过自营网络平台、第三方网络平台等订立保险合同，提供保险服务的业务。在风险管控上，《暂行办法》提出，不能确保客户服务质量和风险管控的保险产品，保险机构应及时予以调整。同时，互联网保险消费者享有不低于其他业务渠道的投保和理赔等保险服务。此外，在经营条件、经营区域、信息披露、经营规则、监督管理等方面也都提出明确的要求。《暂行办法》自2015年10月1日起施行，同时废止了《保险代理、经纪公司互联网保险业务监管办法(试行)》。

2013年，我国共有90余家保险企业涉足互联网业务；2014年，我国保险网络销售保费收入规模达到890亿元，较2013年激增198.82%；2015年，我国互联网保险费收入2 234亿元，比2011年增长近69倍。互联网保费在总保费收入中的占比从2011年的0.2%上升到2015年的9.2%，这标志着保险电商化时代已经到来。

2016年，我国共有117家保险机构经营互联网保险业务，76%的保险公司通过自建网站、与第三方平台合作等不同经营模式开展了互联网保险业务。当年，我国互联网保费收入达到2 347亿元，较2015年增长了113亿元，增幅5%。2017年，我国互联网保费收入1 835.29亿元，同比下降21.83%。这是自2012年以来首次出现的逆增长，主要是因为通过互联网渠道销售的车险和投资型业务出现较大幅度下降。2017年，互联网财产险和互联网人身险分别实现保费收入493.49亿元和1 383.2亿元，在互联网保险保费总收入中的占比分别是26.29%和73.71%。可以看出，互联网人身险保费依旧占据主导地位。2012—2017年互联网保费收入和渗透率，如图8.2所示。

根据保监会的"十三五"规划，2020年中国保费收入将达4.5万亿元，互联网保险渗透率预计为10%～30%，有望达到1.75万亿元，增速17倍。

历经几十年的发展，电子商务对传统行业的影响正在不断加深，电子商务、网上支付等相关行业的高速发展，为保险行业的电子商务化奠定了产业及用户基础，保险电商化时代已经到来。2013年以来，人们见证了互联网保险迅猛发展的关键时期，互联网保险具备一切新事物所拥有的朝气和活力。尽管互联网保险替代传统保险为时尚早，但是未来互联网保险的发展潜力无比巨大。越来越多的保险公司意识到互联网保险不仅是销售渠道的变迁，还是依照互联网的规则与习惯，对现有保险产品、运营与服务模式的变革。真正的互联网保险不仅把传统的保险产品移植到网上，还重新构造股东、客户、企业、网络平台

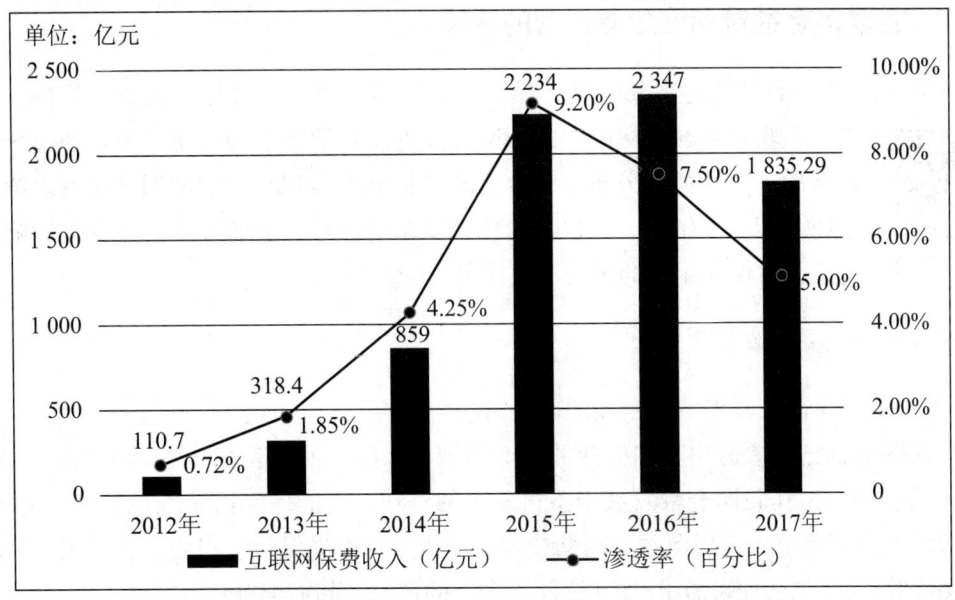

图 8.2　2012—2017 年互联网保费收入和渗透率

以及关联各方的价值体系和运作逻辑,不但要搭建 O2O、B2C 的保险营销架构,而且要探索以客户需求为导向的定制服务,甚至未来可能形成基于互联网的保险互助机制,让互联网保险这一新兴渠道真正形成一种新的业态。

未来移动互联网产业将掀起互联网保险新一轮发展高潮,将围绕移动终端开展全方位的保险业务,包括产品销售、保费支付、移动营销及客户维护服务等一系列业务活动。保险业在移动终端的应用可分为四步:第一步是无纸化,将纸质保单转换为电子保单;第二步是智能化,在无纸化基础上实现产业投保等业务简易规范操作;第三步是定制化,为客户提供回归保障本质的高级定制保险产品;第四步是打造智能移动保险业态系统,包括高级定制的产品线,也包括打破时间、空间局限的全方位移动服务。

4．互联网保险的优势

(1) 拓展销售渠道

对于新兴的企业来讲,可以基于互联网平台逐步布局全国市场;对于资质较老的企业而言,可以利用互联网平台树立企业形象,改善服务品质,可以缓冲保险营销员增员困难和银保渠道受限的压力。

(2) 节约销售成本

利用互联网销售保险,可以减少营业点的销售成本和广告费用,同时减少代理人成本的佣金支出。通过互联网向客户出售保单或提供服务要比传统营销方式节省 58%～71% 的费用。

(3) 助推产品服务

用户通过互联网平台可以直接比较各产品的优劣势,公司要占据市场则必须采取差异化竞争策略,不断创新产品与服务。

8.4.2　互联网金融对保险企业经营的影响

【拓展视频】

保险企业经营的价值链主要包括产品开发、销售、承保、理赔、服务、后援、风控等，互联网金融对保险业的影响涉及保险价值链上的各个环节。通过对互联网金融主要特征的分析，结合互联网保险发展现状，互联网金融的思维和技术将从产品、销售、客户这价值三要素对保险企业的经营产生深刻影响，同时也会对保险企业的风控产生深刻影响。

1. 对保险产品开发的影响

(1) 互联网金融的发展将催生新的保险需求

互联网金融已然渗透到人们生活的各个领域，保险的使命就是让生活更美好，因此，保险产品也必然是互联网金融发展中不可缺少的一环。新的保险需求既包括保障需求(如支付领域的消费者个人信用保险、网购领域的退货运费损失保险、网络借贷领域的借款人履约保险等)，又包括理财需求(如互联网平台上的理财产品需求等)。

(2) 保险产品的开发体系将发生改变

互联网金融让保险企业可获取大量关于客户个性、偏好、信用等数据，而且获取的速度大大提升，成本大大降低，从而丰富了保险产品开发的信息源头，帮助保险企业有针对性地开发相应的产品和服务。另外，互联网金融加速的特征要求保险企业改变传统的产品研发流程，缩短决策链条，以适应互联网环境下快速变化的产品生命周期。

(3) 保险产品的形态将发生改变

互联网金融时代，要求保险产品条款简单易懂，产品说明富有人性化，这样才能有较好的客户体验。互联网金融还将使保险产品更加电子化、网络化，如电子保单、电子签名、电子支付等。

2. 对保险销售渠道的影响

(1) 提供了新的销售渠道

互联网目前更多地是被保险公司作为新的销售渠道，这已成为行业共识。

(2) 互联网金融将对传统销售模式产生冲击

一方面，传统的个人代理和经销商代理模式将受到冲击，面临整合与转型；另一方面，电商巨头加入保险销售阵营，凭借其交易入口、客户流量、消费数据、用户体验、线上与线下融合等优势，将引领保险销售渠道创新发展，促使保险企业更多地参与互联网竞争。

(3) 对销售误导和异地销售的问题有所解决

互联网金融大数据和去中介的特性，有助于解决销售过程中的信息不对称，从而在一定程度上有助于解决销售误导的问题，保险跨区域销售的问题在一定条件下也将得以解决。

3. 对保险客户服务的影响

(1) 保险企业将改变传统模式，更好地做到"以客户为中心"

通过大数据的挖掘与分析，对客户进行细分，为客户提供质量一致的客户体验；还可以基于互联网技术的运用，提高客户交互水平，帮助改进公司客户服务，提升客户体验。

(2) 保险企业客户服务方式将发生改变

互联网金融产生了两类新的客户群：一类是80后、90后，另一类是金融需求长期得不到满足的那80%的长尾客户。这两类客户群的消费观念、消费习惯等与以往的消费人群有很大的区别，服务对象的改变将促使保险企业完善自身的客户服务方式，如直接在互联网、APP上完成服务提供，还可以与其他社交平台如微信、微博等联合推出客服平台等。2015年3月，国内首家互联网保险公司众安保险宣布，携手国内O2O龙头"河狸家"推出的首款美业O2O安心保障计划——"河狸家"安心保障险正式上线，该计划将全方位保障"河狸家"用户在接受上门服务时的人身和财产安全，满足各种长尾市场中的保险需求。

(3) 保险企业客户服务内容将发生改变

保险企业将可以提供更多的信息查询、客户管理、移动查勘、客户提醒等服务。

4. 对保险风险管控的影响

(1) 认识层面

要意识到风险的无处不在及影响力。在社会及行业的信用体系建立起来之前，应高度重视风险管理，一旦遭遇金融的杠杆及连锁反应，很容易导致"千里之堤，溃于蚁穴"。

(2) 操作层面

互联网金融的大数据、云计算在保险风险管控上得到广泛应用，保险业风险管控的过程如图8.3所示。保险企业利用大数据和云计算可以进行社交媒体及舆情分析，帮助公司实时了解市场动向，做好舆情监控和声誉风险管理；可以进行风险暴露分析和事件监测，提高风险预测能力；可以更全面地分析客户信息，减少投保信息不对称，降低逆向选择；可以更深入地评估保险标的风险状况，制定个性化、差异化的条款费率等。

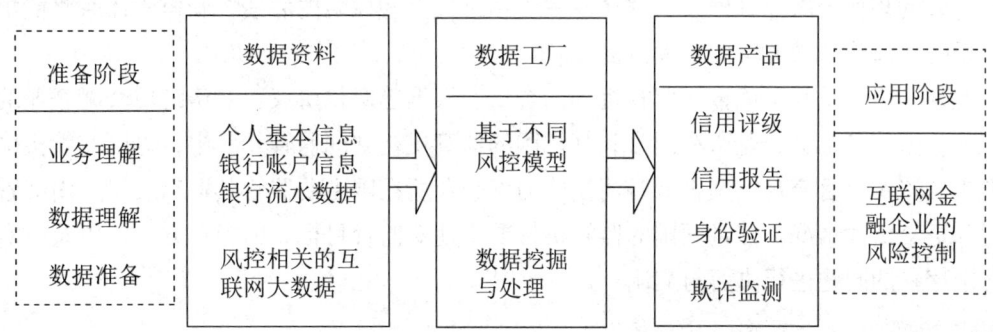

图8.3 保险行业风险管控的过程

8.4.3 保险行业的应对策略

(1) 转变传统保险行业发展方式

以往的保险行业主要是在劳动力较为廉价的基础上建立起来的，基于这种基础的保险业的主要问题表现在缺乏创新能力、核心技术和竞争能力。因此，要转变这种发展方式，一方面需要得到政府的大力支持，政府要为其创造良好的外部环境，提供一定的公共服务，主要包括人才培养、良好的基础设施建设等。另一方面，企业内部要构建良好的业绩考核机制，激励企业员工不断提升自身的业务水平，实现绩效考核，让企业员工积极参与进来。

(2) 改进互联网保险业务模式

改进互联网保险业务模式，主要是调整保险企业的网上签约方式，可以实行第三方支付、构建信息化金融机构及建立互联网金融门户。其中，第三方支付主要是指那些具备一定经济实力和良好信誉保障的非银行性机构，在现代计算机技术的帮助下，能够与各大银行进行签约，从而实现电子支付。信息化金融机构同样是利用信息技术改造以往的工作流程，全面实现电子化管理，如实现手机在线支付、构建网银等电子服务体系。互联网金融门户主要借助互联网实现保险产品的销售并提供第三方服务，主要通过性价比帮助客户实现保险产品的比较，使客户购买到更合意的产品，提高客户对企业的服务满意度。

(3) 加强监管措施

中国金融监管正处于大变革时代。2018年3月13日，第十三届全国人民代表大会第一次会议审议了国务院机构改革方案，方案中针对金融监管机构做出了重大调整：将中国银行业监督管理委员会和中国保险监督管理委员会的职责整合，组建中国银行保险监督管理委员会；将中国银行业监督管理委员会和中国保险监督管理委员会拟订银行业、保险业重要法律法规草案和审慎监管基本制度的职责划入中国人民银行，不再保留银监会、保监会。随着银监会、保监会的合并，监管理念从行业监管转向功能监管。新建立的委员会将整合原银监会与保监会的职责，依照法律法规统一监督管理银行业和保险业，解决现行体制存在的监管职责不清晰、交叉监管和监管空白等问题，强化综合监管，优化监管资源配置，更好地统筹系统重要性金融机构监管，逐步建立符合现代金融特点、统筹协调监管、有力有效的现代金融监管框架，守住不发生系统性金融风险的底线。新监管体系将能更好地实现防化风险和服务实体两大目标。

此外，应注重与跨境金融监管机构的合作。根据巴塞尔协议，对于跨境金融企业的监管工作应由跨境金融企业所在国家和其母国的监管机构共同监管。其中，母国监管机构主要监管其资本是否充足、是否具备清偿能力，企业所在国主要监管其资产质量、内部管理情况和资金流动情况。并且两国的监管机构要定期对监管目标、内容、方式，以及在实际监管中存在的问题进行协商与交流。

本章小结

互联网金融弱化了商业银行的金融中介功能，冲击了商业银行的支付中介地位，同时对商业银行的经营理念与经营行为也产生了重大冲击，在商业银行发展中发挥"鲶鱼效应"，倒逼商业银行在业务结构、盈利模式、客户群体、服务水平等方面做出大规模调整。商业银行需要确立准确的互联网金融战略定位，调整组织架构，优化管理模式，构建互联网金融战略联盟，运用新技术，掌握移动金融，重视客户体验，以客户为中心，变革创新产品设计。

目前国内的互联网证券分为四大体系：腾讯体系、阿里巴巴体系、大智慧体系和东方财富体系。互联网金融的虚拟性特征使证券业的价值创造更加快速，从而引起价值的扩张，并导致证券业传统的价值实现和创造方式在本质上发生了一定程度的改变。随着证券业与互联网的不断融合，证券业的营销渠道得到了极大的拓展，同时优化了目前的财务管理和经纪业务的业务模式，使服务边界进一步扩大。互联网金融的发展弱化了证券业的金融中介地位。证券行业必须积极应对，借助互联网开展新模式，开发新产品，进行差异化经营。

互联网保险在我国的发展经历了萌芽期、探索期、全面发展期、爆发期。互联网保险具有碎片化思维、创新性思维、免费思维等特征，具有拓展销售渠道、节约销售成本、助推产品服务等优势。互联网金融的发展催生出新的保险需求，改变了保险产品的形态及开发体系，同时对保险销售渠道、保险客户服务、保险的风险管控等都带来了一定的冲击和影响，促使传统保险业转变发展方式，加强监管措施，实现快速健康发展。

复习思考题

(1) 分析互联网金融对商业银行金融地位的影响。
(2) 分析互联网金融对商业银行经营理念的影响。
(3) 分析互联网金融对商业银行经营模式及服务模式的影响。
(4) 分析互联网金融对商业银行收入模式的影响。
(5) 论述商业银行如何应对互联网金融的冲击及影响。
(6) 分析互联网证券四大体系的竞争态势。
(7) 分析互联网金融对传统证券业带来的影响。
(8) 证券行业如何应对互联网金融的冲击？
(9) 阐述互联网保险在我国的发展历程。
(10) 分析互联网金融对保险业经营的影响，以及保险业的应对措施。

第 9 章
互联网金融的监管

互联网金融对中国社会的贡献主要体现在其普惠性及服务于实体经济的特征,互联网金融是中国金融市场创新的原动力。然而,在互联网金融发展如火如荼之时,风险问题逐渐显现,互联网金融监管的缺失和不足造成了互联网金融交易风险、互联网金融市场发展混乱等问题。因此,要更好地发挥互联网金融的优势,更好地发展互联网金融,必须正确认识互联网金融监管方面存在的一系列问题,并找到科学的解决对策。

学习目标

理解互联网金融存在的独特风险和监管的必要性,了解国外互联网金融监管的经验,了解我国互联网金融监管的发展状况及发展趋势,了解我国互联网金融监管健康发展的对策措施等。

知识架构

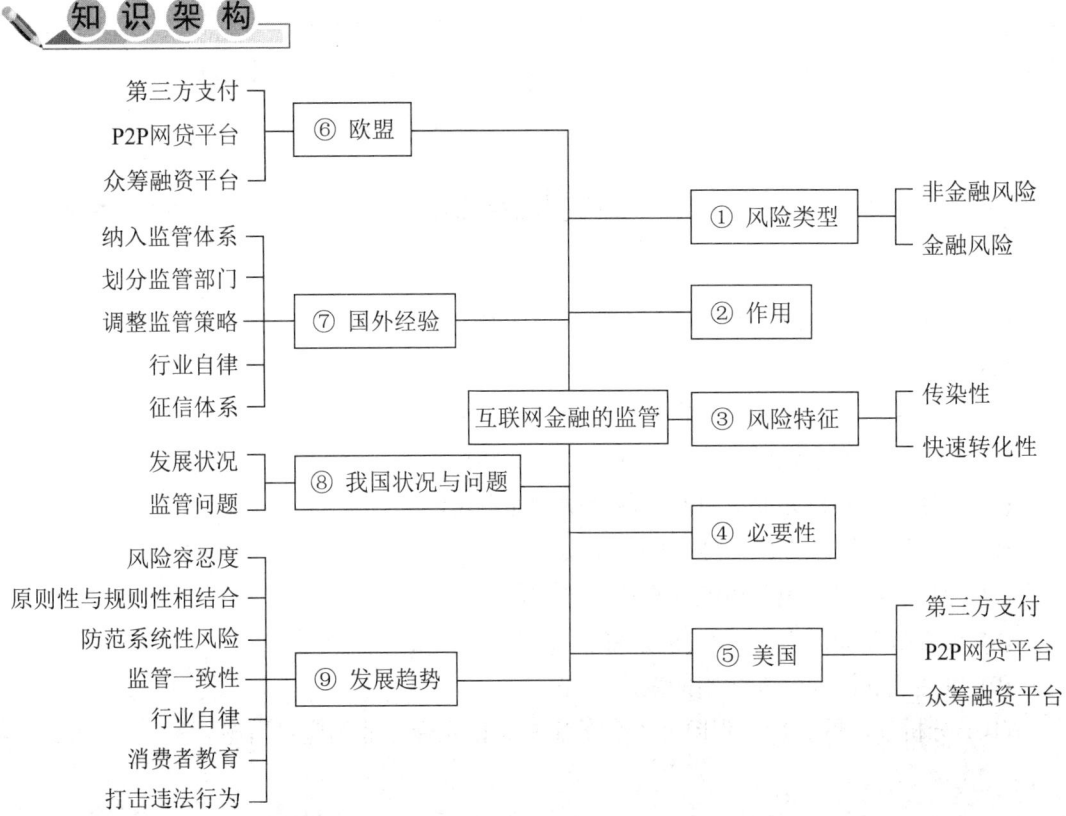

> **导入案例**

泛 亚 事 件

2015年12月22日,昆明市人民政府发布通报称,昆明泛亚有色金属交易所在经营活动中涉嫌违法犯罪问题,公安机关已依法立案侦查。

昆明泛亚有色金属交易所旗下一款明星产品"日金宝"具有资金随进随出、年化约13%、每日结息实时到账特点的项目,以丰厚的收益吸引了众多投资者参与。然而从2015年4月份,开始出现投资者的资金无法取回,泛亚逐步限制交易,到了7月连投资者存放在泛亚账户的个人资金也遭到"冻结"。引发投资者维权,20多个省份的22万名投资者的430亿元资金难以讨回。

【拓展知识】

根据中申网发布的《2015年12月P2P问题平台数据监测报告》显示,2015年共出现P2P问题平台929个。这些平台的诈骗金额小到几万元,大到上亿元。在这些问题平台之中,最多的就是上线几个月就跑路的平台,这些平台共同的特点就是上线时间不长,大多为短期标,没有资金托管。而从2015年的实际情况来看,许多运营时间一两年甚至是两年以上的大平台也开始出现问题,单纯地就时间而选择P2P投资平台的阶段显然已经过去。投资人在选择平台时,一定要先多观察、多考究,再选择适合自己的投资平台和投资模式,以免造成不可挽回的财产损失。

9.1 互联网金融的风险类型

【拓展知识】

互联网金融并没有改变互联网的本质,也没有改变金融的本质,只是把互联网和金融有机地结合起来,因此,互联网金融并没有增加新的风险种类。从现代风险管理的视角来看,传统金融风险,如信用风险、流动性风险和市场风险仍然是开展互联网金融业务的企业主要面对的风险,而战略风险、声誉风险、法律合规风险、信息科技风险和操作风险等非金融风险在互联网金融的发展中也会显示出来。

9.1.1 非金融风险

1. 战略风险

战略风险是互联网金融企业面对的一个重要风险类型。战略风险与其他类型的风险不一致的地方在于其影响面广泛。企业决策层制定的战略决策会影响企业所面临的其他风险种类。随着客户对互联网依赖程度的加深,互联网金融企业管理层需要从战略的高度规划企业如何运用互联网技术提供信息,满足客户交易需求。技术的快速进步、企业之间竞争的加剧、各类金融机构的涌入使企业战略一旦制定错误,将会导致致命后果。互联网技术在金融界的广泛采用可能会导致企业不顾成本地开展互联网金融业务,而此时企业的组织结构、管理能力及资源可能无法适应互联网金融业务的快速发展。为了有效管理战略风险，企业管理层应有清晰的战略头脑，综合考虑互联网金融业务的收益与成本，制订清晰的实施计划，并进行有效监督。

2. 声誉风险

声誉风险对于互联网金融企业同样重要。对于传统金融来讲，金融机构信誉水平良好，其声誉风险主要来源于金融机构人员行为不当，如理财产品销售误导、违规乱收费、不合理的保险拒赔、金融机构人员参与非法金融活动等。互联网技术使信息传递更为广泛和迅速，网络谣言的迅速扩散使互联网金融企业和监管机构可采取措施的时间大为缩短。声誉风险主要来源有：第一，当互联网金融企业的产品和服务不符合公众的预期时，有关的负面信息就会在公众范围内扩散，而不管与预期相悖的结果是来自互联网金融企业本身，还是来自互联网金融企业所不能控制的因素，声誉风险都将产生；第二，客户在接受互联网金融企业的服务出现故障时，没有得到足够的回应及妥善的处理；第三，通信网络的问题导致客户无法及时查看账户信息；第四，互联网金融企业在网络金融服务中出现的其他失误也会影响客户对该互联网金融企业的信任；第五，黑客对互联网金融企业网络系统的攻击也会让客户对企业失去信心。值得一提的是，声誉风险不仅会影响单家互联网金融企业，有时还会使客户对整个互联网金融行业的服务失去信任。

3. 法律合规风险

互联网金融的发展面临法律合规风险，即企业业务不符合相关法律规定、监管规则及道德规章等，导致的盈利水平或者资本充足率水平下降的风险。在传统金融模式下，法律合规风险与机构的业务模式和法律规范、监管政策有关，主要来源于新业务模式法律架构设计缺陷、法律法规和监管政策变化等。互联网金融企业的法律合规风险同样与机构的业务模式和法律法规、监管政策有关，只不过互联网金融的业务模式往往比较新，尚不成熟，部分业态存在一定的法律风险(如股权众筹可能存在非法集资风险)。由于目前互联网金融发展的相关法律法规不完善，互联网金融企业的准入标准、运作方式、电子合同有效性及交易者身份验证等方面仍没有完善的法律法规作为参照，互联网金融企业经营将面临更为复杂的法律风险。互联网金融企业在提供网络金融服务的同时面临着信息披露和消费者私人信息保护等问题。如果互联网金融企业没有向消费者详细说明消费者的权利和义务，或者黑客侵入互联网金融企业网站导致消费者出现损失，互联网金融企业都会面临被起诉的风险。

4. 信息科技风险

互联网金融的发展离不开信息技术，因此，信息科技风险对于互联网金融企业的发展具有重要影响。对互联网金融企业信息系统的威胁有内部因素，也有外部因素。非授权入侵系统是信息科技风险的重要内容，如对系统的非授权侵入会将客户私人信息泄露、产生客户资产和负债状况出现混乱等问题。向系统植入病毒，会导致系统运行混乱、信息失真。系统安全漏洞主要包括三类：第一，能够引发犯罪的安全漏洞，如诈骗、盗窃商业机密和私人信息等；第二，黑客攻击漏洞，如虚假网站、使网络服务瘫痪等；第三，系统本身设计中存在的漏洞。

5. 操作风险

操作风险也是互联网金融企业面临的主要风险类型之一。具体包括系统和交易的安全，如数据的保密性、是否对第三方进入进行授权、保证网站正常运行等。在开展互联网金融的业务过程中，企业会将一些业务进行外包，外包将在一个业务流程中产生更多的服务链条，虽然有助于企业降低成本，但却降低了企业对外包项目的控制能力，从而增加了操作风险。企业开展网络银行互联网金融业务中，对潜在客户数目预测的不精确也是操作风险种类之一。预测数目偏少，企业可能不能很好地满足客户需求；预测数目偏多，则可能会增加企业经营成本。因此，如何准确地预测潜在客户数量，对企业的风险管理是非常重要的。

9.1.2 金融风险

1. 信用风险

信用风险是互联网金融企业面临的重要金融风险。通常被定义为借款人不能按照合约规定还本付息而给企业的盈利和资本带来损失的风险。信用风险蕴含在金融机构的所有经营行为中，不论表面和表内，都受交易对手、发行人和借款人行为的影响。对于传统金融信用风险管理更偏重实地调查与人为判断的结合，信用风险主要来源于可靠信息来源不足，调查人员技能不够，态度疏忽，刻意隐瞒，不恰当的考核、激励和信贷决策机制，不恰当的外来干预等。随着大数据技术在互联网金融企业中的广泛运用，信用风险管理更偏重数据挖掘与模型决策的结合，信用风险主要来源于数据来源不充分、数据失真、模型设计缺陷等。互联网金融企业的发展为金融服务打破地域限制带来了机遇，不同地域的消费者都可以通过网络获取金融服务。然而企业通过网络与客户建立联系，缺少传统银行经营过程中与客户的个人接触，这给互联网金融企业对客户信用的核实带来更大挑战，而客户的诚实信用是良好金融决策的重要因素。同时，互联网金融企业在核实抵押物和完善安全协议方面也面临挑战。对互联网金融企业信贷组合的有效管理，需要管理层有效识别信贷风险，理解信用文化，同时确保控制贷款风险的政策、程序和实践的有效实施。

2. 流动性风险

流动性风险是指虽然有偿还能力，但由于暂时得不到钱而无法偿还的风险。在传统金融领域，流动性风险主要来源于期限错配(如存款与贷款的期限错配)、超出预期的资产损失(如大量不良贷款或大额保险理赔支出)、因市场恐慌导致的大规模集中提取/赎回(如银行挤兑、资金集中赎回等)。互联网金融企业面对的流动性风险基本上与传统金融类似。

因为互联网的传播效率更高，一方面谣言和恐慌情绪的扩散速度可能快于传统金融，另一方面通过官方渠道平息谣言的速度也可能快于传统金融。在资产管理类(包括第三方支付现金管理)和信贷类互联网金融的产品中，资金流入是短期的，而贷出是长期的，因而会出现期限错配现象。一旦发生集体性挤兑事件，互联网金融产品将遭受流动性风险。

3. 市场风险

传统金融领域的市场风险也是互联网金融企业面临的主要风险类型。巴塞尔银行监管委员会认为市场风险的主要类型有股票风险、利率风险、汇率风险和商品风险。互联网金融企业面临的市场风险基本上与传统金融类似，只不过互联网金融的交易成本更低，当利率、汇率、资产价格变化时，用户可能会更轻易地进入或退出某种金融资产。例如，当货币资金回报率相对于存款的利率差缩小(扩大)时，用户会更容易地退出(进入)货币资金，当然，这个过程通常情况下是有序的转换，不一定会引发流动性风险。互联网金融企业发售的理财产品会投资到金融市场中，因而，金融市场风险如股票价格的涨跌、利率的波动、汇率的变动都会影响到产品净值和互联网金融企业的公信力。同时，互联网金融产品投向的资产(如房地产行业)会因为商业周期的波动而带来收益的变化。这会影响互联网金融产品的价值，进而影响互联网金融企业的盈利水平。

9.2 互联网金融发展的作用

虽然互联网金融的发展会面临诸多风险，但其本身也具有降低风险的作用。

互联网金融有助于全社会信用体系的建设，增强信用透明度，降低社会整体信用风险。中小企业融资难的一个很重要的原因是中小企业信息不透明，银行无法对其信用风险进行评估。阿里巴巴 2004 年 3 月推出"诚信通指数"，建立了交易双方的信用量化综合评分体系，把会员的认证状态、档案年限、交易状况、客户评价、商业纠纷、投诉状况等纳入该指标的统计范畴。信息的公开对中小企业整体信用体系建设起到了促进作用，因为在这种信息公开的环境下，信用低的中小企业无法获得贷款。2017 年 5 月，阿里巴巴与中国建设银行携手推出企业信用度贷款服务。该服务允许阿里巴巴向中国建设银行推荐贷款客户，而获得阿里巴巴推荐名额的前提是企业在阿里巴巴网站上的信用度良好。2007 年 6 月，阿里巴巴与中国建设银行推出了"e贷通"产品。如果获得该产品支持的中小企业出现坏账，则该不良记录会出现在互联网上。这种公开透明的机制无疑促进了中小企业信用体制的建设，有助于降低社会整体信用风险。

投资者能够通过互联网金融企业分散投资风险。现代投资理论告诉我们分散化有助于降低风险，许多 P2P 网贷平台对投资者投资一笔项目的金额进行限制，鼓励投资者将资金投资多个项目，从而运用分散化技术降低自身投资风险。根据 P2P 网贷平台统计情况，分散投资可以解决个别贷款人违约所带来的整体风险，使投资者总体上获得正收益。

互联网金融的发展有助于降低民间金融风险，从而缓释金融体系的系统性风险。民间金融风险较高，重要的原因是信息不对称和不透明、经营环境不规范、债权债务关系错综复杂，使借款人与贷款人之间无法有效评估信用风险。P2P型互联网金融企业将规范的借贷流程、透明的披露制度引入民间借贷，有助于将科学的风险管理引入民间金融体系，有助于将民间借贷阳光化和规范化，这对于区域金融体系的稳定具有重要的现实意义。

大数据挖掘技术提高了企业的风险管理能力。

首先，大数据挖掘技术提高了金融企业信用风险管理能力，在传统金融服务模式下，银行主要依靠自身的努力如财务报表分析、实地调查来识别借款人的风险高低，信息的真实性往往取决于个人的经验积累、主观判断和职业素养，加上现场调查的频率低、成本高，给银行有效识别信用风险带来了很大的困难。在互联网金融服务模式下，借贷机构可以利用借款人在电子商务平台、社交网络、第三方支付等互联网平台上的数据进行数据分析和挖掘，据此做出信贷决策，能够帮助贷款机构更好地识别借款人的信用风险。根据阿里小微金融服务集团创新金融事业群提供的数据，截至2013年第三季度末，阿里小微信贷累计发放的贷款超过1 000亿元，每户平均获得贷款4万元，但不良贷款率仅为0.87%。

其次，在信息技术安全方面，通过大数据挖掘，可以更好地分析用户的行为特征，识别和拦截非法交易，更好地保障用户资金安全。例如，支付宝曾出现同一用户在三地同时登录支付宝账号进行网络购物的情况，支付宝立即对账户进行了冻结，以防账户资金被盗。

再次，大数据分析在识别信用卡套现、反洗钱等领域可以发挥重要作用。支付宝基于对商户和用户的交易行为数据进行分析和挖掘，设计了识别信用卡套现和洗钱的量化数据模型，通过这个数据模型可以有效识别信用卡套现和洗钱的可疑人员。

最后，在预测传染性风险方面，通过大数据分析，能更好地识别金融风险传染的源头路径，提前进行布局防范。例如，通过对用户消费行为的数据分析，天弘增利宝可以更好地预测用户的申购、赎回行为，提前做好资金的准备，以应对赎回压力。

随着信息技术的广泛使用，互联网金融有助于降低金融企业的操作风险。在传统金融服务模式下，操作流程尽管很多已经实现了系统自动化，但仍然很大程度上依赖人工操作，操作风险也很高，如未经授权的业务操作、签字盖章环节遗漏等。互联网金融的系统自动化程度大大高于传统金融服务模式，对人工的依赖程度很低，因人工操作失误导致的操作风险概率会更低。据统计，银行单笔信贷的操作成本大多在2 000元左右，而阿里巴巴创新金融单笔小微信贷的操作成本仅为2.3元。

9.3 互联网金融的风险特征

1. 传染性

互联网金融的发展反映了普惠金融理念，因而互联网金融产品的参与者往往非常多，互联网技术的发展加速了信息在消费者之间的共享程度，增强了投资者和金融机构风险的传染性,增加了风险的影响"面"。当金融体系处于正常时期时,信息的广泛共享有助于消费者做出理性的决策而降低风险。但当金融体系处于动荡时期时,信息的快速传导会使消费者在同一时间做出同一决策,增强了不同投资者之间行为的传染性。同时,互联网金融企业一家公司的不良声誉传播开后,并不知情的投资者很可能对整个行业开始不信任,因而撤资或远离这个行业。

2. 快速转化性

【拓展案例】

从互联网"即刻传播"的角度出发,互联网加速了不同风险之间的互相转换。在具体实践中,风险的爆发和传染往往是多来源、多路径的。例如,风险的爆发既可能是企业战略失误、操作损失,又可能是黑客攻击、竞争对手蓄意制造谣言,也可能是个别企业的违规行为被媒体曝光引发公众对整个行业的不信任等。又如,风险的传染路径可能是沿着"操作风险到声誉风险再到流动性风险"的路径,也可能是"信用风险到声誉风险再到流动性风险"等。另外,以互联网银行为例,信息系统的某项错误可能会引发客户在网上发表负面消息,进而会引发网上挤兑支取,金融机构因而会出现流动性风险,而流动性风险又可能会引发信用风险,进而声誉风险也会变大,此时金融机构将会面临更为严重的流动性风险。再如,某项政策的出台导致互联网金融产品的使用者挤兑,这有可能加大信息系统的负荷而引发信息系统风险,进而带来声誉风险。

总之,互联网金融并没有增加新的风险种类,但却加速了各类风险之间的转化,扩大了金融风险的传染面。只要是金融就无法摆脱风险管理这一核心问题。投资者在享受普惠金融服务的同时,应了解互联网金融风险的特点,互联网企业应积极寻找预防互联网金融风险的途径。同时,监管机构应根据互联网金融的风险特征提出相应的监管措施。

9.4 互联网金融监管的必要性

【拓展知识】

互联网金融中,市场参与者的个体行为并非都是理性的,不符合经济学中理性市场参与者的假设前提。以 P2P 网贷为例,从本质上来看,P2P 投资者购买的不过是针对借款者个人的信用贷款。虽然 P2P 网贷平台能做到投资资产的分散化投资,并且在一定程度上可以正确地揭示借款者的信用风险,但是由于我国目前征信体系建设非常滞后,没有建立完善的信用评价系统。总体来看,P2P 网贷平台上个人信用贷款的风险仍然较高,然而该平台上的投资者却并不一定能正确地意识到这一点。

个体理性不一定代表集体理性。例如,余额宝实际上是"第三方支付 + 货币市场基金",投资者实际购买的是货币市场基金份额,基于货币市场基金的特点,余额宝的投资者能够随时赎回自己的资金。但是,因为货币市场基金的头寸期限较长,并且在二级市场上变现交易通常需要付出一定的折扣作为代价,所以,余额宝就存在流动性转换和期限错配等风险。一旦货币市场出现大幅度的波动，投资者可能会为了控制个体的风险而赎回所投资的资金。这样的行为从个体行为的角度来看是完全理性的，但是从全体货币市场基金参与者集体行为的角度来看则是非理性的，这样的行为会导致货币市场基金遭遇挤兑问题。

互联网金融市场对风险承担行为的控制力度是有限的。针对金融行业的投资风险，我国存在大量的如隐性存款保险、银行对柜台销售的理财产品的隐性承诺等隐性或显性的担保，加上我国特殊的国情，投资者习惯了中国人民银行担保下的"刚性兑付"，风险定价机制在一定程度上是非有效的。互联网金融企业在用户数量和资金规模达到一定程度之后，一旦出现流动性问题或者经营问题，那么依靠市场出清的方法是没有效果的。涉及支付清算等基础业务的机构破产，会对整个金融系统的基础设施造成巨大的破坏，严重的会带来金融体系的系统性风险。

互联网金融的创新同样可能存在重大的不确定性。以我国P2P网贷为例，P2P网贷平台鱼龙混杂，部分P2P网贷平台的营销策略偏向激进，倾向于从事高收益同时高风险的业务，从而忽视了P2P参与者的风险特征，将高风险产品销售给不具有风险识别和承担能力的人群。此外，有些P2P网贷平台未能将客户资金与平台资金进行有效隔离，内部控制机制存在巨大的安全隐患，最终出现了其平台主要负责人卷款"跑路"的违法犯罪事件。还有些互联网金融企业盲目地追求自身利益最大化，在互联网金融业务操作中存在欺诈和非理性行为，开发和推销风险过高的产品，利用互联网金融投资者对这一系列新兴产品知识的匮乏，将这些风险巨大的产品出售给他们，而投资者可能对自己购买的产品根本不了解，由此造成巨大的投资损失。

鉴于国外互联网金融发展较为成熟，传统银行网络化的程度较高，并且国外发达国家的金融监管部门非常关注本国金融监管体系的健全性，根据本国经济社会及金融市场发展的实际状况，不断对现有的金融监管体系进行调整。因此，借鉴国外对互联网金融监管的经验对我国互联网金融可持续发展具有重要的指导意义。

9.5 美国的互联网金融监管

9.5.1 第三方支付监管

1. 第三方支付的监管层次

美国将第三方支付纳入货币转移业务的监管范围。美国对第三方支付业务采取的是功能性监管策略，根据功能性监管的特点，其监管的对象主要侧重于第三方交易的过程而不是第三方支付机构。美国对第三方支付的监管分为以下三个层次。

(1) 立法层面

美国并没有专门针对第三方支付业务制定专门的法律法规来进行监管，取而代之的是使用现有的法律法规或者修订、增加法律条文来对第三方支付业务进行约束管理。在美国，第三方支付业务被划分为一种货币转移业务，第三方支付的本质仍是一种传统的支付业务和服务，所以，从事第三方支付的机构并不需要获得银行业务的许可证。

(2) 监管机制层面

根据美国的国情，美国实行的是州和联邦分管的金融监管体制，联邦存款保险公司(Federal Deposit Insurance Corporation，FDIC)负责监管第三方支付机构，但 FDIC 明确指出，美国各州相关的监管部门可以在不违背本州上位法的前提下，对第三方网络支付平台的相关业务流程制定切合本州具体实践的准则。

(3) 沉淀资金管理层面

美国的法律非常明确地把第三方支付平台上的沉淀资金定义为一种负债。FDIC 规定：第三方支付平台必须将平台的沉淀资金存放于 FDIC 在商业银行开立的无息账户中，在沉淀资金的用途方面，FDIC 规定沉淀资金所产生的利息用于第三方支付机构支付所必要的保险费，提供存款延伸保险是 FDIC 对沉淀资金监管的方法和途径。

2. 第三方支付的监管要求

以上美国有关第三方支付的三个监管层面，最后到底适用于哪些监管规则，需要根据第三方支付的不同业务形态、第三方支付机构从事支付业务中实际发挥的作用等因素来进行综合权衡。如果把第三方支付企业作为主要的目标来进行论述，那么第三方支付企业至少应当受到来自八个不同角度和方面的监管要求。

(1) 注册

在美国范围内，绝大部分州制定有《货币服务法案》(Money Services Acts)，该法案主要用来规范非存款性货币服务机构的行为，并对其起到监督管理的作用。根据《货币服务法案》的规定，美国的第三方支付管理权归属于各州，同时绝大部分州有牌照的要求。第三方支付企业想要从事第三方支付业务必须先取得相应的牌照才能开展，否则很有可能会被叫停。

(2) 电子转账规则

电子转账规则主要由《电子转账法案》(Electronic Fund Transfer Act，EFTA)及《监管指令 E》(Regulation E)等法律法规构成。电子转账规则系列法案主要适用范围包括从消费者的账户进行的支付，即从贷记卡或者信用卡进行的支付行为。根据电子转账规则的要求，第三方支付企业在支付之前就应明确地向消费者揭示其拥有的权利和承担的相应义务，并且建立起争议解决机制。尤其对于那些未经授权的交易，第三方支付企业必须让消费者知晓其需承担的最大损失额度。

(3) 消费信用规则

消费信用规则主要由《诚实借贷法案》(Truth In Lending Act，TILA)和《监管指令 Z》(Regulation Z)等法案构成，其适用范围主要包括第三方支付业务消费者的信用支付类业务。与电子转账规则相类似，消费信用规则同样要求企业主动向消费者揭示其面临的信贷成本，并且建立起争议解决机制。

(4) 账单信息规则

账单信息规则主要由《诚实账单规则》(Truth-in-Billing)等法案构成，其适用范围包括各种无线网络运营商，其具体要求是无线网络运营商应当提供准确、清晰并且详尽的单据。账单信息规则的监管方一般是联邦通信委员会，而不是传统意义上的金融行业监管机构。

(5) 公平贸易规则

公平贸易规则具体包括《反不公平、欺诈和滥用法案》(Anti-injustice, Fraud and Abuse Acts)(对金融机构)和《公平贸易法案》(Fair Trade Act)(对非金融类机构)等法律法规，其适用范围包括所有涉及第三方支付的业务和行为。对于金融类机构的第三方支付业务，由消费者金融保护局监管；而非金融类机构的第三方支付业务，其监管方则是联邦贸易委员会。

(6) 消费者隐私保护规则

消费者隐私保护规则主要由《格莱姆－利奇－比利法案》(Gramm-Leach-Bliley Act, GLBA)的隐私和数据安全保护等条款构成，其适用范围主要包括各类金融机构。根据消费者隐私保护规则，各类型的金融机构在与消费者签订合同的同时及每个会计年度都必须向消费者表明对其的隐私保护规则，而且应当鼓励客户灵活地依据自己掌握的信息，自主选择个人信息的分享范围。同时，消费者隐私保护规则还针对金融机构消费者的信息安全制定了明确的指引和规范。

(7) 存款保险规则

存款保险规则主要由《联邦存款保险法案》(Federal Deposit Insurance)(适用于商业银行)和《全国信贷联盟份额保险法案》(NCUA Share Insurance)(适用于信贷联盟)等法案构成。存款保险规则的适用范围主要包括各大商业银行一定额度内的存款，以及FDIC和全国信贷联盟监理署(National Credit Union Administration, NCUA)共同确定的账户。进一步解释存款保险规则的适用范围：从被监管方的角度来看，主要看互联网金融企业是否被认定为存款性金融机构；从账户的角度来看，主要看互联网金融企业的资金是否在被FDIC认可的"账户"中保存。

(8) 反洗钱规则

美国政府一贯高度重视反洗钱，认为洗钱行为和贩毒、逃税、腐败和恐怖袭击等其他严重的犯罪行为密不可分，并为这些犯罪提供了大量的资金支持。所以，一旦个人违反了反洗钱法律法规，重者将会面临高达数十年的有期徒刑；而互联网金融企业如果违反了反洗钱法律法规，轻者遭受罚款，重者可能会被吊销企业的营业执照、没收与洗钱行为有关的资产等。具体而言，反洗钱规则的要求有：需要进行对客户身份的识别；对金额较大的交易主动提供可疑交易报告；交易的记录最少保存五年；企业应当拟定书面的合规方案，至少包括针对反洗钱的内部控制机制，同时对企业内部的员工开展持续的培训来培养企业员工的反洗钱意识；发现洗钱行为应当主动向有关部门检举揭发。

【拓展知识】

9.5.2 P2P网贷平台监管

美国政府将P2P网贷纳入证券业监管，侧重于市场准入和信息披露方面的监管。美国证券交易委员会(Securities and Exchange Commission，SEC)规定，P2P 网贷平台需要注册成为证券经纪商，因为 SEC 把 P2P 网贷平台出售的凭证认定为一种证券。由于在 SEC 注册的成本非常高，其他潜在的 P2P 网贷市场参与者很多没有选择美国市场，因此，美国 SEC 的规定在一定程度上阻止了潜在竞争者的加入。例如，全球网贷平台中规模最大的网络借贷平台英国 Zopa 平台放弃进入美国市场。SEC 监管重点关注的是网络借贷平台所披露的信息是否符合监管的规定。在这个前提之下，一旦 P2P 网贷平台出现资金风险等问题，只要 P2P 网贷的投资者能够证明在其平台发行说明书中的关键信息有遗漏、错误或者存在明显的欺诈行为，那么 P2P 网贷的投资者就可以通过法律手段向问题平台追偿损失，这样很大程度上降低了 P2P 市场参与者面临的风险。

对于 P2P 网贷平台而言，除了在 SEC 登记并满足其监管要求之外，P2P 网贷平台还需要在相应的州证券监管部门再进行登记，州证券登记部门的要求与 SEC 的规定相类似。不过美国有些州对投资者也有一定的要求。例如，在法律法规中加入了一些评价投资者个人财务的相关标准，包括个人最低收入门槛、个人证券投资占个人总资产的比重上限等。

9.5.3 众筹融资平台监管

2008 年金融危机以来，初创企业的就业创造乏力，为了减轻企业公开发行的成本，降低小公司和初创企业进入资本市场的门槛，使美国民众都可以参与到初创企业和小企业的融资支持中，2012 年 4 月 5 日，美国时任总统奥巴马签署了《创业企业扶助法》，简称《JOBS 法案》。该法案制定的目的在于，一方面使美国的中小微企业满足美国证券法规的要求，另一方面让美国的中小微企业更方便地吸引投资者并获得投资，解决这些企业融资难、融资贵的问题，从而大幅缓解美国当时面临的严重的失业问题。《JOBS 法案》非常关键的一部分规定就是通过法律的形式放开了众筹股权融资，而且在保护众筹投资者利益等方面做出了非常完整而细致的规定。具体而言，《JOBS 法案》在有关众筹的规定上有以下两点。

(1) 适当放开众筹股权融资

《JOBS 法案》要求 SEC 设计一种促进企业通过发售证券向公众融资的新的方法，即众筹。美国股权众筹主要从小企业最高融资额、投资者的最高投资额、发行人信息披露、众筹融资中介的职责和投资者保护等几个方面促进对小企业的直接投资，以此来帮助小企业通过在线的方式，低成本地向广大个人投资者出售证券。根据《JOBS 法案》，发行人 12 个月内通过众筹融资的总金额不得超过 100 万美元。为了避免投资者非理性投资，《JOBS 法案》对单个投资者制定了投资额上限：如果投资者年收入或净资产少于 10 万美元，则 12 个月内向众筹投资的金额不得超过 2 000 美元或者年收入或净资产的 5%，两者取较大值；如果投资者年收入或净资产等于或大于 10 万美元，则 12 个月内向众筹投资的金额不得超过投资者年收入或净财产的 10%，同时最高不得超过 10 万美元。

(2) 注重保护众筹投资者的利益

《JOBS 法案》对众筹的筹资者和提供众筹服务的众筹融资平台提出了相应的要求，以保护众筹市场各参与者的合法利益。在众筹筹资者方面，《JOBS法案》明确四点要求：要求众筹筹资者在 SEC 实行备案，并向投资者及中介机构披露 SEC 要求披露的相关企业信息；不允许众筹筹资者通过广告的形式来促进众筹融资；对众筹筹资者如何回报投资者做出了规定；众筹筹资者必须向 SEC 和众筹的投资者出示有关企业经营状况和财务运行状况的年度报告。此外，《JOBS法案》还从众筹业务准入、众筹行业自律、平台资金转移、众筹风险提示、诈骗行为预警、消费者教育保护等方面对众筹融资平台进行了相应的规定，在大力促进众筹融资发展的同时也保证了众筹在法律法规的监督下健康发展，从而提升美国中小企业的活力并解决美国的就业问题。

随着《JOBS法案》的实施，美国的众筹业有了突飞猛进的发展，投资的门槛大大降低，大众也可以进行投资，无论是从成功的融资项目数还是从融资金额来看，美国都是世界上众筹最为成功的国家。《JOBS法案》打破了曾经只是精英才能介入的投资领域，使大部分人可以通过众筹这一新兴的融资模式对创业型企业进行投资，从而改变了投资行业的原有格局。

9.6 欧盟的互联网金融监管

9.6.1 第三方支付监管

与美国的做法不同，欧盟则将第三方支付机构归类于金融类企业进行监管，对第三方支付机构的监管按照分类属于机构监管，同时对第三方支付机构给出明确的定义。欧盟的监管分为两个层面。

(1) 立法层面

欧盟规定第三方支付服务的供应商必须是银行，而非银行类金融机构如果想要开展第三方支付业务，就必须取得相关的牌照，从法律上严格地为第三方支付业务赋予了法律地位。欧盟还明确规定了第三方支付机构应当满足的资本金要求，具体包括：第三方支付机构必须具备 100 万欧元以上的初始资本金；第三方支付机构在未来较长的时间内应当持续拥有自有资金；同时对资金的最低限额也做出了相应的规定。

(2) 沉淀资金管理层面

按照欧盟的相关规定，各国的第三方支付机构都必须在其所在国的中央银行开设一个专门的资金账户，专门用于存放第三方支付机构的沉淀资金，这些沉淀资金将受到各国监管部门的严格监管，以便对第三方支付机构进行风险管控，谨防第三方支付机构将这些资金挪作其他用途。

9.6.2 P2P 网贷平台监管

英国是 P2P 网贷的发源地，世界上首个 P2P 网贷平台 Zopa 率先在英国成立。英国将

P2P 网贷纳入消费者信贷管理的范畴，并且主要通过行业自律的方式来引导 P2P 网贷行业的发展，英国于 2011 年 8 月 5 日正式成立了 P2P 网贷行业的自律机构——英国 P2P 金融协会。英国 P2P 金融协会由英国影响力最大的三家 P2P 网贷公司构成，主要作用在于制定英国 P2P 网贷行业的准则、规范 P2P 网贷行业的发展、合理控制行业内各机构面临的风险及维持英国 P2P 市场的稳定性。英国 P2P 金融协会于 2012 年 6 月正式出台了《P2P 融资平台操作指引》。该操作指引列举了 P2P 融资协会成员需要遵循的九项基本原则，很大程度上推动了英国整个 P2P 网贷行业的规范发展，也非常重视对 P2P 中金融消费者的保护。

除了行业自律管理，英国的 P2P 同样采用了政府管理加以辅助。英国对 P2P 网贷的政府监管较为宽松，除了《消费者信贷法》之外，并没有其他硬性的法律法规对 P2P 网络借贷加以约束。在英国 P2P 成立的初期，P2P 的监管由公平贸易管理局和金融服务管理局共同负责。经过一段时间的发展，目前英国的 P2P 监管机构则是金融服务管理局，由其全权负责对英国的 P2P 网贷的统一监管。在 P2P 网贷业务准入方面，英国政府规定成立 P2P 网贷公司需要向相关部门提出申请并获得相应的信贷牌照，但是与第三方支付的要求不同，P2P 网贷公司并没有最低资本金等方面的"门槛"限制。英国法律对 P2P 网贷制定了严格的信息披露制度，规定 P2P 网贷双方在借贷过程中必须清晰地标明借贷利率、借贷期限等合同内容。此外，英国法律对于 P2P 合同的订立、履行、终止、债务追偿、行政裁决乃至司法干预等全过程都有着非常细致的规定。不过，这些法律法规主要针对 P2P 网贷双方之间信贷行为的约束，而不是对 P2P 网贷平台的制约。

在 P2P 网贷的监管方面，欧盟并没有出台专门的法律法规对 P2P 网贷进行约束，取而代之的则是欧盟细化了互联网金融的监管要求，用以维护消费者的合法权益。欧盟制定的与 P2P 网贷有关联的法律条文，主要涉及消费者信贷、不公平的业务操作和不对等的交易条件等一系列指引性文件，对 P2P 网络性的合同缔约之间借贷双方提供的信息，以及交易双方必须承担的义务进行了约束。具体而言，欧盟的 P2P 网贷的监管可以概括为五个方面的内容：只有正式注册了的 P2P 网贷提供者才可以通过网络来发布 P2P 网贷广告；通过网络发布的 P2P 系列广告需要满足更多的披露要求；对 P2P 网贷制定了比其他信贷模式更严格的信息披露要求；P2P 网贷的消费者在与 P2P 网贷平台签订合同之前，理应享有充分时间来进行考虑，有权利充分了解 P2P 网贷合同的信息及相关的解释说明，同时也可以带走这些与合同相关的资料，并与其他 P2P 网贷平台提供的产品进行比较筛选；P2P 网贷的借款人在 14 天内享有无条件的合同撤销权。

9.6.3 众筹融资平台监管

欧盟各国在发布"众筹融资"说明书方面有所差别。以英国和意大利为例，两国的监管机构规定期限在一年内且发行规模在 500 万欧元以下的众筹融资产品，无须公布募资的说明书，而德国的规定则在金额上有很大的差别。德国的众筹监管机构规定期限在一年内且发行规模在 10 万欧元以下的融资产品无须公布募资的说明书。在众筹融资监管方面，英国和德国监管机构都认为股权式众筹融资是一种合法合规的众筹融资形式。西班牙则要求众筹融资必须受工商行业监管法的监管管理，满足该法律的具体条款。英国和意大利两国对众筹融资模式的监管更加严格。例如，英国众筹监管部门规定众筹融资的借贷模式和股权模式都必须受金融行为监管局的授权才可开展实际业务活动；意大利监管部门仅仅要求众筹融资的借贷模式必须受《综合银行法》及相关法律法规的监管，而对众筹融资的股权模式没有像英国那样的硬性规定。

尽管从整体来看，欧盟还没有专门针对众筹的法律法规，但是欧盟不少成员国已经开展了对众筹融资的专项立法工作。目前从众筹市场份额来看，英国、法国、意大利等欧洲国家众筹的市场份额位于整个欧盟的前列，并且这几个国家都已经出台了不同程度的法律法规。

英国是欧盟各成员国中众筹市场份额最大的国家。在大多数欧盟成员国侧重于制定众筹融资成文法的大环境下，英国则更倾向于案例法的构建。对于众筹融资的监管，英国金融行为监管局(Financial Conduct Authority，FCA)在2013年10月正式对外发布了《关于众筹及相似活动监管规则的征求意见》报告，提出了FCA在监管众筹融资方面的基本原则和途径，并公开向英国各界征求该报告的修改意见。《关于众筹及相似活动监管规则的征求意见》规定，英国的金融监管部门将重点对P2P网贷型众筹融资和投资型众筹融资进行监管。经过一段时间的观察之后，英国对P2P网贷型众筹融资的监管权限由原先的公平交易办公室转移给了FCA，由FCA独立实施众筹融资的监管工作。同时，FCA认为，P2P网贷型众筹的风险要小于投资型众筹，因此FCA对投资型众筹的监管策略更加严格。通过对英国各界有关众筹监管反馈意见的研究分析，FCA于2014年3月发布了《众筹监管规则》，该规则于2014年4月1日正式实施生效，并计划在未来几年内根据英国众筹融资行业的发展状况及《众筹监管规则》的实施情况来综合考虑是否对该规则进行修订。

与英国的情况类似，法国是欧盟所有国家当中比较早进行相关众筹法律法规研究的国家。2013年，法国金融市场监管局对外颁布了一份咨询文件，名为《战略2013—2016——使金融重获意义》。该咨询文件指出，法国应当充分利用众筹融资来为法国的众多中小企业融资提供帮助。2013年5月，法国金融审慎监管局和法国金融市场监督局共同发布了两份关于指导众筹融资的意见，该意见的目标群体分别是众筹融资平台的提供者和众筹融资的投资者，同时对当前法国众筹融资的法律适用进行了详细的阐明。2013年9月，在法国经济、财政和工业等部门的共同努力下，ACPR和AMF再次颁布了一份关于众筹的咨询意见，此次意见专门针对众筹融资的特点，对法国现有的法律法规体系建设提出了修改建议。综上所述，法国对于众筹融资的专项法律法规一直在酝酿之中，主要途径是在现有法律体系的基础上来规范新兴的众筹融资，并且各种类型的众筹融资大部分要受到法国ACPR的监督管理。如果众筹融资平台想要开展投资服务及证券的发售，那么还必须受到AMF的监管。

9.7 对国外互联网金融监管的经验总结

9.7.1 国际上普遍将互联网金融纳入现有监管体系

互联网金融的监管问题一直是困扰全球各国的难题，因为其是一种新兴的金融形态，不管是我国还是全球各国在监管方面都没有现成的经验，但是世界各国普遍认为互联网金融是传统金融业务和互联网技术相结合的产物，重在金融渠道的优化升级，而不是严格意义上金融产品的创新，所以从本质上来看，互联网金融并没有改变金融的本质，从金融的功能意义上来看，互联网金融仍然包括支付、销售、融资和投资等形式。作为一种金融业务，互联网金融理应同其他金融业务一样接受监管。

同时，对于金融行业的监管体制而言，各国都有着较为健全和完善的监管体系，各种监管规则和法律法规的相互配合，也基本能够涵盖当前互联网金融的各种形态。因此，互联网金融的监管空白并不存在。国际上各国的通用做法是：将互联网金融直接纳入现有的监管体系，而不是改变当前的金融监管原则。例如，英国将P2P网贷、众筹等主要的互联网金融业务纳入FCA的监管范畴，统一进行监管。而德国、法国则实行牌照管理制度，在该制度下从事信贷等业务的互联网金融机构必须获得传统信贷机构的牌照。

9.7.2 根据业务性质划分相应监管部门

互联网金融涵盖的内容十分复杂，其业务交叉非常之广，国际上除了运用前面阐述的监管方法外，还针对不同类型的互联网金融业务，根据业务模式的性质功能和潜在影响力，将其划分为相应的监管部门及其业务适用的监管规则。例如，美国、意大利、西班牙等国家将互联网融资划分为股权、信贷两种具体业务模式，分别对应金融市场监管机构和银行监管机构，由两者分别实施监管操作。

9.7.3 根据互联网金融发展适时调整监管策略

世界上各国的互联网金融监管并非只是简单地将其划入原有的监管体系中，而是在现有的监管体系上，根据互联网金融业态的发展不断动态地创新监管理念，继续延伸和拓宽现有的监管法律法规体系。从各国的实践经验来看，美国、澳大利亚、意大利等国通过立法给众筹融资确定了合法的地位，美国、法国已经拟定了众筹的管理操作细则。FCA在成为互联网金融监管机构的同时，配套推出了包括众筹融资、P2P网贷等产品在内的一系列监管操作细则。此外，目前全球多数国家已经认识到了虚拟货币的潜在影响，将虚拟货币纳入了反洗钱监管体系之中。

9.7.4 强调行业自律标准与企业内部控制

除了外在的监管法律法规之外，各国也非常重视互联网金融行业的自律监管组织的巨大作用。国际经验已经证明,诸多行业协会通过制定行业标准促进同业监督和规范,引导了行业的蓬勃发展。例如,英国的三大P2P网贷平台成立了全球第一家小额贷款行业协会。美国、英国、法国等国积极推动成立众筹融资协会来制定该行业的自律标准。反观互联网金融企业本身,企业通过制定内部控制细则规范交易流程、监控交易过程来实现自我监管的内部控制体系,是互联网金融企业得以持久发展的基础。例如,澳大利亚的众筹融资网站ASSOB平台非常注重筹资的流程管理和控制,保证了企业的可持续发展。

9.7.5 结合征信体系,促进信息透明

互联网金融行业的征信体系一直是各大龙头企业追逐的目标。建立互联网金融征信体系,不仅能促进信息双向的沟通,增强市场上信息的透明度,更能实现互联网金融企业对风险的控制。美国和英国利用市场化的征信公司已经建立了相当完善的征信体系。该体系可提供市场参与者准确的信用记录,实现机构与客户间信息的对称、双向信息的获取,极大地增强了互联网金融市场上信息的透明度。美国著名的P2P网贷平台Lending Club与多家银行实现征信的数据共享,将客户的信用等级与征信系统中的信用评分相挂钩,借此作为评价客户信用的重要依据;而德国和法国则通过借助政府主导征信体系的力量,大大降低了互联网金融市场上潜在的违约风险。

9.8 我国互联网金融监管的发展现状与问题

【拓展知识】

互联网金融的蓬勃发展,有力地促进了我国金融业的改革及利率市场化进程。但同时,互联网金融潜在的风险也比传统金融行业更加繁杂与隐蔽,因此,我国对互联网金融的监管比对传统金融的监管更具有挑战性。基于我国特殊的国情,互联网金融的监管涉及的层面非常广,监管主体也较多,既包括中国人民银行、银保监会,也包括工业和信息化部、公安部等部委。

9.8.1 我国互联网金融监管的发展现状

就我国当前的互联网金融监管状况来看,国内现有的民商法律法规所制定的诸如基础性规范、金融监管条例等一些法律条文,可以适用于对当前互联网金融的监管工作,同时《刑法》中规定的有关金融犯罪的法律条文也对互联网金融企业开展互联网金融活动起到了一定程度的威慑作用。虽然我国于2015年7月出台了《指导意见》,但是并没有严格意义上专门针对互联网金融制定的法律法规。不过这也不代表目前国内的互联网金融行业完全处于无法可依的状态,现行的法律法规体系针对的主要是传统金融模式下的传统金融业务,这些条款与规定在一定程度上也成为互联网金融行业运行的重要参考标准,为互联网金融的健康发展提供了一些法律基础和创新空间。

1. 第三方支付监管

在对于第三方支付的监管上，早在 2005 年 10 月，我国为了规范国内迅速发展的电子支付业务，防范支付中存在的风险，确保消费者的资金安全，同时促进我国电子支付业务的良性发展，由中国人民银行研究并出台了《电子支付指引(第一号)》，这标志着中国人民银行开始将电子支付业务纳入其监管的目标。此外，于 2010 年 9 月 1 日正式施行的《非金融机构支付服务管理办法》(下文简称《管理办法》)则正式以法律的形式确定了我国第三方支付行业的合法性与合规性。该管理办法的第三条中指出："非金融机构提供支付服务，应当依据本办法规定取得《支付业务许可证》，成为支付机构。支付机构依法接受中国人民银行的监督管理。未经中国人民银行批准，任何非金融机构和个人不得从事或变相从事支付业务。"《管理办法》的出台标志着我国互联网金融中份额占比最高的第三方支付业务不再无章可循，而是有法可依。

2. P2P 网贷平台监管

P2P 网贷平台从本质上来看，是一种绕开传统银行等金融中介机构的民间直接融资的信息平台。如果站在严格的借贷信息中介的角度，P2P 网贷平台并没有主体资格的合法性问题。但是，如果借款人通过 P2P 网贷平台向投资者借款，这样的民间借贷行为是否会涉及合法性的问题？在没有触犯《刑法》中有关非法集资活动相关规定的条件下，民间的这种借贷行为即具有合法性。根据国内法律法规的精神，自然人之间、自然人与企业之间的民间借贷关系只要没有与法律的强制性规定相抵触，均可以被认定属于合法行为。具体到法律条文来看，关于民间借贷在《中华人民共和国民法通则》中有这样的表述："合法的借贷关系受到法律保护。"最高人民法院 1999 年在《关于如何确认公民与企业之间借贷行为效力问题的批复》的条文中提到："公民与非金融企业之间的借贷属于民间借贷。只要双方当事人意思表示真实即可认定有效。"此外，在《中华人民共和国合同法》第十二章有关借款合同的规定也支持了民间借贷行为，确认了其存在的合理性及合法性，并在第二百一十一条中指出："自然人之间的借款合同约定支付利息的，借款的利率不得违反国家有关限制借款利率的规定。"从我国这一系列现行的法律法规及最高人民法院的司法解释可以看出，我国政府实际上是支持民间借贷行为的，并且通过法律法规的形式为民间借贷行为创造了合法的空间，这也为互联网金融中的 P2P 网贷业务提供了法律上的根基。

当下，在国内成立一家 P2P 网贷平台需要三个步骤：首先，申请企业必须获得由工商行政机关颁发的相关营业执照；其次，向有关负责管理通信的部门提交申请，并获得通过，取得《中华人民共和国电信与信息服务业务经营许可证》；最后，P2P 网贷平台需要向工商行政管理机关申请扩大"互联网信息服务"的经营范围，并按照规定办理相应的手续。这一系列过程并不需要相关金融监管部门的介入。由于我国尚未出台专门监管民间借贷的法律法规，P2P 网贷目前仍然处于相对的监管真空期。2011 年 8 月，银监会对外颁布了《关于人人贷有关风险提示的通知》。该通知的主要作用是，提示银行业等传统金融机构要警惕P2P网贷平台带来的风险，严防民间借贷的风险向银行体系蔓延，构成系统性风险。而2015年7月18日，由中国人民银行联合十部委发布的《指导意见》则将我国的P2P网贷引入正轨。

3. 众筹融资平台监管

从理论上来说，有限公司和股份公司需要完成公司的新设或扩股的时候有一个首要前提，那就是必须避免出现《中华人民共和国证券法》(以下简称《证券法》)定义的公开发行的现象。在《证券法》的约束下，我国公司的众筹融资享有的自由法律范围仅仅局限于特定对象200人以内的众筹融资，并且不能够选择以广告、公开劝诱和变相公开等形式进行，同时众筹公司还应当满足我国《中华人民共和国公司法》第二十四条有关有限责任公司由50个以下股东出资设立的相关要求。只有满足了上述一系列法律法规的要求，按照准则的规定进行公司的众筹活动，众筹融资的行为才具有合法性。一旦众筹行为超出这些范畴，不仅会涉嫌违反《证券法》，甚至可能会触碰我国《刑法》中与非法集资相关的规定。根据以上对我国众筹法律法规的论述，很显然我国法律对于众筹融资的限制较多，众筹融资的生存空间受到了极大的压缩。这样的情形在很大程度上制约了众筹融资模式在我国的繁荣和推广。未来互联网金融的监管机构亟须推出与众筹融资直接相关的法案，在维持金融市场稳定的大前提下给予众筹融资更多自由发展的空间。

4. 网上银行监管

早在2001年6月，为规范和引导我国网上银行业务的健康发展，同时控制银行业务经营的风险，维护广大银行客户的合法权益，中国人民银行发布了《网上银行业务管理暂行办法》。该办法涉及网上银行的市场准入制度、网上银行的风险管理建设及其中的法律责任等问题，成为我国网上银行业务监管重要的参考法案。但是，此办法由于原则性的要求偏多，也缺乏实际上的可操作性，于2007年1月5日被废止。2005年11月，银监会总结了国内各大商业银行电子银行业务发展的实践经验，并且参考了全球各国电子银行的监管办法，对外颁布了《电子银行业务管理办法》，该办法更进一步地规定了我国电子银行业务的具体内容，包括电子银行业务的申请与变更、电子银行内部的风险管理、银行间的数据交换与转移管理、部分业务的外包、电子银行的跨境业务活动、电子银行的监督管理原则及市场各参与主体的法律责任等。

5. 网上证券监管

从我国的证券发行来说，现行的法律体系并不允许网上证券直接发行。2012年5月18日，证监会通过了《关于修改〈证券发行与承销管理办法〉的决定》，此项规定主要要求首次公开发行股票的发行人及其主承销商，需要在网下配售和网上发行之间建立双向的回拨机制，依据网上发行的申购情况及时地调整网下配售和网上发行之间的比例。在证券委托的监管方面，证监会于2000年3月推出了《网上证券委托暂行管理办法》，该办法规定了证券网上委托的业务及技术规范，同时还为网上证券的信息披露机制、网上证券的资格申请程序等业务建立了标准。《网上证券委托暂行管理办法》成为我国网上证券委托的重要法律依据。

9.8.2 我国互联网金融监管存在的问题

1. 缺乏明确监管主体

由于我国特殊的国情，目前现行的金融监管体制在监管互联网金融方面显得力不从心。鉴于互联网金融的本质依然是金融，对互联网金融的监管自然属于金融监管的一个分支，需要结合我国金融监管体制的改革来进行。我国一直采用的分业经营、分业监管的传统金融监管制度，已经不能满足金融业混业经营趋势日益明显、不同行业间的业务界限逐渐模糊的新形势。互联网金融业的兴起，加速了我国的金融监管体制由主体监管向行为监管、由分业监管向综合监管过渡的这一历史进程。目前我国现有的金融监管协调制度，已不能完全解决由互联网金融跨市场、跨业务、跨区域而产生的全新监管问题。在2018年3月出台的国务院机构改革方案中，组建中国银行保险监督管理委员会(以下简称银保监会)，不再保留银监会和保监会，银监会和保监会合并组建银保监会的主要目的在于，解决现行体制存在的监管职责不清晰、交叉监管和监管空白等问题，强化综合监管。

2. 监管执法存在偏差

在明确了互联网金融监管主体的前提下，加强监管条例的执行力度，保证互联网金融监管准则能够得以一贯、有效的实施，不仅要做到"有法可依"，还必须实现"执法必严，违法必究"，这才是我国互联网金融监管的必经之路。

在互联网金融监管的执行上，当前我国互联网金融的监管机构不统一且不明确，各监管部门的监管权责也有较大差别，导致现行互联网金融监管政策的实施效果不尽如人意，"执法必严，违法必究"所付出的成本过高，和执法效益不成正比，带来了社会整体福利的净损失。同时，现有的互联网金融监管执法在执法定位方面也有较大的缺陷。当前的互联网金融监管执法侧重于刑事制裁和给予违规者行政处罚，而在民事制裁补偿方面则关注不够，从法律的角度来看，刑事制裁能够有效地打击严重的违法犯罪行为，行政处罚也可以对违法者产生一些威慑作用。但是如果要综合考虑补偿违法犯罪受害者的实际损失及惩戒违法犯罪的行为，那么只有民事制裁才能够完美地兼顾这两者。因此，当前我国互联网金融监管执法的定位偏差，使互联网金融行业内的违法犯罪成本极低，各种违法违规甚至犯罪行为屡见不鲜，非常典型的案例就是近两年互联网金融行业内出现了大量P2P网贷平台负责人携款跑路的事件，给该平台的投资者带来了巨大的损失，受害人却又没有途径追偿自己的损失，导致P2P网贷圈的怪象。

3. 缺乏具体监管规则

鉴于互联网金融的开放性、普惠性及其产品服务的专业性、复杂性，针对互联网金融制定的监管规则至少应当包括的内容有：维护市场正当竞争的市场监管规则、鼓励公平交易的市场监管规则、缓解互联网金融市场中信息不对称的市场监管规则、有关信息披露准则标准的审慎监管规则、防范互联网金融市场出现系统风险的稳定性监管规则等。而从我国目前已经颁布的法律法规及出台的政策方针来看，我国目前还缺乏比较完整的、系统性的互联网金融监管规章制度，互联网金融从本质上来看还处于一种相对无规则约束的发展状态。2015年7月，由中国人民银行等十部委联合正式发布的《指导意见》虽然是我国互联网金融监管的历史性事件，但是也只是从宏观层面规划了我国互联网金融未来的发展及监管走向，并没有涉及具体业务的监管层次。

从现有的金融法律法规来看，针对的主要是传统金融模式下的传统金融业务，而这些传统的金融业务极少有涉及互联网金融的，即便与互联网金融监管有所相关，也需要对该法律法规进行修订以适应现代金融的变革。除此之外，互联网金融的健康发展必须伴随着对互联网金融消费者合法权益的保护，还应当有完善的社会征信体制、较为安全的通信网络建设及互联网金融隐私权的保护措施。涉及这些领域的基础性法律法规在我国也非常匮乏，有些地方甚至存在法律和监管上的真空区域。互联网金融立法上的相对滞后，使我国互联网金融自2010年以来一直处于野蛮生长的状态。具体表现有：一些P2P网贷的业务模式游走于非法吸收公众存款和非法集资之间，需要监管部门制定相应的监管规则进行规范；诸如余额宝之类的货币市场基金由于监管的不到位存在一定程度的兑付风险，监管机构应当在这类业务上强制加以规定，提升货币市场基金的风险准备金要求。更进一步来看我国的互联网金融监管，纵观已出台的互联网金融监管条例，大多数是宣示性的条款。尤其是一些条款根本没有确定民事法律责任或者虽有规定但是民事责任过轻，违法违约的成本太低，使一部分互联网金融机构铤而走险，这显然对我国互联网金融的监管造成了巨大的挑战。对互联网金融的监管最终必然会落实到法律责任的追究上，特别是有关具体民事责任追究的规定上。

9.9 我国互联网金融监管的发展趋势

合理有效的监管是我国互联网金融健康发展的必备条件。当前国内互联网金融监管的前瞻性研究较为匮乏，也不存在严格意义上的应急机制和监管体系。同时，鉴于金融是互联网金融的本质属性，这就意味着互联网金融这个新兴行业和传统金融行业一样，存在一定的风险。在互联网金融行业日新月异发展的同时，我国需要把合理有效的风险控制作为监管的重中之重。

总体而言，为了保证我国互联网金融的可持续发展，中国人民银行和有关部门将按照"鼓励创新、防范风险、趋利避害、健康发展"的十六字总体方针进一步探索和完善我国互联网金融的监管方针和政策。未来我国的互联网金融行业将发展得更加迅猛，针对互联网金融的监管也必须与时俱进，跟上互联网金融创新的步伐。一方面，从互联网金融企业的角度出发，各大企业需要不懈地探索和挖掘企业的内部控制机制，整个互联网金融行业也亟须建立起一套完善的行业自律体系，用以规范行业内企业的行为并将整体风险控制在合理的范围之内；另一方面，从政府的角度出发，需要尽快出台相应的法律法规加上监管机构的规范引导来促进我国互联网金融行业的健康发展。对于互联网金融这个充满活力和创新性的新兴产业，对其的金融监管总体上应当体现出开放性、包容性和适应性，鼓励互联网金融的健康发展，规范行业行为准则，保证行业内良好的竞争秩序，促进互联网金融企业间的公平竞争。

从整体监管框架来看，我国应该构建包括市场自律、司法干预和外部监管三位一体的多层次监管体系，维护互联网金融市场的健康运行，积极防范可能存在的系统性风险。

9.9.1 互联网金融监管应具备风险容忍度

我国互联网金融可以更好地服务于实体经济和为数众多的中小企业，对于这样一种新兴的金融业态，国家在金融监管方面需要保留一定程度的容错空间，如果过早过严地对互联网金融加强监管，必然会抑制互联网金融行业的创新和发展，以及金融市场整体效率的提高。任何一种社会制度安排都需要权衡"无序"和"专制"这两种社会成本的利弊，新兴的互联网金融也不例外。"无序"是指社会中的个体侵害他人的利益从而带来的整体社会成本增加，而"专制"是指政府损害社会中独立个体的利益而带来的整体社会成本增加。

从互联网金融具体业务模式来看，如果P2P网贷和众筹融资的业务模式能够保证单笔金额较小、参与人数较少，就可以采用个体企业秩序、行业整体自律加上司法手段来加以规范监管。我国P2P市场上各网络借贷平台系统性的自然进入和退出，是一种典型的市场自我淘汰和约束机制，这种机制可以保证整个互联网金融产业长期可持续的发展，但是对互联网金融的风险容忍并不代表可以完全地自由放任。互联网金融市场的整体风险必须在可控范围之内，整个行业在不断地摸索中寻找发展和创新，但是基本原则是这种创新不能引发系统性的金融风险，犯致命性的错误。因此总体来看，互联网金融监管的最佳模式应当是：鼓励创新，适当引导，避免过渡性监管，防范系统性风险。

9.9.2 原则性监管与规则性监管结合

原则性监管模式下，监管机构对监管对象以引导为主，主要为实现最终监管的目标，一般不对被监管方加以过多、过细的约束，较少地干预监管对象的具体业务流程。规则性监管模式下，监管机构则主要依据现有的成文法律法规，对行业内企业的各项业务内容和流程做出具体的规定，强制要求每个被监管方严格依据规定来执行。由此可见，规则性监管属于过程控制式监管，要求监管方针对不同类型的企业，以及企业经营管理的不同阶段、不同的最终产品及差异化的细分市场，依次制定相应的差异化监管规则。原则性监管与规则性监管在监管实践中各有利弊：原则性监管可以促进行业发展和创新，但是容易导致自由放任；而规则性监管能够严格控制总体风险，但很大程度上限制了企业的创新动力。

在我国互联网金融监管的实践中，应当做到原则性监管与规则性监管的紧密结合，使两者互为补充、相得益彰。互联网金融监管首先应当明确监管的具体目标，实现"原则"先行。监管的原则需要充分反映互联网金融这个新兴产业运行的特点，为互联网金融行业提供广阔的创新空间和动力。此外，监管方还需要指导和约束市场参与主体承担必要的责任和义务，保护消费者的合法权益，积极防范系统性风险。同时，在防范互联网金融风险的问题上，监管方要对互联网金融中风险高发的部门业务制定相应的监管规则，重点进行监督管理。原则性监管与规则性监管的结合，可以有效地保证我国互联网金融市场的活力，实现良好的风险控制，在收益和风险之间达到良好的平衡，促进我国互联网金融产业的可持续发展。

9.9.3 积极防范系统性风险

互联网金融的发展对于金融市场系统性风险的影响包含两个方面，既有积极的影响，也有消极的作用。因此，金融监管机构需要对互联网金融对系统性风险的作用给予高度的关注和重视。

具体而言，从积极的角度来看，互联网金融的发展有助于降低系统性金融风险：互联网金融可以通过增加金融市场上服务的供给，减少实体经济尤其是大量的中小企业对传统以银行为主导的金融体系的融资依赖；在互联网金融中资金供需双方可以直接交易，传统意义上的金融交易和组织形式会发生改变。互联网金融本质上是一种新型的金融模式，凭借其较低的交易成本可以减轻金融市场信息不对称的程度。金融交易与组织形式的变化和金融市场信息不对称的降低带来的是交易可能性集合的拓展，金融的去中介化可能会在交易可能性集合拓展到一定程度时得以实现。互联网金融通过采用和推广先进的互联网技术与计算机技术，立足于大数据分析，能够显著地提高风险管理的整体有效性，也可以提高资源配置效率，推进实体经济的可持续发展。

从消极的方面来看，互联网金融的出现降低了金融业务的准入门槛，可能会使市场中的非金融机构在短时间内大量从事其不擅长的金融业务，这样就降低了传统金融机构的特许权价值，提升了传统金融机构进行冒险经营的动机，也激发了部分金融机构进行高风险投资，其中的潜在风险巨大。互联网金融的信息安全风险不容忽视。网络安全是互联网金融企业得以长久运营的关键和核心因素，但是信息技术漏洞、企业管理缺陷、人为的操作风险等因素都可能危及网络及数据的安全性和完整性。互联网金融依附于互联网技术，拥有远快于传统金融机构的数据加工和处理能力，在为消费者提供方便快捷的金融服务的同时，也潜移默化地加快了相关风险积聚的速度，极易带来系统性风险。互联网金融风险具有显著的传染性，可能蔓延至传统金融机构。此外，我国互联网金融企业的风控制度建设尚不完善，有待于进一步优化升级。

9.9.4 促进监管一致，维护公平竞争

从互联网金融具体的业务模式来看，互联网金融企业提供的支付、借贷等金融服务和以银行为代表的传统金融机构十分类似。假设监管机构采取差异化的监管策略，将互联网金融区别对待，对互联网金融的服务和产品执行与传统金融业不同的监管标准，那么监管

套利和不公平竞争的现象则难以避免。从我国互联网金融监管的实际操作来看，以阿里巴巴为代表的互联网金融企业为市场上的消费者提供支付服务或贷款服务，但是实际上并没有受到传统金融业那样严格的金融监管，以银行为首的金融机构已经表现出对这种监管不一致的不满。为了确保监管有效性，维护金融市场的公平竞争，国家在制定互联网金融产业监管条例时，应注意两点：互联网金融企业和传统的持牌金融机构应当一视同仁，只要从事的金融业务类型相同，就应该适用于同样的监管政策；对互联网金融企业的线上、线下业务的监管同样应当具有一致性。一旦发生监管不一致，市场秩序将会受到破坏，进而导致金融监管的无效。互联网金融企业间接从事支付清算、资金融通等与传统金融相类似的金融服务时，监管部门需要按照统一的监管标准来进行监管，避免出现监管套利和不公平竞争等妨碍金融市场有效性和稳定性的因素。

9.9.5 建立行业自律

行业自律是指处于同一行业的从业人员，为了保护和提升全行业的共同利益，在完全自愿的基础上依法组织起来，共同制定行业的准则和规范，依据公认的规则来约束自身的经营业务并实现行业内部的自我管理。行业自律的基本特点包括：行业自律源于共同的行业利益，行业规则的制定者也是规则遵守的实践者。与政府的监管相比，行业自律作用的范围和影响更大、实践效果更加明显、行业内企业的自觉性更强。

对互联网金融这一新兴的金融业态来说，尽快建立起行业自律非常关键。行业自律的程度与实际效果、互联网金融行业未来的发展在很大程度上左右着监管部门的态度。鉴于此，行业内的龙头企业需要发挥其主动性，在制定自律标准上起到带头和表率作用，积极推进行业自律标准的出台，并随着互联网金融的发展不断修订行业规范，同时还应建立起行业内部投诉机制，从行业内部入手防微杜渐，而不是由政府出面进行强制性干预。中国互联网金融协会已经在积极地制定互联网金融行业发展的规则和标准，引导整个行业的平稳发展。互联网金融协会尤其要注重在全行业内推广合法合规的经营管理意识，增强整个行业对各类风险的控制、防范能力。从国际上各国互联网金融建设的经验来看，行业自律对于规范互联网金融发展发挥着不容忽视的作用。而互联网金融协会统一的行业标准和行业规则的构建，将保证互联网金融企业规范化、合法化的发展。

9.9.6 加强消费者教育和消费者保护

普惠性是互联网金融的内在要求和本质属性，虽然互联网金融能够缓解金融市场的信息不对称，但是并没有也不可能完全消除信息不对称的问题。例如，P2P网贷平台上信息的真实性和完整性无法得到保障，众筹领域同样存在信息不透明的现象。金融监管的本质要求是要充分保护金融市场参与者的合法权益，监管机构必须要求互联网金融服务平台充分披露产品和服务的信息，严格审核市场参与者的信誉状况，增强交易双方信息的透明度。注重对金融市场参与者的保护是我国互联网金融行业能够持续发展的必备条件。金融消费者保护的重点是加强对消费者的信息安全保护，依法加大对侵害互联网金融消费者各类权益行为的打击力度。具体而言，在第三方支付方面，互联网金融消费者普遍会面临交易欺诈、资金被挪用和被盗、个人信息泄露等安全问题，监管机构应有针对性地加强对第三方支付的风险提示，对资金的托管方需要采取强制性监管措施，保证市场参与者资金的安全和使用的透明。

重视对消费者的保护是现代金融监管的重要目标，世界各国都已经把对消费者的保护作为互联网金融监管的重中之重。在保护互联网金融消费者的同时，监管机构还应该加强对互联网金融消费者的宣传和教育，这样有利于广大群众深入了解互联网金融产品的特点和风险，提升消费者的互联网金融风险意识，并且能够增强国内消费者对互联网金融这个新兴产业的信心，保证互联网金融的长期稳定发展。针对我国特殊的国情和金融市场发展的相对滞后，当前我国互联网金融行业消费者教育的首要目标应当是尽快加强互联网金融消费者对互联网金融行业和产品的理解，使消费者清晰地认识到互联网金融与传统金融的区别与联系，深入地了解互联网金融产品独有的性质和风险。在完成对消费者的教育工作的基础上，监管机构还要更进一步切实维护消费者在购买互联网金融产品和业务办理中的合法权益。

9.9.7 打击互联网金融违法犯罪行为

【拓展视频】

在互联网金融发展的浪潮中，国家必须严厉打击各类互联网金融违法犯罪行为，以维护我国金融的稳定。从近几年互联网金融市场的发展状况来看，我国互联网金融企业良莠不齐，有些互联网企业打着互联网金融的幌子，在运营中并没有建立数据采集和分析机制，也没有有效的风控体系，甚至有些网络借贷平台还挑战了法律的底线。例如，一部分P2P网贷平台以平台的名义获取资金，随意进行资金的支配甚至挪作他用。由于贷款人与借款人并不直接进行接触，所以P2P网贷平台的这种行为难以被发现，这显然已经不是传统意义上的P2P网贷，而是非法集资。因此，监管机构一方面必须不断跟踪互联网金融模式的演变，划清合法的互联网金融模式与非法集资、非法吸收公众存款及网络诈骗等违法犯罪行为的界限，明确法律和监管的底线，依法坚决打击披着互联网金融外衣的金融违法犯罪行为，保证我国互联网金融健康、可持续发展；另一方面，监管机构也应当考虑与时俱进地修改现有的法律法规，以实现动态监管。

本章小结

虽然互联网金融有着明显的优势，但是互联网金融要真正地实现健康成熟发展，并最终服务实体经济发展，必须保证发展合理合法、合乎经济发展规律和社会大众福祉，因此，无论何时都要对互联网金融的监管问题给予高度重视。

互联网金融面临的风险分为金融风险和非金融风险两大类，金融风险包括信用风险、市场风险、流动性风险等，非金融风险包括操作风险、声誉风险、法律合规风险、战略风险和信息科技风险等。

虽然互联网金融的发展会面临诸多风险，但同时也具有降低风险的作用：有助于全社会信用体系的建设，增强信用透明度，降低社会整体信用风险；帮助投资者分散投资风险；有助于降低民间金融风险，缓释金融体系的系统性风险；大数据挖掘技术提高了企业风险管理能力；信息技术的广泛使用使互联网金融有助于降低金融企业的操作风险。

对于互联网金融的监管问题，国际上的通用做法是：将互联网金融直接纳入现有的监管体系，而不是改变当前的金融监管原则；针对不同类型的互联网金融业务，根据业务模式的性质功能和潜在影响力，将其划分为相应的监管部门及其业务适用的监管规则；在现有的监管体系上，根据互联网金融业态的发展不断动态地创新监管理念，继续延伸和拓宽现有的监管法律法规体系；重视发挥互联网金融行业的自律监管组织的巨大作用；建立互联网金融征信体系，增强市场上信息的透明度，实现互联网金融企业对风险的控制。

为了保证我国互联网金融的可持续发展，互联网金融监管必须与时俱进，跟上互联网金融创新的步伐。一方面，从互联网金融企业的角度出发，各大企业需要不懈地探索和挖掘企业的内部控制机制，整个互联网金融行业也亟须建立起一套完善的行业自律体系，用以规范行业内企业的行为并将整体风险控制在合理的范围之内；另一方面，从政府的角度出发，需要尽快出台相应的法律法规加上监管机构的规范引导来促进我国互联网金融行业的健康发展。对于互联网金融这个充满活力和创新性的新兴产业，金融监管总体上应当体现出开放性、包容性和适应性，鼓励互联网金融的健康发展，规范其行业行为准则，保证行业内良好的竞争秩序，促进互联网金融企业间的公平竞争。从整体监管框架来看，我国应该构建包括市场自律、司法干预和外部监管三位一体的多层次监管体系，维护互联网金融市场的健康运行，积极防范可能存在的系统性风险。

复习思考题

(1) 试论述美国互联网金融监管的发展历程和发展现状。

(2) 国外互联网金融监管对我国的互联网金融监管有哪些启示？

(3) 阐述我国互联网金融监管的发展进程。

(4) 我国互联网金融监管面临的困境有哪些？

(5) 互联网金融监管力度的加强对中小企业的发展有哪些影响？对投资者有哪些影响？

(6) 如何看待我国监管机构对于互联网金融的态度？

(7) 2015年7月18日，由中国人民银行联合十部委发布的《指导意见》正式出台。作为互联网金融行业发展的顶层设计文件，《指导意见》的推出将极大地推动互联网金融行业向着更加创新、稳定、健康的方向发展。试结合该意见，指出需要进一步加强或完善的地方。

(8) 你认为我国互联网金融监管未来的发展方向是什么？

参 考 文 献

BR 互联网金融研究院, 2016. 互联网金融年鉴 2014—2016[M]. 北京：中国经济出版社.
BR 互联网金融研究院, 2017. 互联网金融报告 2017, 金融创新与规范发展[M]. 北京：中国经济出版社.
陈宇, 2014. 风吹江南之互联网金融[M]. 北京：东方出版社.
范小云, 刘澜飚, 袁梦怡, 2016. 互联网金融[M]. 北京：人民邮电出版社.
何平平, 车云月, 2017. 互联网金融[M]. 北京：清华大学出版社.
黄小强, 2013. P2P 借贷服务业市场发展国际比较及借鉴[J]. 金融与经济 (12)：34-37.
黄震, 邓建鹏, 2017. 互联网金融法律与风险控制[M]. 2 版. 北京：机械工业出版社.
黎来芳, 牛尊, 2017. 互联网金融风险分析及监管建议[J]. 宏观经济管理 (1)：52-68.
李东荣, 朱烨东, 2015. 中国互联网金融发展报告 (2015)[M]. 北京：社会科学文献出版社.
李东荣, 朱烨东, 伍旭川, 2016. 中国互联网金融发展报告 (2016)[M]. 北京：社会科学文献出版社.
刘志洋, 宋玉颖, 2017. 互联网金融风险及监管研究[M]. 北京：中国金融出版社.
罗党论, 2016. 互联网金融[M]. 北京：北京大学出版社.
罗明雄, 唐颖, 刘勇, 2013. 互联网金融[M]. 北京：中国财政经济出版社.
芮晓武, 刘烈宏, 2013. 中国互联网金融发展报告 (2013)[M]. 北京：社会科学文献出版社.
芮晓武, 刘烈宏, 2014. 中国互联网金融发展报告 (2014)[M]. 北京：社会科学文献出版社.
帅青红, 2010. 网上支付与结算[M]. 北京：北京大学出版社.
肖本华, 2013. 美国众筹融资模式的发展及其对我国的启示[J]. 南方金融 (1)：52-56.
姚珊珊, 滕建州, 王元, 2017. 我国互联网金融发展的问题与对策[J]. 税务与经济 (2)：26-29.
张军, 2014. 我国互联网金融发展及监管研究[J]. 西部金融 (8)：8-12.
张兆曦, 赵新娥, 2017. 互联网金融的内涵及模式剖析[J]. 财会月刊 (2)：84-91.
中国互联网金融协会, 2017. 2017 中国互联网金融年报[M]. 北京：中国金融出版社.

北京大学出版社本科电子商务与信息管理类教材(已出版)

序号	标准书号	书　名	主编	定价（元）
1	7-301-12349-2	网络营销	谷宝华	30.00
2	7-301-12351-5	数据库技术及应用教程(SQL Server 版)	郭建校	34.00
3	7-301-28452-0	电子商务概论(第 3 版)	庞大莲	48.00
4	7-301-12348-5	管理信息系统	张彩虹	36.00
5	7-301-26122-4	电子商务概论(第 2 版)	李洪心	40.00
6	7-301-12323-2	管理信息系统实用教程	李　松	35.00
7	7-301-14306-3	电子商务法	李　瑞	26.00
8	7-301-14313-1	数据仓库与数据挖掘	廖开际	28.00
9	7-301-12350-8	电子商务模拟与实验	喻光继	22.00
10	7-301-14455-8	ERP 原理与应用教程	温雅丽	34.00
11	7-301-14080-2	电子商务原理及应用	孙　睿	36.00
12	7-301-15212-6	管理信息系统理论与应用	吴　忠	30.00
13	7-301-15284-3	网络营销实务	李蔚田	42.00
14	7-301-15474-8	电子商务实务	仲　岩	28.00
15	7-301-15480-9	电子商务网站建设	臧良运	32.00
16	7-301-24930-7	网络金融与电子支付(第 2 版)	李蔚田	45.00
17	7-301-23803-5	网络营销(第 2 版)	王宏伟	36.00
18	7-301-16557-7	网络信息采集与编辑	范生万	24.00
19	7-301-16596-6	电子商务案例分析	曹彩杰	28.00
20	7-301-26220-7	电子商务概论(第 2 版)	杨雪雁	45.00
21	7-301-05364-5	电子商务英语	覃　正	30.00
22	7-301-16911-7	网络支付与结算	徐　勇	34.00
23	7-301-17044-1	网上支付与安全	帅青红	32.00
24	7-301-16621-5	企业信息化实务	张志荣	42.00
25	7-301-17246-9	电子化国际贸易	李辉作	28.00
26	7-301-17671-9	商务智能与数据挖掘	张公让	38.00
27	7-301-19472-0	管理信息系统教程	赵天唯	42.00
28	7-301-15163-1	电子政务	原忠虎	38.00
29	7-301-19899-5	商务智能	汪　楠	40.00
30	7-301-19978-7	电子商务与现代企业管理	吴菊华	40.00
31	7-301-20098-8	电子商务物流管理	王小宁	42.00
32	7-301-20485-6	管理信息系统实用教程	周贺来	42.00
33	7-301-21044-4	电子商务概论	苗　森	28.00
34	7-301-21245-5	管理信息系统实务教程	魏厚清	34.00
35	7-301-22125-9	网络营销	程　虹	38.00
36	7-301-22122-8	电子证券与投资分析	张德存	38.00
37	7-301-22118-1	数字图书馆	奉国和	30.00
38	7-301-22350-5	电子商务安全	蔡志文	49.00
39	7-301-28616-6	电子商务法(第 2 版)	郭　鹏	45.00
40	7-301-22393-2	ERP 沙盘模拟教程	周　菁	26.00
41	7-301-22779-4	移动商务理论与实践	柯　林	43.00
42	7-301-23071-8	电子商务项目教程	芦　阳	45.00
43	7-301-29186-3	ERP 原理及应用（第 2 版）	朱宝慧	49.00
44	7-301-25277-2	电子商务理论与实务	谭玲玲	40.00
45	7-301-23558-4	新编电子商务	田　华	48.00
46	7-301-25555-1	网络营销服务及案例分析	陈晴光	54.00
47	7-301-27516-0	网络营销：创业导向	樊建锋	36.00
48	7-301-28917-4	电子商务项目策划	原娟娟	45.00
49	7-301-30323-8	互联网金融	谭玲玲	42.00

【申请样书】

【电气信息书目】

感谢您使用我们的教材，欢迎您随时与我们联系，我们将及时做好全方位的服务。联系方式：010-62750667，010-62767922，pup6_czq@163.com，pup_6@163.com，lihu80@163.com，欢迎来电来信。客户服务 QQ 号：1292552107，欢迎随时咨询。